阿拉伯半島史

Arabian Peninsula

伊斯蘭的崛起與地緣爭霸

鄭慧慈——著

三民書局

自 序

阿拉伯半島是阿拉伯人的故鄉，蘊含著阿拉伯民族的特質、阿拉伯人開創伊斯蘭文明的智慧、阿拉伯人的沉潛與阿拉伯人的再崛起。當然，這塊土地上也如同世界任何角落一樣，曾經荒蕪、沒落，曾經歷各民族以及各宗派的爭鬥、阿拉伯人的自相殘殺等反映人性弱點的殘酷事件。

基於半島地理環境與政教發展的特殊性，本書依據時間演進將半島的歷史發展劃分為伊斯蘭教興起以前的古文明時期、中世紀伊斯蘭教興起後的哈里發國時期、近現代阿拉伯半島被外族殖民與各國獨立時期等三個時期，各時期則依據半島各地區的發展而劃分。古文明時期因魯卜厄卡立大沙漠的阻隔而分為南、北阿拉伯。中世紀時期因伊斯蘭教興起於息加資，但文明重心隨即外移至半島外，半島呈現局部性的宗派政權發展狀態，絕大多數地區被疏忽，故根據哈里發國時代劃分為穆罕默德與正統哈里發執政、奧米雅家族執政、阿拔斯家族執政至鄂圖曼土耳其統治半島之前等三階段，以便能陳述伊斯蘭思想的源頭、宗派分歧的原因及其各自理念、中央政府與區域性宗派政權之間的關係等。在殖民、保護與獨立時期，半島各區域逐漸活躍，故劃分為納几德的崛起、紅海沿岸地區以及波斯灣沿海地區，俾能涵蓋今日半島七國的政經、文化發展情況。

筆者以少評論、多史實陳述的態度處理本書中各層面的歷史事件，而所謂的「史實」絕大多數參考阿拉伯原始資料，譬如古代史以八至九世紀的 Ibn Hishām、九世紀的 Ibn Qutaybah、九至十世紀的 aṭ-Ṭabarī、十二世紀的 Ibn al-Jawzī、十二至十三世紀的 Ibn al-Athīr 和 Yāqūt al-Ḥamawī、十四世紀的 Ibn Khaldūn 和 Ibn Kathīr 等人的著作。近現代史方面則參考諸如親身經歷十九至二十世紀半島大小事件並曾任艾卜杜·艾奇資國王顧問的著名歷史學者 Ḥāfiẓ Wahbah、鑽研半島女性問題的沙烏地女歷史學者 Dalāl al-Ḥarbī 以及半島各國的歷史學者作品，期待本書所述因此能更接近事實。

歷史文獻所記載的半島人物的生卒年以及歷史事件發生的年月，有時會各說不一，尤其是一些人物的出生年差異甚大或甚至出生年不詳，其原因在於半島部落人對此並不重視，加上早年半島社會使用伊斯蘭曆，伊曆年與公元年換算時必須有確切的月分記載才能準確，因此本書部分人物的生卒年與事件發生年代皆採用相對可靠的資料，並以問號代表史料並未記載該人物的生年等。此外，雖「公元」與「西元」在紀年上並無差別，但本書使用「公元」(Common Era) 而非「西元」(Anno Domini：主的年份）乃基於宗教中立原則，畢竟此書重點在敘述伊斯蘭國家的歷史。

本書大量的阿拉伯語詞彙使用國際通用的標準化羅馬拼音，以便讀者閱讀。十餘年前筆者製作出阿拉伯語二十八個子音結合六個母音和靜符所產生的各種音節的標準化漢譯表。其優點是讀者能適度的雙向還原其原文、避免相似音的混淆，但因相對應的漢字數量有限，有些音節在發音上難免與原文產生距離。另一方面，外語漢譯在臺灣始終未能標準化，坊間書籍或網路上使用的漢譯方式非常混亂，為避免與大眾脫節，此書中極少數語詞也採用約定成俗的譯法以及三民書局的書籍音譯法（譬如奧米雅、阿拔斯、克爾白天房等），希望讀者因此不至於產生太大的異域感。

本書的阿拉伯語詞與句子的羅馬音譯，是依據阿拉伯語言學各層面的規則處理，譬如定冠詞 al- 後面連接的名詞，其第一個字母若是十四個月亮字母之一，則其羅馬拼音的 al- 不變，譬如 al-‘Azīz、al-Khaṭṭāb、al-mu‘allaqāt、al-Umawī。若 al- 後面連接的名詞第一個字母是十四個太陽字母之一，則定冠詞的 l 字母與名詞首字母產生逆行同化作用，譬如 ad-Dahnā’、an-Nufūd、aṣ-Ṣiddīq、aṭ-Ṭā’if。名詞陰性詞尾符號 tā’ 在停頓 (al-waqf) 時須還原其本音，而拼譯成 h，譬如 Jazīrah、Tihāmah 等。另外，依據輔助音 (hamzah al-waṣl) i 音增加與否的規則，人名若為二段以上的形式（亦即名＋姓、名＋父親名＋姓、名＋父親名＋祖父名＋姓……等），兩專有名詞之間的 ibn（兒子）不增加輔助音 i，譬如 Tha‘labah bn ‘Amr。但若專有名詞以 ibn 開頭，則增加 i，譬如 Ibn Hishām。凡此皆依循阿拉伯語音、音韻及文字學規則處理。

在阿拉伯語句子的音譯上，本書採用「停頓」的規則；亦即句中各詞尾都顯現句法上的格位音，句尾則不顯現尾音，譬如 Mā yawmu Ḥalīmata bi-sirr，省略句尾的 in 音。

最後，凡是人為的事便無所謂「完美」，本書亦然，但求本書所述不脫離事實。

鄭慧慈　2022.9.12

阿拉伯半島史

伊斯蘭的崛起與地緣爭霸

目　次｜Contents

第 I 篇

阿拉伯半島溯源
——土地與人群

第一章 | *Chapter 1*

阿拉伯半島地理環境

阿拉伯半島在亞洲西南邊，半島東北邊是波斯灣，西邊是紅海與非洲相隔，南邊是阿拉伯海，東南是印度洋。半島位於今日「中東」的中間位置，面積三百二十三萬七千五百平方公里，是世界上最大半島。阿拉伯人因半島東北有幼發拉底河等河流隔開陸地而習慣稱它為 「阿拉伯島」。半島曾是許多古老閃族的居住地，約從公元前 3500 年開始半島因氣候逐漸乾旱、戰爭頻繁等因素造成數次的移民潮。阿卡德人移民到伊拉克南部；亞述人移民到伊拉克北部；亞摩利人 (Amorites)、迦南人、腓尼基人遷徙到大敘利亞地區（亦即今日的敘利亞、黎巴嫩、約旦、巴勒斯坦等地）與地中海沿岸；阿拉姆人 (Arameans) 和希伯來人遷徙到伊拉克、敘利亞漠地（今日敘利亞東南、約旦東北部、伊拉克西部）及巴勒斯坦。這些閃族都是催化人類文明的先驅，阿拉伯人也是閃族的一支，自有文獻記載以來居住或遊走在阿拉伯半島，保存最古老的閃族語言和文化，更在半島建造伊斯蘭文明並擴展到世界各地。

半島非岩石即沙漠，甚少森林綠地，沙漠綿延範圍包含今日的沙烏地阿拉伯、卡達、阿曼、葉門、伊拉克和約旦，面積兩百六十萬平方公里。其中分隔南阿拉伯文明的發源地葉門，以及北阿拉伯息加資、納几德地區的「魯卜厄卡立」（ar-Rub‘ al-Khālī，阿拉伯語意為：空無的四分之一）大沙漠，面積六十四萬七千五百平方公里。

沙漠的貝都因（音譯自阿拉伯語 badw，其單數 badawī，意為「遊走在沙漠的阿拉伯部落人」）依賴雨後綠洲的小湖水或深約七十公尺至一百七十公尺的地下水生活。這些地下水有些是不適合人飲的鹹水，貝都因就用來做駱駝飲水。有泉水的地區周遭形成定居的綠洲村落或城市，這些綠洲的大小從數十平方公里到數百平方公里不等， 世界最大綠洲阿賀薩俄 (al-Aḥsā’) 便位於半島東部，今日沙烏地忽夫弗 (al-Hufūf) 及穆巴剌資 (al-Mubarraz) 都是在這大綠洲裡建造出來的城市。半島暫時性溪流往往向東北流入幼發拉底河，南部小溪流則流入亞丁灣或阿曼灣。西南部地區因季風帶來豐沛的水氣，適合發展農業，孕育古老的文明，而被希臘、羅馬人稱之為「幸福阿拉伯」(Arabia Felix)。當時希臘、羅馬人對整個阿拉伯半島環境似乎不甚清晰，因為當時他們稱阿拉姆人和納巴特人居住的敘利亞到埃及的沙漠地區為「沙漠阿拉伯」(Arabia Deserta)，稱納巴特人的居住地及西奈半島為「岩石阿拉伯」(Arabia Petreae)。若他們曾深入納几德地區與魯卜厄卡立大沙漠，不知他們又要如何稱呼？

學者通常依據哈姆達尼（al-Ḥamdānī，893～945 年）的《阿

圖 1：劃分成五區的阿拉伯半島

拉伯人島嶼描繪》(*Ṣifah Jazīrah al-‘Arab*)，將阿拉伯半島分為息加資 (al-Ḥijāz)、提赫馬 (Tihāmah)、納几德 (Najd)、艾魯底 (‘Arūḍ) 及葉門 (al-Yaman) 五大區域。今日往往將此五區域合併為三區域：息加資、納几德、葉門，因為半島西部酷熱無風的提赫馬是緊鄰息加資的紅海岸狹長地區；艾魯底則緊鄰納几德高原，也被稱之為亞馬馬 (Yamāmah)，包含今日的阿拉伯海灣地區。本書基於半島政治、經濟、文化的發展將它分為息加資、納几德、艾魯底、葉門四區，並說明自古隔開南北阿拉伯且日趨重要的魯卜厄卡立大沙漠區環境。

半島的植物因各地區氣候差異，西部息加資地區的水果以石榴、西瓜、杏、柳丁為著。綠洲通常產大量的椰棗，世界最大椰棗林位於阿賀薩俄，最佳品質的椰棗首推麥地那棗。聖訓便提及居住在西部息加資地區的先知穆罕默德最愛的水果是椰棗和西瓜。南部地區自古以生產價值超過黃金的乳香為著，葉門的咖啡豆舉世聞名。其他農作物包含小麥、大麥、玉米以及阿曼的稻米。半島的野生動物有老虎、豹、狐狸、狼、野牛、猴子、狒狒、刺尾飛蜥、鬣狗；飛禽有各種老鷹、貓頭鷹、鵰、沙雞、鵜鶘、海鷗、烏鴉、鴿子、百靈鳥及其他鳥類。爬蟲類包含蛇、蠍、蝗蟲、蜘蛛等。

第一節　息加資

「息加資」（常譯為：漢志）的阿拉伯語溯源於「阻斷、隔開」(ḥajz) 的詞根意義，名稱起源於此地區「阻斷」納几德和提赫馬，或「阻斷」了群山。地理範圍北自約旦南部的馬案 (Ma‘ān) 向南延伸到沙烏地阿拉伯領土，區內包含伊斯蘭兩聖城——麥加及麥地那、石油工業港延布 (Yanbu‘)，以及中東最富有的吉達商業城。自然景觀非常多元，包含黑色火山岩、海岸、平原及谷地。8 月到 12 月會有風雨，冬天也會下雨。高山地區海拔約二千到三千公尺，冬季降雪。沿海地區濕氣重，夏天非常濕熱。

息加資農業、畜牧業、礦業、商業都很發達，兼具沙漠與城市色彩。農作物有椰棗、小麥、玉米、白蘿蔔、紅蘿蔔、茄子、秋葵、番茄、小黃瓜、青椒、香蕉、杏、石榴、香蕉、蠶豆等。地下資源豐富，有金、銀、鐵、銅、鉛、石灰、黏土。

自古息加資的商業、香料道路便連接大敘利亞地區及地中海，也連接葉門和印度洋。穆罕默德與正統哈里發時期，因為伊斯蘭教的發源地麥加與麥地那位於息加資，息加資成為伊斯蘭政治、思想中心。奧米雅時期（al-‘Aṣr al-Umawī，661～750 年）世襲的哈里發為鞏固權力，將政治、經濟重心轉移至大馬士革，阿里派的反政權中心也轉移至伊拉克的庫法，息加資頓時失去政治地位。麥加、麥地那人不再能參與政治，人們逐漸寄情於詩詞及伊斯蘭學的研究，譬如麥加都市區的「縱情詩」與麥地那沙漠地區烏茲剌 (‘Udhrah) 部落的「純情詩」都成為文學史上的一絕。

息加資地區的特色尚在保存許多具歷史意義的清真寺。聖訓云：「誰若在地球上為阿拉建屋宇，阿拉就會在天堂為他蓋屋宇。」清真寺除了是紀念阿拉的地方，更是烏拉馬（‘Ulamā’，意指伊斯蘭法學者）研究宗教法、穆斯林學習伊斯蘭教義及其他知識的地方。公元 622 年聖遷之後，穆罕默德親手在住宅旁邊蓋「先知清真寺」，許多貧窮無依的穆斯林在此寺的北角棲居，這些人稱之為「舒法人」(Ahl aṣ-Ṣuffah)。他們來來去去，少則十人多則達四百人。著名的聖訓傳述人阿布．忽雷剌 (Abū Hurayrah) 便是其中之一。他們因為穆罕默德的幫助才得溫飽，經常能接近穆聖，熟悉其言行，各個都成為熟諳聖訓與教義的人，其中也有不少人入朝為官。今日擴充後的「先知清真寺」仍保留舒法一隅，綠色圓頂便在原來穆罕默德的寢室上方，寺內有聖墓以及正統哈

圖 2：先知清真寺

圖 3：1927 年古巴俄清真寺明信片

里發阿布．巴克爾．席迪各（Abū Bakr aṣ-Ṣiddīq，573～634 年）和烏馬爾．本．卡拓卜（‘Umar bn al-Khaṭṭāb，約 585～644 年）的陵寢。由於許多《古蘭經》經文與聖訓都提及此寺的尊貴，包含在此寺做一次禮拜，勝過在其他清真寺（除了麥加大清真寺之外）做一千次禮拜，因此成為穆斯林朝聖之地。先知清真寺除了處處令人睹物思情之外，它的建築形式傳到伊斯蘭各地，成為伊斯蘭建築形式的代表。該寺於 1909 年使用電燈，也是阿拉伯半島最先使用電燈照明的地方。紹德家族法合德．本．艾卜杜．艾奇資（Fahd bn ‘Abd al-‘Azīz，1921～2005 年）執政期間將它再擴充近十倍的面積。

622 年穆罕默德先知剛從麥加遷徙到麥地那，那時為了做禮拜而蓋「古巴俄清真寺」(Masjid Qubā’)，因此它是第一座穆斯林建築的清真寺。麥加禁寺則是自伊斯蘭教興起前便存在，曾是一神教聖殿、多神教聖祠。今日古巴俄清真寺是麥地那僅次於先知清真寺的第二大清真寺。當時穆罕默德每逢星期六都會在此寺做禮拜。在此寺做禮拜會有等同小朝聖的福報，對穆斯林而言意義非凡。直至今日，麥地那人還遵循穆罕默德先知的習慣，每逢星期六到此寺做禮拜。

麥地那西部距離先知清真寺四公里處，有白色的「雙朝向清真寺」(Masjid al-Qiblatayn)。其名稱來自一則伊斯蘭故事：一日穆罕默德先知在此寺做午禮時，阿拉應允他將穆斯林朝耶路撒冷禮拜的方向轉向朝麥加禁寺禮拜的祈求，而降下經文：「我確已見你反復地仰視天空，故我必使你轉向你所喜悅的朝向。你應當把你的臉轉向禁寺。你們無論在哪裡，都應當把你們的臉轉向禁寺。」(2:144) 於是，穆罕默德立即帶領正在做禮拜的穆斯林，轉向麥加禁寺，繼續完成禮拜儀式。

息加資地區除了麥加和麥地那，各城市都有許多規模龐大、充滿伊斯蘭建築藝術的清真寺，譬如拓伊弗城 (aṭ-Ṭā'if) 的「艾卜杜拉．本．阿拔斯清真寺」、吉達的「紹德國王清真寺」。

古代息加資商業繁榮，以麥加為代表，今日人稱「紅海新娘」的吉達是沙國最大商業港與金融中心，也是朝聖者前往兩聖城的門戶。吉達城裡摩天大樓林立、有許多世界之「最」的建設以及古文明遺跡，兼具古典與現代之美。

第二節　納几德高原

納几德（常譯為：內志）地區位於阿拉伯半島的中部，西起息加資，東抵艾魯底，其東部、南部、北部皆為沙漠，今日屬於沙烏地阿拉伯領土。納几德高原地勢由西向東傾斜。高原區內有大片的努夫德紅色沙漠 (an-Nufūd)，漠地裡雖有綠洲，譬如蘇戴爾 (as-Sudayr)、夏馬爾 (Shammar)，但四周都是沙漠與高山阻隔。高原東邊是達合納俄沙漠 (ad-Dahnā')，南邊是魯卜厄卡立大沙漠，西邊是息加資群山。換言之，納几德高原是一個封閉的大漠，自古是一個神祕、隱晦的地區，二十世紀被發現區內蘊藏豐富的石油。

納几德的地理景觀特殊，除了沙漠之外，可以看到高山岩石。

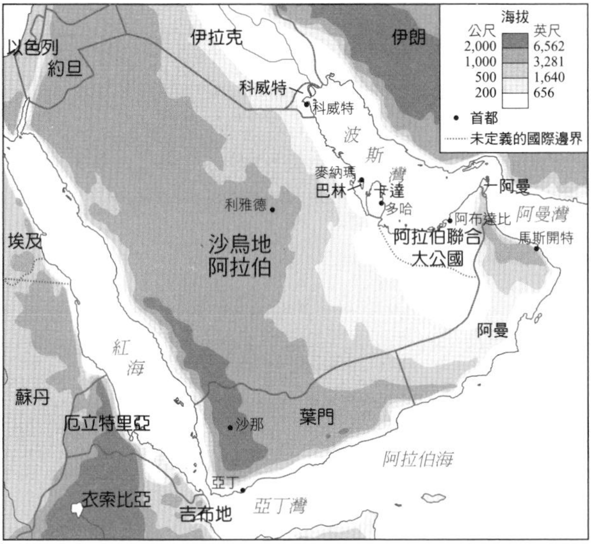

圖 4：阿拉伯半島地勢圖

此龐大的區域夏季非常炎熱，氣溫可高達攝氏五十度，但因乾旱、終年陽光普照，比起西部沿海夏季的濕熱難耐似乎更舒適。納几德的風向與其他地區有明顯差異，幾乎是每半小時風向都會轉變，導致沙暴侵襲的時間難以預料。筆者在納几德地區居住時便親身經歷沙漠風暴的威力，它能讓人伸手不見五指。若身處沙漠深處，無論有無屏障，沙暴過後細砂會滲入任何有空隙的人體器官，令你再也不相信世間有所謂「密不透風」。納几德各處岩石上的雕刻銘文充滿想像，秋天雨後的景色宜人，許多剛冒出來的梭梭屬（半島漠地常見的灌木）樹苗和鮮豔的小爬蟲，點綴土黃色的大地，傾盆大雨一過，立即形成急流，有時會形成阿拉伯人所謂的「洪水」，但在短暫時間內便滲入地底。冬季氣候溫和，只有高山區因下雪嚴寒之外，到處氣候宜人。納几德自古發展畜牧業，以飼養阿拉伯駿馬聞名於世。

從利雅德向西行駛，經過土石道路到盡頭，會看到呈弓形、南北向的「突威各群山」(Jibāl Ṭuwayq)；阿拉伯語中「突威各」一詞意義是「小環」，源自於它向西呈弓形而得名。此地被探險家們稱之為「世界盡頭」，因為山的另一邊便是懸崖峭壁，景色壯觀令人驚嘆。

突威各群山是高聳的大岩石山，綿延八百公里，南邊界臨魯卜厄卡立大沙漠；其東邊的山壁由高峰緩緩降低，和周遭的大自然顏色連成一氣；西邊則是土黃的峭壁。山的東邊是利雅德，西邊是谷地。它也是分隔東邊蘇戴爾諸村落和西邊瓦夏姆 (al-Washam) 村落的屏障，歷史上曾孕育出許多古文明。由於群山綿延長遠，一旦進入群山間，任何人都難以尋覓，因此充滿神祕感，民間流傳許多野人與鬼魅的傳說。

圖 5：阿巴格德道遺跡

突威各群山南邊、利雅德西南方有一條古道，稱之為「阿巴格德道」(Darb Abā al-Qad)。這條古道是貝都因為駱駝商隊鋪設的道路，山路高低不平，其歷史可推溯到五千年前，但直到 1970 年代前仍是利雅德連接西部的唯一道路，流傳著許多傳說和歷史故事，今日已成為歷史古蹟。由於沿路有許多高低落差極大的路段，人們唯恐駱駝摔倒而在路邊鋪設大石塊，沿路設有不少讓駱駝休息、補給的地方，山麓與山頂各建一間清真寺，供人禮拜，走一趟山路便能體驗到簡樸的阿拉伯古老文化與思維。

阿拉伯蒙昧時期金達 (Kindah) 王國王子詩人伊姆魯俄．蓋斯 (Imru' al-Qays) 在他的懸詩 (al-mu'allaqāt) 裡提及許多地名都位於納几德，譬如以下詩序（每首蒙昧詩開頭的憶情人、悼屋宇的詩節）中的「達乎勒」(ad-Dakhūl)、「豪馬勒」(Ḥawmal)，經後人的考證便位於納几德沙漠高原：

你倆停下來，
讓我們哭泣，
憶舊人，
念屋宇，
在西各圖立瓦，
在達乎勒，
在豪馬勒。
在土弟賀，
在米各剌，
痕跡都未毀，

只因南風、北風編織著。

除了伊姆魯俄．蓋斯之外，還有幾位蒙昧時期的懸詩詩人的故鄉也在納几德，如案塔剌．艾卜西 ('Antarah al-'Absī)、阿厄夏．本．蓋斯 (al-A'shā bn Qays)，令人不得不相信空無與單純會激發人類豐沛、純真的情感。尤其是每首蒙昧詩的序言都是在憶情人、悼屋宇，情感縈繞在已經過去的人事物上。讀者與聽者在詮釋這些詩時，習慣性的依賴這些意象，於是逝去的愛情以及遠離的情人成為歌頌的對象，千餘年來牽繫著阿拉伯人的心，而詩中的情與愛難道僅止於人類男女之愛，抑或許根本是純純的宇宙之愛、大漠之愛？

第三節　艾魯底

艾魯底位於半島東部，瀕臨波斯灣地區，介於納几德、伊拉克與葉門之間，包含今日的沙烏地阿拉伯、赫加爾 (Hajar)、卡達及其他的海灣阿拉伯國家合作委員會 (Gulf Cooperation Council, GCC) 成員國。由於此區最著名的城鎮是亞馬馬，故常被稱為亞馬馬區。根據古文獻的記載，艾魯底地區曾經充滿泉水與農作物，尤其阿賀薩俄至今仍是最富庶的農業區。靠近格堤弗 (al-Qaṭīf) 的幾座小鎮曾是半島南部到伊拉克與約旦貝特拉城 (al-Batrā') 的駱駝商隊交會站。

艾魯底是許多古老閃族的故鄉，包含迦南人、腓尼基人、巴

圖 6：烏蓋爾商港建築遺跡

比倫人都曾在此定居，其歷史可推溯到五千年以前，他們曾在古老的商業港烏蓋爾 (al-‘Uqayr) 附近建造城市。在二十世紀中葉沙烏地興建達曼港之前，烏蓋爾曾是繁忙的商港，因為它是當時連接阿賀薩俄一納几德道路最近的波斯灣港口，凡是來自中國、印度、兩河流域、波斯的貨物與糧食都從這裡運送到阿賀薩俄和納几德，阿賀薩俄的椰棗、毛皮、牲口也從此港外銷到印度、中國等地。沙烏地阿拉伯艾卜杜．艾奇資國王與外國簽約、政治協商都選擇在此地進行，深具歷史意義。

此區的赫加爾地區北自伊拉克巴舍剌，南到阿曼，古籍上常將赫加爾與巴林並稱「赫加爾與巴林區」。伊斯蘭教興起時，赫加爾與巴林區的人民便改信仰伊斯蘭教，並緊跟麥地那的先知清真寺之後，在赫加爾的清真寺做星期五的聚禮。由於海洋貿易帶來的利潤，經常能支助、壯大新興的伊斯蘭政權。當伊斯蘭疆域擴充到半島外的世界後，移民改變了人口結構，赫加爾與巴林區逐漸成為政權反對者、背叛伊斯蘭信仰者的溫床。

艾魯底區內與巴林或阿賀薩俄齊名的是格堤弗。格堤弗的古名為「卡圖」(al-khaṭṭ)，歷史上它數度是巴林省的首都，著名的阿拉伯矛「卡圖矛」便是溯源於此地。遠自蒙昧時期，許多詩人都歌頌卡圖矛的威力。

由於艾魯底緊鄰波斯灣，自古除了以生產椰棗的農業之外，漁業、珍珠業和海洋貿易業也很發達，有別於半島其他地區的經濟型態，居民的生活型態也與內地具差異性。自從發掘石油之後，此區海灣阿拉伯國家成為世界非常富裕且現代化的地區，居民與其他地區的阿拉伯人在各方面的差距日益懸殊。

第四節　魯卜厄卡立大沙漠

阿拉伯半島上的魯卜厄卡立大沙漠橫跨今日四個國家：沙烏地阿拉伯、聯合大公國、阿曼和葉門，是世界最大的砂質沙漠，也是世界第四大沙漠，絕大部分位於沙烏地，占沙烏地阿拉伯總面積的 22%。大沙漠夏天溫度可高達攝氏六十度，冬天可低到零下，年雨量不到五十毫米，吹東北風及西南季風。地勢從西向東傾斜。

阿拉伯人在形容數量大得驚人時常說 ：「彷彿亞卜霖的沙一般」(Mithl raml Yabrīn)。亞卜霖是位於魯卜厄卡立北邊的綠洲。十三世紀亞古特．哈馬維 (Yāqūt al-Ḥamawī) 在他的《地理辭典》

(*Mu'jam al-Buldān*) 裡便提及此綠洲。《古蘭經》〈阿賀格弗〉(*al-Aḥqāf*) 章裡提到的「你紀念艾德人的弟兄吧！當時，他在沙丘（阿賀格弗）警告他的宗族——在他以前和以後，有許多警告者，確已逝去了」(46:21)。「阿賀格弗」便是被毀滅的艾德族 ('Ād) 的故鄉，在語言上是「沙丘」之意，其位置便是在魯卜厄卡立沙漠中。

大沙漠裡有因風向改變形狀的流動型沙丘，也有恆久不變的固定型沙丘。沙的紋路、形狀千奇百怪，有枯枝形、馬蹄形、蛇形、水紋形、劍形。大雨之後，河川頓時布滿沙漠，小草與小樹叢如雨後春筍般冒出沙丘，鮮豔的爬蟲突然橫行大地。無需多久，地上的水便被吸進沙裡，動植物也匿跡，彷彿什麼事都未曾發生，讓人嘖嘖稱奇。大沙漠的動植物包含跳鼠科動物、囓齒動物、候鳥、爬蟲類及春天會出現的小樹叢。今日遊走在這片大沙漠的貝都因，主要是葉門與沙烏地南部納几嵐 (Najrān) 的亞姆族人 (Banū Yām) 以及聯合大公國的亞斯族人 (Banū Yās)。

十八世紀起，許多探險家與考古學家陸續在此沙漠進行探勘，他們挖掘到一些乾枯的湖泊以及人類群聚生活所需的器具，可證明在遠古時代這片沙漠之地曾發展出農業與畜牧社會。地質學家認為，數千年以來這片沙漠便蘊藏豐厚的地下流動水源與非流動水源，這些豐富的水源藏在地底下約四千公尺處。大沙漠的地勢使得水源集中在東南方，亦即沙烏地與聯合大公國、阿曼邊界。而阿賀薩俄的水源便來自相同的水源層。此外，它具有無可限量的太陽能發電力、石油蘊藏量以及豐富的金屬儲量。1998 年沙烏地阿美石油公司便在大沙漠的北邊靠近阿布達比邊界開鑿謝巴 (Shaybah) 油井，據估計其石油儲量若每天生產一百三十萬桶可持續七十年。另外，世界最大的油田加瓦爾 (al-Ghawwār) 也坐落在大沙漠東北部，該油田的南北距離約兩百六十公里，產量是沙烏地阿拉伯總產量的三分之一，也生產天然氣。

魯卜厄卡立大沙漠的西邊、西南邊和北邊有許多高聳的沙丘，使水往下流，因此沙烏地阿拉伯水電部在大沙漠裡挖掘出許多水井，沙烏地阿美石油公司在挖掘油井時也同時挖掘水井。為利用浩瀚的大沙漠或為了改變大沙漠生態，聯合大公國和沙烏地致力於許多綠化與引水計畫。聯合大公國的「哈里發河流計畫」，計畫透過海底管路將巴基斯坦達什特河 (the Dasht River) 引到聯合大公國的夫賈剌 (al-Fujayrah) 公國，全長約五百公里，使之成為聯合大公國的淡水湖泊，並藉此綠化沙漠，發展農、牧業，改變全國生態與地理景觀。這對巴基斯坦而言，與其浪費淡水任其流入大洋，不如裨益人類加以利用，巴基斯坦年年的河水氾濫狀況也迎刃而解，足稱聯合大公國與巴基斯坦的雙贏計畫。另一方面聯合大公國也利用這大沙漠優美的自然景觀，每年在與沙烏地阿拉伯交界的大沙漠邊緣立瓦 (Līwā) 綠洲舉辦 「立瓦椰棗國際節」，鼓勵椰棗農友種植世界最好的椰棗，活動內容豐富，吸引許多來自世界各地的觀光客。

第五節　葉門地區

葉門的阿拉伯語 al-Yaman，其意義自古各說不一。較盛行的說法有二，其一是：葉門人稱南方為 yaman，葉門位於克爾白 (al-Ka‘bah) 天房的南方故稱之；另一則是葉門相對於阿拉伯半島其他地區顯得綠意盎然，取與 yaman 同詞根的「福澤」(yumn) 之意。後者與希臘、羅馬人稱阿拉伯半島西南部為「幸福阿拉伯」不謀而合。

葉門地區北鄰息加資，西邊是紅海，與東非相鄰，並得連接歐洲；南邊是印度洋，自古便發展海上貿易。傳統葉門地區分為幾個區域：哈底剌茅特 (Ḥaḍramaut)、序賀爾 (ash-Shiḥr)、阿曼、納几嵐，即今日葉門、阿曼與沙烏地阿拉伯西南部。地理環境多元，包含高山、高原、平原、沙漠以及海岸。位於沙那 (Ṣan‘ā’) 的「書靄卜先知山」(Jabal an-Nabī Shu‘ayb) 最高峰達三千六百七十公尺，也是阿拉伯半島的最高峰。半島居民視它為聖山，因為他們深信書靄卜先知葬於此山中，而他的陵寢每年更吸引許多觀光客前往。書靄卜先知在《古蘭經》中是言語流利、出口成章的演說家，他的族人做生意時常在度量衡上做假、吃利息，並崇拜紅樹神，書靄卜先知屢勸不聽，不信道的族人最終被阿拉以烏雲雷擊毀滅。

高山區有許多溪流向南流注亞丁灣。半島唯一一條經常性溪流是南部哈底剌茅特長僅一百公里的瓦迪．哈加爾 (Wādī Ḥajar)

河。高原區有高達一千多公尺高地，西部高原區年雨量約七百五十毫米，氣候溫和舒適，但東部高原區非常乾燥，因為西風吹到東部已不帶水氣，因此今日大多數的葉門人都居住在高地。由於地勢有高有低，葉門人自古便了解水土保持的重要性，並建築水壩、水渠以利灌溉。葉門沙漠區包含魯卜厄卡立大沙漠的延伸地帶，高數百公尺，氣候炎熱、晝夜溫差甚大。沿海平原地區適合發展農業，有些因土質受海水影響而發展漁業。

相較於半島其他地區，葉門多雨，環境綠意盎然，生長許多植物、果樹，尤其盛產高經濟價值的香料植物，包含宗教儀式使用的薰香原料和食用香料，譬如乳香、沒藥、雲木香、肉桂，自古便被阿拉伯人稱之為「綠色葉門」。約於公元前 1000 年左右南阿拉伯人便依賴耐熱、耐渴的駱駝運輸貨物，透過駱駝商隊運送乳香到北阿拉伯。無論是商貿利益、沿海的漁業或內地的農業，葉門地區居民都堪稱「幸福的阿拉伯人」。今非昔比，政治紛亂與人心叵測讓今日的葉門共和國一蹶不振，傳統葉門地區的美名僅能從相對穩定的阿曼蘇丹國窺見。

第二章 *Chapter 2*

貝都因本質

今日半島許多國家領袖家族崛起於納几德沙漠地區，絕大多數人民也來自沙漠部落，早年的生活型態都是貝都因式。儘管目前生活環境已經科技化，人們的性格與特質仍無法與貝都因脫鉤，許多都市居民仍然喜歡在野外擁有自己的電器化帳篷，放假時住在帳篷裡享受輕鬆的生活。各國政府的社會政策總會照顧貝都因，譬如在綠洲設立學校供貝都因孩童就學，或派遣教師至沙漠教學，讓現代文明深入帳篷。城市的定居生活型態與居無定所的貝都因生活形成半島人民最鮮明的分野。時代的演進無非是縮減後者的空間、增進前者的影響力，並讓兩者之間彼此相容與合作。

第一節　生活起居

一、追尋水草移動

貝都因以沙漠為家，不停地遷徙。每一個部落有他們專屬的

圖 7：現代貝都因帳篷內部擺設

水源地，若雨水不足，他們會求助鄰近部落，許多部落因此傾向彼此結盟或簽約相互扶持。一旦水源用盡，他們必須再遷徙。半島最早的交通工具是龜速的驢子，估計在公元前十二世紀開始使用駱駝運輸，但他們飼養駱駝、飲用駱駝奶更早上千餘年。

駱駝協助貝都因在沙漠中移動自如，他們的遷徙分成兩種：典型的貝都因放牧駱駝，他們的集體移動通常是駱駝隊成群的遷移，路程可達數千公里。個別零星的移動則往往是為了尋找水草。每次遷移都須做萬全的準備，凡飲食、衣物、寢具、求生工具等必須樣樣俱全，一旦疏忽，任何人都可能親身體驗浩瀚沙漠的無情。若遇乾旱期過長，導致椰棗樹及其他植物乾枯，除了要面對饑荒之外，還可能引發傳染病，譬如 1899 年的大旱災便是如此。

另一種為放牧羊群的貝都因遷徙，羊群不比駱駝，無法長途跋涉，因此遷徙範圍頂多數百公里，通常他們會找尋有固定水源的地方停留，棲居地往往是可以灌溉、種植農作物的地區，有些貝都因因此轉牧為農，成為定居民。

二、就近取材

半島內地的飲食與靠海居民的飲食略有不同，內地人以食用小麥、米、肉、酸奶、椰棗為主；靠海居民則常吃海鮮，尤其以魚、蝦、肉和米飯為大宗。相對於城市人，一般貝都因生活困苦，久久才能吃一次肉，平日主要以奶酪及駱駝奶充飢，因此會保存糧食以便能安然度過饑荒。駱駝奶的益處甚多，據稱可以用來治療糖尿病，防止醣類積存體內，增加免疫力。富裕的貝都因通常是部落首領，他們的飲食內容多以米飯搭配肉。駱駝是貝都因的物質依賴；而馬匹則是用來征戰，是他們的精神依賴。

貝都因不僅吃駱駝肉、喝駱駝奶、製作駱駝油脂、使用駱駝皮毛禦寒或製作器皿、用駱駝的糞便當燃料，他們更以駱駝尿洗頭髮和洗澡，在嚴寒的冬天會將雙手浸在駱駝尿裡取暖。以梭梭草為主食的駱駝尿液是貝都因習慣使用的保養品和藥方，因為尿中含有抗生素、鉀以及其他礦物質，他們認為可以用來治療傷口、眼疾和白斑病等皮膚病。許多貝都因還會藉由喝駱駝尿來清腸胃或治療腫瘤，尤其是治療乳癌和肝癌，一些骨質疏鬆者認為喝駱駝尿能強健骨骼和牙齒。結婚前的女孩為了保持長髮的光澤，尤其喜歡用駱駝尿洗頭，她們相信長期使用可以讓稀疏的頭髮變濃密、讓頭髮長得快，使乾性頭髮變得有光澤、有彈性，還能治療禿頭和頭癬。懷孕的女人還會使用駱駝尿來防止掉髮，作為補充頭皮的養分。使用方式通常每星期一、二次，在洗澡之前兩小時左右，先用駱駝尿洗髮並按摩直至滲透毛囊後，將頭罩起來，讓尿液充分發揮治療作用再清洗乾淨。

羊群和駱駝若遭遇傳染病，貝都因往往損失慘重。最嚴重的羊群傳染病是胸膜肺炎，染病的羊隻會不停咳嗽到死。貝都因通常會將染病羊的肺曬乾，在生病的羊耳朵上割出一道傷痕，再割病死羊的一塊肺乾放在傷處，他們認為這樣做能讓染病的羊康復。馬或駱駝也有牠們的傳染病，貝都因會將健康的牲畜隔離，以免交叉染疫。

直到二十世紀上半葉，半島平民與王室都還在使用藥草及傳統的灸、烙、摘除等方式治病，尤其是內科疾病方面。當時西方人帶進來的現代醫學技術與醫療往往伴隨著傳教的目的，在半島人多數為文盲的情況下，更加難以獲得信任，他們最尊崇的醫療方式是所謂的「聖醫」，亦即聖訓教導人們的醫療經驗。經常陪伴在艾卜杜・艾奇資國王身邊的政治顧問哈菲若・瓦合巴 (Ḥāfiẓ Wahbah) 提及半島人們流傳或迷信於一些奇怪的部落習俗，譬如長膿瘡的人，家屬會拿著一杯水或一杯油到清真寺門口等待做完禮拜的人出來吐口水在杯子裡當作藥水。治療罹患結膜炎的小孩，他們不清潔他的眼睛，而是禁止他吃某些食物，因此往往導致眼盲。若受槍傷，子彈無法取出，他們會讓傷患食用野牛肉，因為他們認為野牛肉是唯一能治癒槍彈傷患的食物，因此半島人們都將野牛肉當作珍貴的禮物。

三、穿著順應大自然

早在伊斯蘭教興起以前，半島男性的穿著便是長衫、外袍、頭巾或纏頭巾。隨著時代演進，頭巾有許多款式，包含棉質四方形黑白相間格子花紋或純白的頭巾、有金邊刺繡的夏勒庫(shālkū)白色頭巾，頭巾上面再戴上穆邑姆(mu‘imm)或頭箍。不同部落的男人戴頭箍的方式各不相同。阿拉伯頭巾有很多作用，豔陽下可以免於曬傷，沙暴來時可以擋風沙，夜晚或冬天可以保暖，受傷時的繃帶、擔架布。男性平時穿著寬鬆的白色長袍，有助於風的循環，也可以折射豔陽。冬天他們會穿上黑色或栗色的毛料外袍。從前男性並不一定會戴固定頭巾的小白帽(ṭāqīyah)，後來人人都會在頭巾之下戴棉質的小白帽，有些還會戴駱駝毛製的小帽。他們也不像過去在頭巾上面再戴頭巾，而是戴頭箍。過去貝都因男女都不穿鞋，僅將棉布裹在腳上，現在貝都因腳上不只穿起駱駝皮或橡膠鞋，還搭配著駱駝毛織的襪子。

貝都因女性的身材纖瘦，個性羞澀，聲音清亮悅耳。她們戴薄面紗，衣服寬鬆偏厚，在烈陽下不至於透光。手上和臉上常有刺青，喜歡佩戴耳環、項鍊，腳上戴有吊飾的腳環，身上塗抹丁香水。即使是婚禮慶典上，他們也是穿一樣的衣服。從服裝的款式、質料和穿著方式可以看出是哪一個部落的人，彼此相鄰的部落，服裝相似度很高。各部落酋長的衣服會使用金邊或銀邊作裝飾，外袍較華麗，一眼便能看出來。

四、居住求安全

半島定居民以及貝都因都相當重視居住安全，若靠近別人或甚至自家的帳篷都要高聲道平安，以免驚嚇到親友或外人。即使認為屋內沒人也會大聲道平安，這是源自伊斯蘭禮教，《古蘭經》云：「你們進家門的時候，當對自己道平安——真主所制定的、吉祥而優美的祝詞。」(24:61)

即便是二十一世紀的今日，半島的城市居民及貝都因多數仍歸屬於某部落。城市社會階層分成上階層的王公貴族、名人以及低階層的一般民眾，各有不同的稱謂。有些城市居民脫離部落很久，對部落的歸屬感很低；有些基於氣候因素無法生活，轉為務農或從商，但這些人對部落的歸屬感仍很強烈。定居民往往仍以部落名稱稱呼彼此，譬如稱對方是「烏乃撒人」('Unayzah) 等。他們脫離游牧生活，往往還是無法脫離過去傳統生活的危機意識，特別重視安全。因此，譬如歷史上納几德地區的城市會建築高聳的城牆，城牆上建築瞭望塔，以便監視周遭狀況，維護城市安全。早年他們的房屋會使用泥土和小石頭，或用泥土混棕櫚葉建造，甚至為防盜賊而不開窗戶，僅在接近屋頂處保留很小的通風口，讓陽光能照進屋中。大多數房屋僅有一層，房間有大有小；若是兩層樓，下層往往是牲畜圈、工作房、儲糧倉等，有些房屋裡面甚至會挖水井。今日城市居民住屋會建築高牆維護隱私與安全，經濟富裕者的住宅猶如應有盡有的皇宮。貝都因居住的羊毛帳篷則分為男人區和女人區，中間用女人製作的「格堤厄」(qāṭi') 隔

圖 8：現代貝都因帳篷內景

開。男人區會有男主人煮咖啡的器皿和簡單設備，是貝都因好客的表徵。

第二節　居民價值觀

一、慷　慨

由於貝都因需要克服貧瘠的沙漠，擁有的物質有限，深知飢餓的滋味，因此對生命有不一樣的看法。「分享」是為人之道，不求回報的款待陌生人三天是經典的貝都因待客之道，對於下榻作客的人而言，接受款待也是他的權利。即使訪客是仇人，主人也必須隱忍仇恨，等待三天才可復仇。他們對待客人會毫不保留的宰牲款待。若家境貧困或遇到災荒寧願自己飢餓，也不會怠慢客人。人們習慣每餐多煮分量，隨時準備應對客人來訪。城市人的家庭永遠有所謂的客房、客屋；貝都因則有客人住的帳篷，視其經濟狀況而定。

部落酋長若有訪客，族人會自動自發人人獻出肉品，共同款待貴客。從外地返鄉的人，族人聞訊會紛紛設午宴、晚宴或咖啡宴款待。不加糖、充滿荳蔻、黃綠色的淺焙阿拉伯純咖啡是象徵慷慨的飲品，納几德地區幫客人倒咖啡第一輪僅倒少許的量，然後繼續第二輪、第三輪，直到客人搖晃他的杯子表示不喝了才停止。在息加資地區第一輪則會倒半杯。一般客人的咖啡杯往往是前面的人喝過的，對於地位崇高的客人，會使用沒人喝過的咖啡杯以表敬意。半島地區的咖啡習俗往往第一杯會由主人或由倒咖啡的僕人先品嚐，以確定咖啡烹調的完美度。喝咖啡代表主人會「保護」客人，提供客人任何形式的幫助。依據貝都因的習俗，

圖 9：傳統阿拉伯咖啡及椰棗

若客人拒絕喝下主人奉上的咖啡，等同放棄被保護的權利。

宴客結束時，主人會準備玫瑰水或薰檀香表示歡送貴客。此時客人就不宜再繼續逗留，因此阿拉伯有一句俚語：「檀香之後不坐。」有趣的是薰香瓶就稱之為 qumqum，而阿拉伯語裡 qum 的意思是「起來！」好似催促人「起來！起來！」別再坐著。然而這種習俗對於慷慨成性的阿拉伯人而言，仍是某種程度的缺憾，許多人會將薰香安排在客人抵達的時候，而非餐宴結束時，給予客人離開的自由選擇，也凸顯主人特別慷慨。納几德人至今的習俗仍是用完餐便與主人告辭，從客人抵達到用餐之前，才是聊天溝通的時段。按照傳統習俗，用餐時若有人吃飽起身，大家都會起身，若還坐著會很尷尬。即使貴如國王，這種「吃飽是人權」的價值觀也自然流露。譬如貝都因性格的艾卜杜．艾奇資國王（‘Abd al-‘Azīz bn ‘Abd ar-Raḥmān，1876～1953 年）因為一位貝都因來到麥加，人生地不熟，卻沒人理會、招待他，讓他餓著肚子睡覺，於是便將當地主事者痛打一頓，並且立即將他解職。

二、崇尚勇氣與護鄰

貝都因除了警覺性較高之外，也因爭奪水源形成對力量與勇氣的崇拜。勇敢的貝都因能救援族人免於滅絕，為族人挺身而出時，亦經常不顧此人是侵犯者或是受害者。是非曲直在血緣至上的部落社會裡並不重要，血債血還、以牙還牙是基本的部落精神。這種特質也呈現在他們對鄰居或客人的責任感，他們會如同對族人一般竭盡保護責任，或為他復仇。「承諾」是無價的道德，一旦與鄰近部落結盟，他們會誓死保衛同盟。儘管部落戰爭不斷，對鄰居卻非常寬容，若鄰居犯罪，他們會給三天的時間讓他可以逃脫或自救。聖訓也說：「誰若虔信阿拉就不會傷害鄰居；誰若虔信阿拉及最後審判日就應款待他的客人。」因為鄰居如同你的家人，是最了解你家庭祕密的人。至於戰爭的敗方，則任由戰勝者擺布，勝利者可以殺戰敗者、繳交殺人償金或和他立盟約決定如何共處。

三、階級觀淡薄

部落社會有奴隸階層。酋長擁有打雜和守衛的奴隸，奴隸的工作包含照顧牲畜、做各種粗活。他們稱呼主人為「大叔」、稱女主人為「大姑」。酋長嫁女兒時，奴隸也會陪嫁過去，但奴隸生的小孩仍歸屬於酋長。然而，酋長對待奴僕有如對待自己的孩子，會賞賜他駱駝、帳篷。倘若奴隸被釋放，臨行時主人會贈送他駱駝或羊隻；若他願意留下來，還可以冠主人的姓氏，成為主人的家人。

貝都因社會的階級觀念淡薄，因此階級平等的觀念相較於城市社會高出許多，譬如納几德的貝都因會直呼艾卜杜．艾奇資國王為「艾卜杜．艾奇資」或「長壽的人」。

四、保護女性

女性在部落中享有一定程度的尊重。早年半島阿拉伯人有「女子無才便是德」的觀念，受教育只限於誦讀《古蘭經》和女紅。「書寫」在部落傳統習俗中被認為是女性的缺點。

貝都因女性為了生活，幾乎和男性分擔所有的事務，行動也很自由，但凡事都須由男性做主決定。她們從幼年便須幫忙家務，除了負責織布、織駝鞍、帳篷用的「薩度」之外，還要打樁、架帳篷、撿拾枯枝、擠羊和駱駝奶、架爐灶、製作酸奶和動物油、煮飯、做大餅等。她們個性獨立，即便男主人不在，也能獨自款待客人，包含奉上咖啡、奶、主食。當男性出外狩獵羚羊、野兔時，女性會為他們準備數日的食物與裝備。貝都因媽媽見到兒子會親吻他額頭，她也須對兒子表示尊重與敬意。納几德部族人自古不會稱呼女性的名字，通常會以「某人母親」稱呼，或籠統的稱她為「家人」。隱藏女性的名字是為了保護女性、維護她的聲譽與貞節的表徵，即便是族長、當權者或任何人都無權逾越。當然這種習俗也出現在許多其他的阿拉伯國家中，尤其是埃及。

儘管戰事頻繁，貝都因都知道女眷必須被尊重，戰爭中不得殺戮、碰觸和侮辱女性，她身上戴的任何首飾或貴重物品皆不得搶奪。任何部落若殺敵人的女人、強奪她或汙辱她，兇手必須終生背負惡名，為人所唾棄。此外，男性對家族中的寡婦負有照料她生活的義務。譬如艾卜杜．艾奇資國王從沙漠突襲利雅德，進入利雅德城主艾几蘭．穆罕默德 (‘Ajlān bn Muḥammad) 阿米爾的寢宮時，看到阿米爾的太太和她的胞姊妹，便禁止軍隊侵犯她們，給予尊重與照護。艾卜杜．艾奇資滅哈伊勒公國之後，對待哈伊勒婦女也如同對自己家中女眷一般。艾卜杜．艾奇資平定「兄弟」(Ikhwān) 之亂後，對待「兄弟」首領費瑟．達維須 (Fayṣal ad-Dawīsh) 的女眷也是一樣態度：1930 年費瑟．達維須戰敗後，留下他的妻子、姊妹、女兒等女眷，逕自逃往科威特向英國人自首。艾卜杜．艾奇資隨後派車將他的女眷全部接到利雅德。費瑟．達維須死後，艾卜杜．艾奇資不僅撥發年金給他的遺孀和姊妹，更允許她們返回故居。

半島城市的傳統女性會戴厚面紗，足不出戶。女子出門都是有不得已的原因，譬如拜訪親友或參加婚、喪禮，且通常都是在晚間才外出。然而，今日阿拉伯海灣地區定居民的女性穿著大多都已西化，許多女子不再戴面紗，僅戴頭巾或甚至不戴頭巾，但一般而言仍傾向維持長、寬、不透明伊斯蘭服飾的原則。

五、嚴守家族祕密

無論男女，婚姻選擇性都很少；如果堂兄弟看上堂姊妹，女方家長便不會讓女孩嫁給別人。他們喜歡娶堂姊妹的原因，除了血緣親近萬事好談之外，也希望家族的祕密不要外洩，能夠維護部落榮辱與共的精神。堂兄弟若喜歡叔伯家的女孩，會委託媒人向女方父親提親，女孩父親同意之後再談其他聘禮和婚禮細節。雖然有媒人從中引線，但他們基本上能在婚前見到彼此，比城市的女孩來得開放、自由。一般城市人結婚也是以堂兄弟為優先，甚至於若堂兄弟不答應放棄通婚，女孩便無法嫁給其他人，而婚禮以前男女經常是未曾謀面。隨著各國的西化與國際化，許多男女關係迅速在變化，未來的伊斯蘭禮教與傳統習俗究竟能保留多少，筆者實在無法預料。

部落女孩在二十歲以前、男孩在三十歲以前就嫁娶。早年女孩結婚年齡約在十三、十四歲，男孩則在十五、十六歲。女性結婚以後就不停地生育，一個女人生十幾個小孩是很普遍的情況，但因為女性持續懷孕沒有休養，小孩存活率低。舉例來說，女性若生了十個孩子，或許只存活三、四個。部落普遍重男輕女，母親地位的高低都以生幾個男孩來決定。貝都因男人也傾向多妻，因為多子嗣可以繁榮家業。女性觸犯任何道德上的缺失，法官通常不會插手，而是任由女性的家族男性處理。她的命運往往是失去生命，但法官對於男性犯的錯誤往往視若無睹。換言之，半島上女性地位低落其實並非源自於宗教，而是承襲自部落習俗。

半島各地區的結婚禮儀各不相同，但也有共同的習俗沿襲至今，譬如婚前經過媒婆說媒、女方監護人同意並訂婚約後在女方家慶祝「達撒日」(dazzah)，亦即聘禮日，這一天男方會視其經濟情況送聘禮給女方。「達撒」放在女方家展示給親友們觀賞，通常包含現金、衣服、布料，尤其是新娘出嫁時穿著的手工絲綢禮服。息加資地區男方的聘禮除了新娘的禮服外，還會送上聘禮銀盒，裡面附有寫著聘金金額的紙張，早年銀盒裡還裝著男方家長買給新娘的女僕價格。貝都因的聘禮會包含一、兩張地毯、白色駱駝和現金。婚約時間底定後，會由男方宣告親友。婚禮前一天稱之為「辜姆刺日」(yawm al-ghumrah)，亦即其他阿拉伯國家所謂的「指甲花日」，是屬於新娘的日子。在海灣國家經濟突飛猛進後，這一天新娘脖子、胸前、面頰上掛的金飾都令人大開眼界，更難忘的還有新娘手腳上指甲花液所繪出如爬藤枝葉無限綿延、引人遐思的藝術圖案。此時誰敢說半島女人不是快樂天使？

第三章 Chapter 3

北阿拉伯文明

第一節　阿拉伯人的起源

「阿拉伯人」的定義至今仍眾說紛紜。最早提到「阿拉伯人」一詞是在亞述人的遺跡裡，指的是北阿拉伯人，其年代可追溯到公元前 853 年，遺址在今日敘利亞靠近哈馬 (Ḥamāh) 古城的格爾古爾 (Qarqūr) 小鄉村。自此以後，亞述與巴比倫的遺跡裡都相繼提及 Urbi、Arabu、Aribi 等詞，內容所指的阿拉伯人是遊走在阿拉伯半島北部沙漠、飼養駱駝、繳交保護稅給兩河流域統治者的北阿拉伯人，並不包含在半島南部發展出繁榮文明的居民。在古閃語裡，'-r-b 詞根的意義包含「渡過」、「移動」、「貝都因」、「沙漠」等，似乎都指向「阿拉伯人」一詞意為「沙漠中移動的民族」。在阿拉伯語裡，「阿拉伯人」包含兩個同詞根的詞彙：'arab 指的是定居的阿拉伯人；a'rāb 指的是沙漠貝都因。《古蘭經》裡提及的 a'rāb 大多數是不虔信的阿拉伯人，可見早期阿拉伯半島的伊斯蘭信仰仍未普及貝都因部落。

《古蘭經》與歷史古籍裡提及許多阿拉伯半島上已經滅絕的部落，包含艾德、山穆德 (Thamūd)、拓斯姆 (Ṭasm)、加迪斯 (Jadīs)、馬丁 (Madīn)、邑姆拉各 (al-'Imlāq) 等。伊本．卡勒敦（Ibn Khaldūn，1332～1406 年）認為依照歷史演進到他的時代為止，這些已消失的部落是「深根在阿拉伯土地的阿拉伯人」(al-'arab al-'āribah)。第二類則是「阿拉伯化的阿拉伯人」(al-'arab al-musta'ribah)，亦即南阿拉伯的格賀覃 (Qaḥṭān) 人，他們建立諸如薩巴俄 (Saba')、息姆亞爾 (Ḥimyar) 等文明。第三類是「來歸的阿拉伯人」(al-'arab at-tābi'ah)，包含北阿拉伯許多大部落，譬如艾德南 ('Adnān)、奧斯 (Aws)，以及敘利亞的羅馬附庸「佳薩西納國」（al-Ghasāsinah，220～638 年）和伊拉克息剌城 (al-Ḥīrah) 的波斯附庸「馬納居剌國」（al-Manādhirah，268～633 年）。然而，阿拉伯史學家常將歷代伊斯蘭政權許多阿拉伯化的外族人都納在「阿拉伯人」的稱呼裡。

血統上，阿拉伯人分為兩大部族：半島南部的「格賀覃」與北部的「艾德南」。格賀覃是源自諾亞兒子閃的阿拉伯人；艾德南則是阿拉伯化的阿拉伯人。換言之，南阿拉伯人是較純粹的阿拉伯人，他們是最早居住在現今葉門地區半島西南方的阿拉伯人。而薩巴俄是格賀覃的孫子，也是南阿拉伯兩支——息姆亞爾和克合蘭 (Kahlān) 的父親。日後南阿拉伯先後建立的幾個古老的王國，包含薩巴俄、馬因等都是息姆亞爾的後代。因此息姆亞爾一詞逐漸變成代表南阿拉伯文明現象的用詞，譬如息姆亞爾語言指的便是南阿拉伯語言。南阿拉伯的另一支克合蘭的後代則在伊斯蘭教興起後登上歷史舞臺，包含太俄 (Ṭayy')、馬玆息几 (Madhḥij)、赫姆丹 (Hamdān)、阿資德 (al-Azd)。他們的後代有些移居到北阿拉伯，譬如阿資德的後代奧斯和卡資剌几 (al-Khazraj) 遷徙到麥地那，成為聖遷後穆罕默德的「輔士」(al-Anṣār)，對伊斯蘭政權貢獻良多。

然而，無論半島人的血統如何，都呈現部落的社會型態，部落的歸屬感綿延至今。克合蘭的分支部落，譬如拉可姆 (Lakhm)、佳珊 (Ghassān)、金達等則遷徙到半島中部與北部，定居在北阿拉伯。相對於南阿拉伯部落，北阿拉伯部落祖先艾德南的狀況較為模糊，通常北阿拉伯人會追溯到艾德南之子馬艾德 (Ma'add) 或其孫尼撒爾 (Nizār)，或尼撒爾的兩個兒子穆大爾 (Muḍar) 和剌比艾 (Rabī'ah)。穆大爾分支的蓋斯 (Qays) 在北阿拉伯歷史上幾乎是代表北阿拉伯人。穆大爾的另一支包含塔米姆 (Tamīm)、齊納納 (Kinānah)，齊納納包含穆罕默德先知所屬的古雷須族 (Quraysh)。這些部族遷徙到伊拉克，有些留在阿拉伯半島，居住在拓伊弗、麥加、麥地那等息加資地區、利雅德等納几德地區以及東部波斯灣地區，譬如剌比艾的一支艾尼撒 ('Anizah) 便是今日部分海灣阿拉伯國家統治者所屬的部落。

伊斯蘭教興起前，南阿拉伯與北阿拉伯部落彼此之間即存有敵意，伊斯蘭教興起後，雙方對立加深。至今阿拉伯半島南阿拉伯人與北阿拉伯人的分歧，仍因這些部落彼此之間的對立而未能徹底消除。有些部落因為名聲不佳，導致部落人選擇隱藏身分或

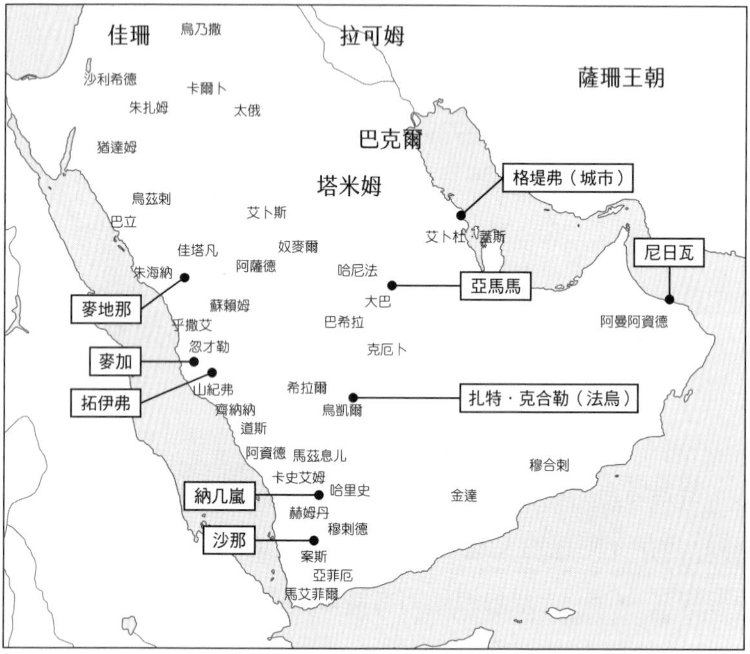

圖 10：伊斯蘭教以前半島周遭重要部落及國家分布位置

急於與其他部落混血以抹去汙名。伊斯蘭教興起後，北阿拉伯人地位凌駕南阿拉伯人，北阿拉伯語言也發展成為標準阿拉伯語，直到今日仍是所有阿拉伯人的官方語言。隨著外族的阿拉伯化以及南北阿拉伯部落之間的結盟、通婚、遷徙等，部落世系觀念逐漸淡化，許多部落人的祖先幾無可考。尤其自阿拔斯時期（Abbasid Dynasty，750～1258 年）波斯、土耳其人歸順伊斯蘭後，許多部落儘管內部仍執著於血統，卻也難抵大環境的國際化，導致城市人與部落人的部落觀念差距甚大。部落的遷徙是減弱部落意識的主要因素，但即使在部落社會轉型、不同部落彼此通婚或因遷徙並融入新環境之後，阿拉伯半島偏遠地區居民的部落意識仍難以絕跡。至今在一些宗派主義者的思維裡，「部落民」(qabīlī) 仍為社會意識的上層；「定居民或城市民」(ḥaḍīrī) 指的是「非血統純正的人」，他們的祖先往往是外來的移民或奴隸，是社會下層。阿拉伯半島非文明中心的地區常處於部落社會型態。依筆者在半島上長期的觀察，許多部落人是不願與非部落人通婚的。

公元前八世紀上半葉，亞述王國占領半島南部到地中海的香料道路終點站——今日巴勒斯坦的迦薩。阿拉伯人居住地區的女王須向亞述國王繳交保護費。亞述王也會藉由發動戰爭或指派阿拉伯部落酋長為小國王，以保障香料道路的利益，因此文獻中的阿拉伯國王也僅是重要部落的酋長。此後阿拉伯人陸續發動革命反抗亞述人，在公元前七世紀後半葉聯合巴比倫人對抗亞述人未果，亞述勢力仍控制著阿拉伯人的土地。公元前六世紀後半葉亞述勢微，僅能維持香料道路的商業利益，巴比倫王國逐漸能掌控一些阿拉伯部落。

公元前六世紀到六世紀，希臘羅馬人與波斯人對峙約一千兩百年。波斯阿契美尼德王朝（Achaemenid Empire，公元前 550～公元前 330 年）期間，阿拉伯駱駝軍曾協助波斯軍隊與希臘、羅馬人作戰，但雙方合作關係不是很穩定，有時是波斯帝國的附庸，有時則與波斯敵對。在亞歷山大大帝打敗波斯人之後，阿拉伯部落便隸屬希臘管轄，阿拉伯人開始為希臘軍隊服務。羅馬統治時期，阿拉伯人參與羅馬軍隊的戰事，但在羅馬對敘利亞的戰爭中，阿拉伯人卻選擇與羅馬敵對。公元 330 年羅馬在帝國東部建立新都（即君士坦丁堡）後招攬阿拉伯部落為傭兵，用來攻打波斯及敘利亞沙漠的阿拉伯人。

伊斯蘭出現之前有幾個重要的阿拉伯政治組織：羅馬附庸「佳薩西納國」、波斯附庸「馬納居剌國」，以及納几德的金達阿拉伯王國。此三者彼此勢力相互抗衡。羅馬與波斯帝國利用阿拉伯人統治阿拉伯人，目的在避免軍隊因不諳沙漠狀況而全軍覆沒，同時阿拉伯附庸國也成為兩大帝國勢力的緩衝區。

第二節　佳薩西納人

「佳薩西納」的名稱由來，是指曾居住在今日沙烏地阿拉伯佳珊 (Ghassān) 水源綠洲的南阿拉伯阿資德部落 。因葉門馬俄里卜 (Ma'rib) 水壩造成的洪水氾濫，他們從南阿拉伯遷徙到提赫馬，再北遷到敘利亞。他們被稱為佳珊人，其複數型態便是「佳薩西納」(al-Ghasāsinah)。他們在佳珊時與馬艾德族時有戰爭，最終被趕出佳珊。

一、「基茲厄給你的，就拿去吧！」

佳珊人遷徙到大馬士革南部時，與信仰基督教、受羅馬人保護的阿拉伯部落大加邑姆人 (aḍ-Ḍajā'im) 為鄰 。大加邑姆人以管轄者身分向佳珊人索取每人一個迪納爾金幣 (Dīnār) 的人頭稅。有一位名叫基茲厄．本．艾姆爾 (Jidh' bn 'Amr) 的佳珊人在稅務員收取稅款時不僅拒絕繳款，更取劍殺害稅務員，並說道「基茲厄給你的，就拿去吧！」(Khudh min Jidh‘in mā a‘ṭāk) 此事件引發佳珊人奮起抗爭，最終戰勝大加邑姆人。而「基茲厄給你的，就拿去吧！」則成為阿拉伯諺語，其意為抓住任何吝嗇鬼給的東西。基茲厄的兄弟山厄拉巴．本．艾姆爾 (Tha‘labah bn ‘Amr) 成為佳薩西納的第一位國王，管轄疆域南抵今日約旦西北部，但大多數是漠地，對外戰爭也大多發生在沙漠邊緣。至於像敘利亞南部的大馬士革、布舍剌 (Buṣrā)、塔德穆爾 (Tadmur) 等大城市仍在羅馬人的管轄下，而羅馬人為了管理阿拉伯部落同時對抗強敵波斯，因而扶植佳珊人的首領為王，建立佳薩西納國。為了保持地區勢力的平衡，羅馬人也扶植其他小部落與佳珊人相互抗衡。

根據伊本．卡勒敦的說法，佳薩西納國共經歷十一位國王。古書對於這段歷史各說不一，例如此國共歷經幾位國王，各個文獻記載有從三十二位國王到十一位國王等不同說法，誰是佳薩西納國第一位國王也各不相同，甚至於到底他們是來自北阿拉伯還是南阿拉伯，都因他們的宗教、習俗和語言記載模糊而充滿疑點。

二、「哈立馬戰役絕非祕密」

其中最具功績的佳薩西納國王是綽號「跛子」的哈里史．本．加巴拉 (al-Ḥārith bn Jabalah)，529 年參與平定羅馬人轄下巴勒斯坦的薩米里人 (as-Sāmiriyūn) 的暴動，因而被羅馬皇帝查士丁尼一世 (Flavius Petrus Sabbatius Iustinianus) 封為「國王」，這是拜占庭帝國第一次實質冊封阿拉伯人為國王，也讓他聲名遠播。

531 年波斯與羅馬再度爆發戰爭，哈里史選擇加入羅馬陣營，在戰役期間，哈里史的忠誠度遭羅馬質疑，最終以羅馬方戰敗收場。哈里史與馬納居刺國國王門居爾．本．馬俄．薩馬俄 (al-Mundhir bn Mā’ as-Samā’) 因為分別支持羅馬與波斯兩大帝國而相互鬥爭數十年。544 年雙方戰事再起，哈里史落敗，門居爾俘虜哈里史一子，並將其獻祭烏撒神 (al-‘Uzzā)。554 年雙方再次爆發激烈戰役，門居爾落敗戰死。此役開打之前，哈里史為了激勵戰士，表示誰若取得門居爾項上人頭，便將自己的女兒哈立馬許配給他。戰事開打當天哈立馬為戰士們薰香、穿盔甲，故此次戰役被稱為「哈立馬戰役」。阿拉伯諺語「哈立馬戰役絕非祕密」(Mā yawmu Ḥalīmata bi-sirr) 表示眾所皆知，典故即出自於此。

哈里史．本．加巴拉信奉基督一性論 (Monophysitism)，他在自己統轄區域內宣揚此信仰觀點，因此布舍刺城除了是商業重鎮之外，也是宗教中心。563 年哈里史前往君士坦丁堡與拜占庭帝國商談繼位問題，深受當時羅馬人敬重。哈里史之子門居爾 (al-Mundhir bn al-Ḥārith) 繼位後蕭規曹隨，繼續對抗馬納居刺國，希臘人稱他為「警告者」(Alamoundaros)。580 年門居爾拜訪君士坦丁堡，受到羅馬皇帝提貝里烏斯二世熱情的招待，不僅授予他兩個兒子軍階，更授予他皇冠，羅馬歷史學家因此稱他為「阿拉伯人的國王門居爾」。哈里史與門居爾時期的統治管轄區從約旦南部貝特拉到敘利亞塔德穆爾北邊。

然而，門居爾信仰的教派觀點與其對抗馬納居刺國的忠誠度，在在受到羅馬人強烈質疑，導致其與拜占庭帝國漸行漸遠，最終更被拜占庭帝國罷黜並放逐到西西里島。此事件令門居爾的子孫群起對抗羅馬人，也讓佳薩西納國國內產生分裂，直到 634 年穆斯林軍隊在大馬士革南部打敗羅馬人，終結於 636 年最後一位佳薩西納國王與穆斯林在亞爾穆克 (al-Yarmūk) 戰役的對戰中戰敗，並逃往羅馬領地。

第三節　拉可姆人——阿拉伯諺語裡的族群

三世紀波斯薩珊王朝的開國國王阿爾達希爾一世統治時期，許多阿拉伯人遷徙到伊拉克的息剌和安巴爾 (al-Anbār) 之間，這些阿拉伯人被稱為「郊外阿拉伯人」。安巴爾城的名稱來自於 anābīr（意指「穀倉」），足見此地極為富庶。

一、「你給奴隸羊腳，他會妄想羊臂」

第一位在諸小邦時期管轄這些郊外阿拉伯人的國王是來自南阿拉伯阿資德部落的馬立柯．本．法合姆 (Mālik bn Fahm)。馬立柯之子加居馬 (Jadhīmah bn Mālik) 文武雙全，被史學家認為是阿拉伯蒙昧時期最偉大的國王。他患有痲瘋病，因此有「斑點仔」(al-Abrash) 的綽號，阿拉伯人因尊崇他而避諱用他們習慣用的「痲瘋仔」稱呼他。

加居馬有一位拉可姆族的僕人艾迪．本．納舍爾 (‘Adīy bn Naṣr)，長得極為俊俏，加居馬的妹妹剌格須 (Raqqāsh) 對他一見傾心，並獻計要艾迪趁加居馬喝醉之時，在眾人面前向加居馬提親迎娶她。此計果然奏效，加居馬在酣醉時許諾艾迪的求親，而當晚艾迪就立即與剌格須成親。隔日加居馬知道真相後非常懊悔，艾迪見情況不妙便落荒而逃。

剌格須與艾迪生的男孩取名為艾姆爾．本．艾迪 (‘Amr bn ‘Adīy)，很討舅舅加居馬的喜愛。加居馬命人為他戴上銀項圈裝飾，因此艾姆爾又被稱為「項圈仔」，據說他是第一位戴項圈的阿拉伯人。艾姆爾年幼時愛與玩伴到農場玩耍，某次出門就沒再回家，自此流浪街頭。有一天，兩位帶著禮物準備拜見加居馬的外客，此二人的隨行婢女在為他們準備用餐時，偶遇蓬頭垢面、衣不蔽體的艾姆爾前來討食物吃，隨行婢女給了他一隻羊腳，他吃完之後又向她要，婢女說：「你給奴隸羊腳，他會貪心的要羊臂」(Tu‘ṭī al-‘abda kurā‘an fayaṭma‘u fī adh-dhirā‘)。此詞句後來成為阿拉伯人的諺語，形容貪婪人總是得寸進尺。這兩名外客得知艾姆爾的身世後便為他梳洗、換上體面的衣服，心中暗忖：送給加居馬的禮物，再沒有比這個還珍貴的了。果然，加居馬見到外甥喜出望外，命人護送他回妹妹家，並問兩位客人要求什麼賞賜？兩人要求能終身成為加居馬的酒友，此後二人便成為歷史上詩人歌頌的人物。

二、「艾姆爾已長大，無須戴項圈」

不久艾姆爾來見舅舅，加居馬命僕人再為艾姆爾戴上項圈。加居馬見艾姆爾戴著項圈的模樣時，說道：「艾姆爾已長大，無須戴項圈」(Shabba ‘Amrun ‘an aṭ-ṭawq)。此話成為阿拉伯的諺語，其意是人生每個階段都要用適當的方法因應，莫要墨守成規。

三、「脆弱的點子，其中必有詐」

居住在阿拉伯半島的古老閃族，有迦南人、亞摩利人等，阿拉伯人通稱他們是「艾馬立各人」(al-'amālīq)。艾馬立各人在眾先知時期統治半島及大敘利亞許多地區。與加居馬同時期的艾馬立各國王是艾姆爾．本．查里卜 ('Amr bn Ẓarib)。

加居馬在位時，聚集阿拉伯各部落一同攻打艾馬立各人，大獲全勝，殺死艾姆爾．本．查里卜，並帶回豐富的戰利品。艾姆爾國王的女兒撒巴俄 (az-Zabbā') 繼位，統領其父舊部及一些阿拉伯部落，立志為父報仇。她的姊妹認為不戰而勝才是上策，要她稍安勿躁。於是，撒巴俄修書給加居馬，表示願意與他締結連理、獻上王位，使兩國合併，並遣使前往邀請加居馬蒞臨一敘，其理由是女子主政本就違反常理。加居馬收到信後召集親信商討此事，眾人皆同意聯姻，只有拉可姆族的格席爾．本．薩厄德 (Qaṣīr bn Sa'd) 獨排眾議，認為其中有詐，並說：「脆弱的點子，其中必有詐」(Ra'yun fātirun wa ghadrun ḥāḍir)，此語亦成為阿拉伯諺語。

四、「事情總不順格席爾之意」

加居馬再徵詢其外甥艾姆爾的意見，艾姆爾也贊成他去聯姻，加居馬於是應撒巴俄之邀前往接收她的王國。格席爾無奈地說道：「事情總不順格席爾之意」(Lā yuṭā'u li-Qaṣīrin amr)，表示木已成舟、失去了時機，類似涵義的阿拉伯諺語還有：「在巴格 (Baqqah) 事情已定案」。巴格位於幼發拉底河西岸，加居馬在此地決定聯姻一事，故有此一說。撒巴俄見到加居馬後，先將他灌醉，再割斷他的手腕脈搏，讓他出血過多而死。

五、「格席爾割鼻謀事」

足智多謀的格席爾不再沉默，他在謀劃一件大事。他割掉自己的鼻子，然後到撒巴俄女王跟前，稱說艾姆爾懷疑他背叛，導致加居馬死於女王之手，因此割掉他的鼻子作為懲罰。格席爾藉此獲得女王的信任後，請求女王讓他返回伊拉克拿回財產，並願以珍寶、衣服、貨品回報女王恩典。他抵達息剌後便面晤艾姆爾，取得要送給女王的貨物，如此反覆兩次，甚得女王信任。格席爾在第三次與艾姆爾見面時，請艾姆爾提供他一批精銳戰士，他將戰士及武器裝在大麻袋裡，每兩人一組放駱駝背上，佯裝穀物，駱駝隊伍日伏夜行，抵達後便立即起事，女王中計被殺。「格席爾割鼻謀事」(Li amrin mā jadha‘a Qaṣīrun anfah) 便成為阿拉伯諺語，意為：不尋常的行為後面總隱藏著陰謀或為達目的不擇手段。而格席爾發明的這種麻袋被稱為 ghirārah ，至今仍為貝都因使用 。此事件之後阿拉伯地區也才開始有駱駝隊伍在夜間行走。

波斯帝國為方便統治阿拉伯地區，任命拉可姆家族建立馬納居剌國，拉可姆家族與佳珊人一樣是北遷徙的葉門阿資德部落，其統治者自稱「阿拉伯人的國王」，統轄區域北從伊拉克、大敘利亞地區到南部阿曼及波斯灣區域。艾姆爾．本．艾迪是息剌的拉可姆家族第一位國王。「息剌」名稱來源或許是因為從葉門遷往安巴爾的部族在夜晚經過息剌城時「猶豫、困惑了」(taḥayyara)，

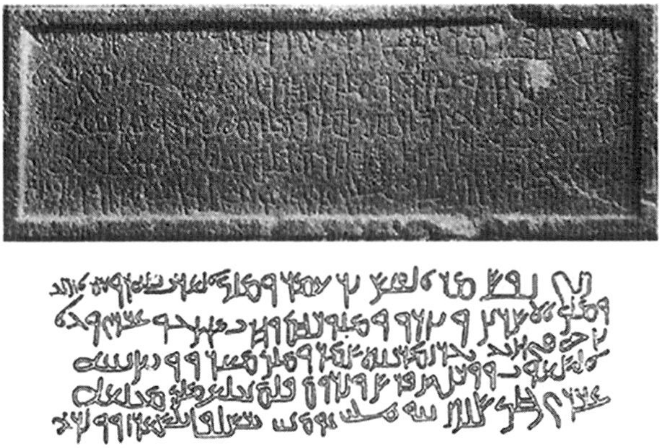

圖 11：馬納居剌國王伊姆爾・蓋斯墓碑及其碑文

後來就定居於此，故稱之為 al-Ḥīrah，取其與動詞 taḥayyara 同詞根的意義。現代學者則認為此詞是阿拉姆語，意為「營地」。息剌的水土適合居住，以至於阿拉伯俗諺說：「在息剌住上一天一夜，勝過吃藥一年。」息剌人口語使用阿拉伯語，書寫則使用古敘利亞文，就如同納巴特人 (Nabataeans or al-Anbāṭ) 以及塔德穆爾人的口說採用阿拉伯語，書寫則是阿拉姆文一樣。十五世紀文史學家蘇尤堤（as-Suyūṭī，1445～1505 年）認為阿拉伯文的書寫是從葉門傳到息剌，再傳到安巴爾，再輾轉傳到息加資。二十世紀初，考古學家在敘利亞古城納馬剌 (an-Namārah) 發現馬納居剌國王伊姆爾．蓋斯的墓碑，其碑文採用阿拉伯文字撰寫，年代可回溯至 328 年，直至今日，此碑文仍是目前最早的阿拉伯文字遺跡，此墓碑碑文顯示這種進程的推論有其可能性。

艾姆爾之子伊姆魯俄．蓋斯 (Imru' al-Qays) 繼位後負責管轄伊拉克漠地、息加資及阿拉伯半島地區。二十世紀初於敘利亞發現的伊姆爾．蓋斯墓碑，碑文中稱伊姆魯俄．蓋斯國王是「全阿拉伯人的國王」，更提及羅馬人，不禁引人遐思。當時馬納居剌的管轄區域或許已經擴展到納几德、息加資、伊拉克及大敘利亞地區，抑或伊姆魯俄．蓋斯在過世之前曾為羅馬帝國效力，凡此似乎都具有可能性。在此可考年代以前的阿拉伯人很可能是使用阿拉姆文字拼阿拉伯語音，因為此碑文的出現，一般推斷伊拉克是目前最早使用阿拉伯文字的地方。

六、「辛尼馬爾的報酬」

363 年伊姆魯俄．蓋斯之子艾姆爾死後，其子彼此鬥爭，導致拉可姆家族失去王位，但不久艾姆爾之子伊姆魯俄．蓋斯二世再度登上王位。伊姆魯俄．蓋斯二世之子努厄曼一世 (an-Nu‘mān I) 便是建築浩瓦爾納各宮殿（al-Khawarnaq，波斯文意為「堅固的堡壘」）的國王。努厄曼一世時代的息剌城空前繁榮，他建築此宮殿作為波斯王的行宮。浩瓦爾納各宮殿竣工後，努厄曼一世邀請羅馬建築師辛尼馬爾一起登上宮頂。此宮背面遠遠可見羚羊、蜥蜴、椰棗樹以及遼闊大漠，正面則是豐饒水鄉，周遭風景美不勝收，令人讚嘆不已。此時辛尼馬爾告訴努厄曼，該建築中有一塊石頭是宮殿的心臟，倘若卸下此石，整座宮殿就會倒塌。努厄曼問他是否曾經告訴其他人此事？他回答道：不曾。努厄曼便命人將他從宮殿頂端推下因而摔死。阿拉伯人因此有一句諺語：「辛尼馬爾的報酬」(Jazā’ Sinimmār)，意指狡兔死走狗烹。

六世紀初羅馬與波斯簽訂和平協議，依照協議內容羅馬需繳稅給波斯，但羅馬遲遲未繳，因此門居爾．本．馬俄．薩馬俄於519年出兵攻打羅馬邊境，俘虜兩名羅馬將領。524年羅馬派遣使團前來要求門居爾釋放俘虜，雙方簽訂和平協定，但此和平協定並未奏效，四年後波斯再次與羅馬爆發衝突，門居爾加入波斯陣營，攻打且燒毀許多羅馬人統轄下的敘利亞城市，直抵今日土耳其邊境，更俘虜四百位婦女，並將其獻祭給烏撒神。

七、「他雙腳帶給你死亡」

門居爾．本．馬俄．薩馬俄畢生戎馬，殺人無數，手法殘酷。古籍記載有一日門居爾喝得酩酊大醉，他的兩位酒友因質疑他的話，他便命人把他倆活埋。隔日酒醒得知自己的所作所為，他來到兩名酒友活埋之處前懺悔，承認自己失態，並命人在兩個屍坑上蓋兩座小塔，並設定「喜日」與「憂日」。在喜日碰到他的人就有賞賜，憂日碰到他的人會被殺。蒙昧時期著名的詩人艾比德．本．阿卜剌舍 (ʻAbīd bn al-Abraṣ) 便因在憂日碰到門居爾而慘遭殺害，因而有「他雙腳帶給你死亡」(Atatka bi-ḥā'inin rijlāh) 的阿拉伯諺語，意思是指門居爾雙腳一到你便得死，常用來形容一個走向災禍然後陷入絕境的人，也就是我們說的「朝著災難走，就只有死路一條」。

根據文史學家亞古特的說法，息剌人信仰基督宗教始於門居爾在「憂日」碰見一位基督徒，這位基督徒央求門居爾寬限他一年處理要事，並請保證人切結，若爽約則保證人代他受刑。一年後，這位基督徒遵守諾言，從容赴死。門居爾非常訝異的問他，為何能如此守信？他回答，是因為遵從他所信仰的宗教訓誨。門居爾深受觸動，於是接受洗禮，息剌人民也紛紛改信基督宗教。

門居爾之子艾姆爾（‘Amr bn al-Mundhir, or ‘Amr bn Hind，?～569 年）繼位後征戰無數，其母恆德 (Hind) 是基督徒，曾建「大恆德修道院」。艾姆爾個性嚴肅、不苟言笑，曾屠殺並焚燒一百五十位塔米姆部落人而有「焚燒者」(al-Muḥarriq) 的綽號。他統轄的區域遍及納几德東部、北部及西部各部落。為了建立他在阿拉伯各部落的威信，他全力籠絡詩人，建立最早的阿拉伯宮廷文學，對於賞賜詩人毫不吝嗇。懸詩詩人中艾姆爾．本．庫勒束姆 (‘Amr bn Kulthūm)、哈里史．本．息立撒 (al-Ḥārith bn Ḥillizah)、拓剌法．本．艾卜德 (Ṭarafah bn al-‘Abd) 都是他的座上賓。但是最後他卻命喪於詩人艾姆爾．本．庫勒束姆的劍下，此事記載在艾姆爾．本．庫勒束姆的懸詩裡。

努厄曼．本．門居爾 （an-Nu‘mān bn al-Mundhir，552～608 年）在位時管轄的阿拉伯部落直抵阿曼和巴林。他仿效艾姆爾．本．門居爾重金賞賜詩人，因此詩人納比佳．儒卜亞尼 (an-Nābighah adh-Dhubyānī) 便經常吟詩歌頌他。努厄曼王原本膜拜烏撒神，但在一位神父治癒他的病痛之後改信景教，因此景教在息剌傳播順利，許多部落首長都改信景教，甚至遠傳至葉門。努厄曼個性多疑、易怒，由於殺死協助他登上王位的艾迪．本．翟德 (‘Adī bn Zayd)，而遭艾迪兒子翟德 (Zayd) 報復。翟德告訴波斯王說，努厄曼的女眷天姿國色，波斯國王便請翟德前去求親。

努厄曼對翟德說：「難道黑野牛不夠他用嗎？還要阿拉伯女人？」「你也知道嫁給波斯人有失身分，是不名譽的啊！」翟德將此話帶給波斯王並加油添醋。波斯王聞言大怒，命人將努厄曼丟在大象腳底踩成泥漿，據說在他喪命之處長出許多火紅的白頭翁，因此阿拉伯語此花便稱為「努厄曼花」。在西亞阿拉伯地區，遍地火紅的白頭翁花總會先來報春。

努厄曼死後，太俄族伊亞斯．本．古拜沙 (Iyās bn Qubayṣah) 繼位，其任內爆發阿拉伯人戰勝波斯人的知名戰役——儒格爾 (Dhū Qār) 戰役。伊斯蘭第一位哈里發阿布．巴克爾時期，阿拉伯名將卡立德．本．瓦立德 (Khālid bn al-Walīd) 征服息剌，將伊拉克納入伊斯蘭版圖。

第四節　納巴特人

納巴特王國（公元前 169～公元 106 年）建都於今日約旦南部貝特拉城，其疆域北自敘利亞、約旦、巴勒斯坦，南到今日沙烏地阿拉伯，是葉門到大敘利亞的駱駝商隊必經之地，也是埃及到阿拉伯半島的中途站。納巴特王國向往來轄區的商賈徵收貿易稅，並發展農業及工業，鑄造王國貨幣，使用當時西亞地區貿易上通用的阿拉姆文字，但口說語言使用阿拉伯語。

與貝特拉相距五百公里處的馬達因．沙立賀城 (Madā'in Ṣāliḥ) 是納巴特王國第二大城，建築模式幾乎與貝特拉相同。馬達因．沙立賀位於今日沙烏地西北部麥地那與塔布柯 (Tabūk) 之

圖 12：貝特拉城遺跡

間，遺址裡有建築在石壁中的宮殿、住宅、廟宇、一百多座墳墓。許多墳墓的入口有阿拉姆文字雕刻銘文，非常珍貴。納巴特人擅長大型石雕、挖水井、營建綠洲，他們還開拓兩條香料商業路線，其一通往敘利亞的大馬士革，另一條則通往伊拉克，貝特拉和馬達因．沙立賀城兩大城市都是納巴特人的駱駝商隊補給中心。公元二世紀時，羅馬人覬覦其香料貿易的龐大利益，發兵消滅納巴特王國。

第四章 | *Chapter 4*

南阿拉伯文明

十九世紀西方考古學家陸續在葉門發掘薩巴俄、哈底剌茅特文明的遺跡。這些遺跡包含廟宇、城堡、城牆、住宅、雕刻、繪畫、建築、墳墓與器皿等，其中包含出現在今日沙烏地南部到葉門之間，可推溯至公元前三千多年的楔形文字。二十世紀埃及人加入語言學和考古學的研究行列，依據半島周遭的民族史料，以及伊斯蘭教興起後的早期史料、族譜書籍、《古蘭經》的記載，半島古代社會的生活狀況逐漸明朗，部落城市名稱一一被發現，還帶動了近代閃語的研究。

目前已知葉門人在公元前十～前九世紀左右發展出一套文字系統，被稱為「穆斯納德文字」(Khaṭṭ al-Musnad) 或「息姆亞爾文字」(al-Ḥimyarīyah)，由右向左書寫，學術界認為，此套文字可能是最早的閃語拼音文字。葉門人將這套系統向北阿拉伯傳播，並將之帶往衣索比亞，且為了配合當地人的語音，省略許多子音並增加母音，書寫上也改成從左到右。今日南阿拉伯一些地區仍使用這套系統演變而來的語言。

第一節　薩巴俄人與馬因人

一神教的經典裡都記載著關於薩巴俄女王與以色列所羅門王的故事，在透過近代考古研究的努力下，薩巴俄王國（Mamlakah Saba'，約公元前 1200～公元 275 年）文明的存在逐漸被證實。薩巴俄一詞的來源各說不一，有可能是古老的阿拉伯大部落名稱，近半數的阿拉伯古部落都可能溯源到薩巴俄部落。由於目前半島出土的遺跡、文物有限，薩巴俄王國被視為半島最古老歷史的代表。

薩巴俄人崇拜日月星辰與偶像，公元前十世紀他們在首都馬俄里卜附近建築阿瓦姆 (Awām) 神廟，其遺址至今猶存。該神廟是當時阿拉伯半島各地信徒朝聖之地，直到公元四世紀尚有信徒前往參拜神廟的主神——月神。《古蘭經》中記載，薩巴俄人因為拜物信仰以致被阿拉懲罰：馬俄里卜水壩決堤、居民四散等事件：

> 「薩巴俄族，在他們的居處，確有一種跡象：兩個園圃，分列左右。『你們可以吃你們的主的給養，你們要感謝他。一個肥美的地方，一個至赦的主宰。』隨後，他們悖逆，所以我使水庫的急流去淹沒他們，我把他們的兩座園圃，變成兩個只生長苦果、檉柳，和些微的酸棗樹的園圃。」(34:15-16)「……我使他們流離失所。……」(34:19)

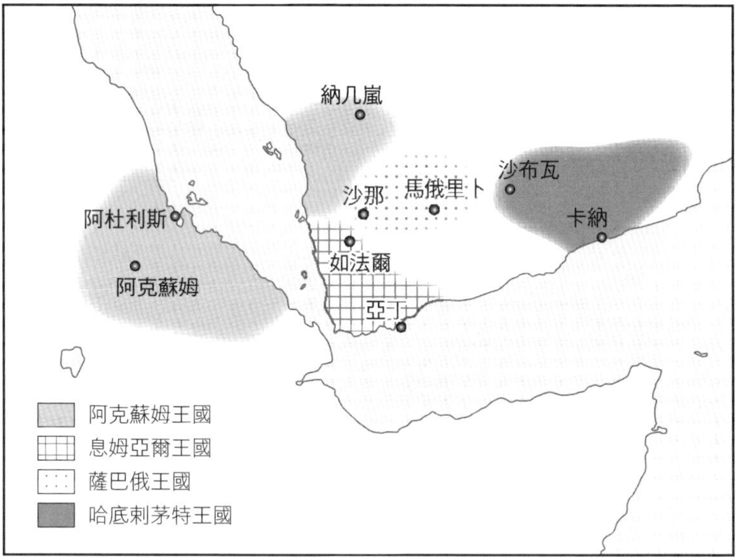

圖 13：伊斯蘭以前的南阿拉伯以及薩巴俄王國相對位置

圖 14：葉門馬俄里卜水壩遺跡

圖 15：描繪建造馬俄里卜大水壩場景圖

經文中的兩座園圃遺址至今仍存在。馬俄里卜大水壩建於公元前十世紀到前八世紀之間，水壩的儲水量可灌溉近十萬平方公里的土地、供應畜牧業所需用水，被視為阿拉伯半島的工程奇蹟，也是人類史上的大工程。南阿拉伯許多經濟、政治與社會的變遷往往都與該水壩的運作與決堤有關聯。六世紀時水壩因年久失修而決堤，造成該水壩災難性的毀損，因而造成南阿拉伯人的大幅度遷徙。然而，就阿拉伯半島整體的發展觀之，水壩決堤有其正面的影響；數萬南阿拉伯人因此向北遷移，促成南北阿拉伯文明的融合與進步。經由南北阿拉伯人的混居，刺激人們對部落、族譜、語言的重視，建立早期半島居民的族群意識，隨著中世紀伊斯蘭文明的發展，廣納外族，部落宗派意識又逐漸淡化。1984 年在聯合大公國總統的支助下重建馬俄里卜大水壩，水壩蓄水量達四億立方公尺。

薩巴俄王國文明的根基在定居的農業社會與繁榮的商業，而葉門是香料的生產地，尤其是乳香木的產地，因此薩巴俄王國建造許多乳香路、香料路等商業道路，後來的駱駝香料商隊或許便源自於此王國，香料貿易開啟南北阿拉伯的交流。馬俄里卜的薩勒印王宮 (Salḥīn Palace) 是歷代薩巴俄國王的住所。坐落於沙那的辜姆丹王宮 (Ghumdān Palace) 是二十層樓的宮殿，其建築工程極為浩大，估計是世界最古老的豪華宮殿。伊斯蘭教興起之後，穆斯林在辜姆丹王宮內興建沙那大清真寺。約於公元前一世紀薩巴俄人從拜物教逐漸轉為崇拜「至仁主」(Raḥmān) 的一神教信仰，《古蘭經》裡「至仁主」是阿拉九十九個名稱之一：「你說：你們可以稱祂為阿拉，也可以稱祂為至仁主 (ar-Raḥmān)。你們可以用任何這些名號稱呼祂，因為祂有許多極優美的名號。」(17:110)

葉門沙那城東方的馬因 (Ma‘īn) 在公元前八世紀，或甚至於更早曾建立王國，在公元一世紀時被息姆亞爾人所滅。馬因人隸屬於南阿拉伯馬茲息儿聯盟的部落，根據他們的建築與器物遺跡，可判斷他們的農業及商業發達進步，社會十分繁榮，具有高度的文明。馬因人所使用的文字，可溯源至公元前 2000 年的文字系統。馬因王國的政治領袖是國王，其轄下的城市自成一個地方政府，每個地方政府皆設立諮詢議會，商討各城的事務。馬因王國轄下的城市亦各自擁有專屬自己城市的神明，他們經紅海連結對外海域，向北發展對外商業貿易。

第二節　金達人與息姆亞爾人

275 年息姆亞爾人消滅薩巴俄王國。金達部落在息姆亞爾人對抗薩巴俄王國時便與息姆亞爾人結盟，在薩巴俄王國滅亡之後，金達人繼續與息姆亞爾人一同對抗哈底剌茅特人，並在四世紀一度打敗馬納居剌國。息姆亞爾王國（Himyar Kingdom，約公元前 115～公元 525 年）在五世紀末之前一度形成與佳薩西納國、馬納居剌國勢均力敵的強大勢力。曾在馬納居剌國門居爾國王時期，派遣使節團抵達息剌，請求門居爾整頓其境內納几嵐的基督徒。在非洲的阿比西尼亞人征服葉門之後，息姆亞爾王國殞落，許多阿拉伯部落選擇歸順馬納居剌國。

息姆亞爾王國的歷史因缺乏文獻記載而顯得模糊，人民原本是偶像崇拜，後來改信一神的猶太教，他們的神便是「至仁主」，受宗教影響也改用古敘利亞文字系統。伊斯蘭教興起前，羅馬人與波斯人接連控制葉門地區，故有許多宗教盛行於葉門，尤其是基督教和猶太教，並傳布到麥加與麥地那。

金達部落來自納几德，他們建立的金達王國（約 450～約 550 年）組織較像多個部落的聯盟，因其國王是金達族故而稱之。王國建都於扎特．克合勒 (Dhāt Kahl)，即今日位於利雅德西南部七百公里、魯卜厄卡立西北邊的法烏 (al-Fāw) 古城。「克合勒」是金達人的女神。法烏遺址包含金達王國的市集、宮殿、墓穴、廟宇、水井與水渠，從國王的小金字塔墓穴、屋宇建築、街道規劃、

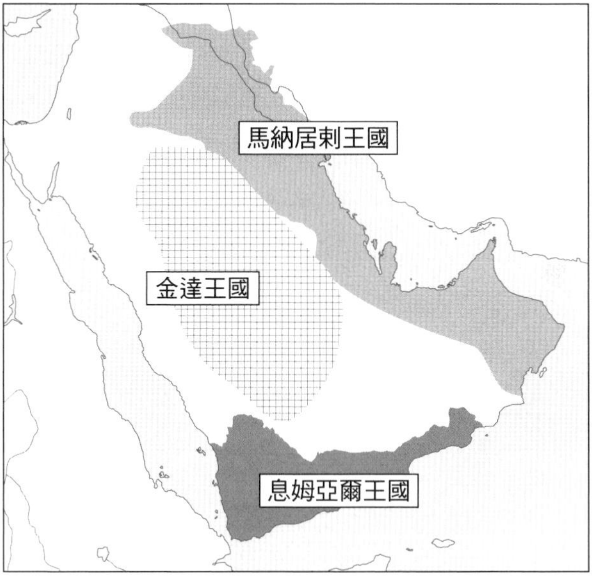

圖 16：六世紀的南阿拉伯局勢

灌溉系統、雕刻工藝、繪畫等，可窺見此王國的農業、畜牧業、工業與藝術水準極高，法烏是現今半島珍貴的歷史遺跡。

六世紀時金達王國因隸屬的部落不滿稅金遭到剝削，故聯合密謀殺死金達國王。國王的兒子伊姆爾．蓋斯 (Imru' al-Qays)，是蒙昧時期懸詩詩人之首，在阿拉伯詩壇上地位崇高，更留下許多家喻戶曉、動人心弦的詩作。伊姆爾．蓋斯少年時期放蕩不羈、終日沉迷於酒色，然而當他得知父親被殺害時，他說了一句流傳千古的歷史名言：「今日唯酒、明日唯事」，從此立志為父報仇。他為了尋求幫手，開始遊走各部落間，甚至遠至君士坦丁堡，然而卻壯志未酬身先死。

第 II 篇

阿拉伯伊斯蘭哈里發國時期（622～1517 年）

第五章 | *Chapter 5*

穆罕默德與正統哈里發

伊斯蘭教興起於息加資的麥加與麥地那，不停地向外擴張，顛峰期的政治版圖橫跨亞、非、歐三洲。伊斯蘭文明黃金時期，對世界文明的發展貢獻，尤其是人文與科學領域方面的思想理論建造與傳承，其影響力至今猶存。今日伊斯蘭文化版圖遍及西亞、非洲、中亞、東南亞，很難想像在歷經一千四百年之後，一位非神的凡人還能時刻牽引著全球四分之一人口的思想與言行。

伊斯蘭哈里發時期，從推選的正統哈里發時期到家族世襲制的奧米雅、阿拔斯、安達陸斯（al-Andalus，711～1492 年阿拉伯人統治伊比利半島的時代）、法提馬（al-Fāṭimīyah，909～1171 年）、馬木路克（al-Mamlūkīyah，1250～1517 年）、鄂圖曼土耳其統治，歷史進程中僅有伊斯蘭早期政治中心在半島息加資地區的兩聖城——麥加與麥地那，其餘時期的文明重心都已轉移到其他地區，如息加資以北的大馬士革、以西的開羅、納几德東北的巴格達，以及西班牙的哥多華和格拉納達 (Gharnāṭah)、土耳其的伊斯坦堡。然而，阿拉伯半島既是伊斯蘭的發源地，也是阿拉伯語文的發源地，是伊斯蘭「烏瑪」（伊斯蘭社群）精神所在地，文明由此迸發，最終亦因阿拉伯海灣國家的崛起，文明重心再次回歸。

第一節　伊斯蘭教興起前半島的宗教與習俗

阿拉伯半島各部落長久以來與其他民族混居，除了從事農耕的古閃族阿拉姆人、阿卡德人的後裔之外，也有從事製造業的猶太人，以及因為政治、軍事、貿易等因素接觸頻繁的希臘、羅馬、波斯人。各民族相互影響下，宗教信仰非常多元，有信仰一神教的猶太教徒、基督徒，也有多神教徒和拜火的祆教徒。

伊斯蘭教興起以前，半島阿拉伯人在偶像崇拜之前原本信仰一神教，雖然沒有確切的時間點，但《古蘭經》和許多古籍裡都提及一神教徒「胡納法俄」(al-Ḥunafā')。伊本．希夏姆（Ibn Hishām，？～833 年）更提及一則敘述麥加城主艾姆爾．本．陸亥('Amr bn Luḥay) 在火獄受刑的聖訓。艾姆爾城主是第一位將阿拉伯人的一神教信仰改變成拜物教信仰的人，他前往巴勒格俄(al-Balqā') 辦事時，見到當地人崇拜偶像，便向他們索取一尊名為忽巴勒 (Hubal) 的偶像。回到麥加後，他將忽巴勒放置在克爾白的中央，自此忽巴勒成為古雷須族最大的神明。

麥加克爾白供奉的偶像不計其數，半島各地的神明也非常多，如拉特 (al-Lāt)、烏撒、薩厄德 (Sa'd)、蘇瓦厄 (Suwā')、亞辜史(Yaghūth) 等。除了具有形體的偶像之外，他們還膜拜大自然，譬如天、地、太陽、月亮、星辰、樹木、石頭、洞穴等。多神教徒凡事都會請示神明，甚至出遠門都會隨身攜帶神明塑像，並施行膜拜偶像的儀式。然而，過去一神教信仰的習俗還是延續在多神教徒的生活習慣裡，也如同過去信仰一神教時代行朝聖儀式，如克爾白繞行禮 (aṭ-ṭawāf)、艾剌法山 (‘Arafah) 的佇立禮 (waqfah) 等。古雷須族和齊納納族會如同伊斯蘭教興起後穆斯林朝聖時一樣高聲喊：「阿拉啊！我來了、順服祢……我來了，祢絕無以匹配。」然而卻帶著偶像一同朝聖。足見一神思想在蒙昧時期未曾消失，許多伊斯蘭詞彙因此存在伊斯蘭教興起之前的文獻裡。這種現象如同阿拔斯時期波斯人紛紛信奉伊斯蘭教，但許多波斯人仍無法杜絕他們習以為常的拜火儀式一般。

半島人們普遍迷信，遇事便求助於神明，尤其是婚、喪、割禮等重大事件之前，譬如當時在克爾白的忽巴勒偶像前便設有七個籤，每支籤上寫著不同的字，人們求籤前先告知所求人與事，若籤上示明「是」便去做，「不是」便不做。

搶劫、收取利息、偷斤減兩、賭博、喝酒、求籤、姦淫、活埋女嬰、買賣奴隸等，是伊斯蘭教興起之前阿拉伯半島社會普遍的陋習。由於部落爭戰不斷，男人戰死或遭復仇而亡的狀況頻繁，孤兒寡母的社會現象甚為普遍，而且當時人們重男輕女，近親通婚、無上限多妻。擁有自由身分的女性，平日要相夫教子、做家事、女紅等，但自由度與女性空間似乎未被嚴格限制。自由女可以像男性一樣選擇離婚，可以上戰場殺敵或隨侍男人左右。富家女享有崇高的社會地位，女婢隨侍左右，有權釋放奴隸、庇護他人。女奴包含妓女、酒肆歌女、權貴家中的女僕、牧羊或牧駱駝女奴等。女奴之子地位視同奴隸，地位低微，在部落裡負責打雜、做粗活，且不得冠父姓，除非經歷英勇事蹟才得恢復自由身。成員若作奸犯科、背叛部落、不滿族人等行為，會被族長驅逐，這些人往往淪為路上打劫的盜匪。

人們服飾簡樸，男性穿著長衫、外袍、頭巾或纏頭巾。自由女戴頭巾，但會露出脖子、耳環、瀏海等，與男性之間並無強制隔離的現象，她們甚至習慣幫男孩戴腳指環、戒指、項圈等各種首飾。

第二節　天啟與統一

一、改變阿拉伯人命運的先知

570 年占領葉門的阿比西尼亞軍隊進攻麥加，軍隊中有騎大象的戰士，麥加人從未見過軍隊中有大象，於是稱這年為「象年」，《古蘭經》有段經文描述這次戰役：

> 「難道你不知道你的主怎麼處置大象的主人嗎？難道祂沒有使他們的計謀變成無益嗎？祂曾經派遣成群的鳥兒去傷他們，以黏土石射擊他們，使他們變成吃剩的乾草一般。」(105:1-5)

伊斯蘭先知穆罕默德．本．艾卜杜拉．本．艾卜杜．穆拓立卜（Muḥammad bn ‘Abdullāh bn ‘Abd al-Muṭṭalib，570～632 年）出生於象年的陰曆 3 月。穆罕默德的父親艾卜杜拉在他出生前前往敘利亞做生意，卻客死異鄉。同為古雷須族的母親阿米納．賓特．瓦合卜 (Āminah bint Wahb) 生下穆罕默德後，曾去找他的祖父艾卜杜．穆拓立卜，他的祖父安排一位薩厄德族奶媽負責哺育穆罕默德。六歲時母親過世，八歲時疼愛他的祖父也過世了，臨死前將穆罕默德託付給穆罕默德父親的同母兄弟阿布．拓立卜（Abū Ṭālib bn ‘Abd al-Muṭṭalib，約 534～619 年）。

穆罕默德二十五歲時，娶家世與聲譽俱佳的富商卡迪加．賓特．乎威立德（Khadījah bint Khuwaylid，556～619 年）為妻，這姻緣源自卡迪加雇用穆罕默德到敘利亞做買賣。他返回後，卡迪加聽穆罕默德的同行者講述他目睹穆罕默德的美德及旅途中的奇遇，如看到兩位天使在豔陽下為穆罕默德遮蔭，使卡迪加心生景仰，於是遣人前去求嫁。卡迪加是先知的第一位妻子，根據伊本．希夏姆所述，她為先知生下三子四女，包括阿里．本．阿比．拓立卜（‘Alī bn Abī aṭ-Ṭālib，599～661 年，以下稱阿里）的妻子法提馬 (Fāṭimah)，不幸的是，三名兒子都在蒙昧時期便過世，四名女兒則隨著穆斯林一同遷徙到麥地那。

在卡迪加過世之前，先知並未再娶，直到卡迪加過世後，穆罕默德才再娶寡婦邵達 (Sawdah) 為妻。卡迪加過世三年後，他再娶好友阿布．巴克爾之女艾伊夏 (‘Ā’ishah) 為第三任妻子，艾伊夏在穆罕默德去世後傳述許多聖訓，在伊斯蘭歷史上扮演重要角色。

1.天　啟

610 年陰曆 9 月，亦即「剌馬丹月」(Ramaḍān) 的 27 日，穆罕默德如往年一樣在光明山 (Jabal al-Nūr) 的息剌俄山洞 (Ghār Ḥīrā') 進行長達一個月的靜思來洗滌心靈，當日晚上他在睡夢中，天使長基卜里勒 (Jibrīl) 帶給他阿拉伯語信息說：「你唸！」穆罕默德問：「唸什麼？」天使長說：

> 「奉你的創造主之名唸，祂用血塊創造了人。你唸，你的主是最尊貴的，祂曾教人用筆寫字，教導人類原本不知道的東西。」(96:1-5)

夢中醒來後，他感覺這些信息都直接寫在他心中，在他走出山時又聽到天上傳來聲音說：「穆罕默德，你是阿拉的先知，我是基卜

圖 17：穆斯林前往光明山朝聖（攝於 2018 年）

里勒。」這便是《古蘭經》最早降下來的五節經文。這一夜被稱為「蓋德爾夜」（Laylah al-Qadr，伊曆 9 月 27 日夜）。穆斯林深信在此夜做的善事，可以勝過一千個月所做的善事，而且魔鬼無法在此夜行惡作怪。剌馬丹月是穆斯林的齋月，在穆斯林心目中擁有尊貴的地位。齋月裡，穆斯林自黎明至黃昏皆不吃、不喝、賑濟窮人、不存惡念或邪念，富人與窮人一起挨餓，奠定伊斯蘭思想裡的同理心和平等觀。

卡迪加深信穆罕默德的天啟，並成為他的第一位信徒。之後天使長在麥加山上教導穆罕默德用山泉水淨身、做禮拜，他回家後也立即教導卡迪加照著做。正午時天使長現身教導穆罕默德做晌禮 (aẓ-ẓuhr)，下午再來教導做晡禮 (al-‘aṣr)，黃昏時來教他昏禮 (al-maghrib)，夜晚來教他宵禮 (al-‘ishā’)，黎明時教他晨禮 (aṣ-ṣubḥ)。此即後來每日五次的禮拜，成為伊斯蘭的五功之一。根據伊本．伊斯哈各（Ibn Isḥāq，704～767 年）的說法，此時他的堂弟阿里十歲，是第一位信奉伊斯蘭的男童。當古雷須族人嚴厲對待穆斯林時，阿里仍毫不畏懼的每日跟著穆罕默德一同做禮拜。

2.宣　教

史學家拓巴里（aṭ-Ṭabarī，839～923 年）提及，穆罕默德宣教之初非常艱辛，為了勸導人們信奉唯一的真神，而走訪許多部落，時常是靠著雙腳挨家挨戶拜訪，但他所到之處幾乎無人願意信他。他來到麥加附近的米納 (Minā) 的艾格巴 (al-‘Aqabah)，遇到六位來自亞史里卜（Yathrib，即日後的麥地那城）的卡資剌几部落人，他們在亞史里卜便聽猶太教徒說，將有一位先知帶神的信息給人們。他們毫不猶豫便信仰伊斯蘭，並在回到亞史里卜之後大力宣揚，使穆罕默德成為亞史里卜家喻戶曉的人物。隔年，十二名亞史里卜人前往艾格巴會見穆罕默德，並對他行效忠誓言，此為伊斯蘭史上的《第一次艾格巴效忠誓言》(*Bay'ah al-'Aqabah al-Ūlā*)，誓詞包含信仰唯一的真主、行善、不竊盜、不姦淫、不殺孩童等內容。

聖遷前的陰曆 12 月（朝聖月）穆罕默德和當時尚未信奉伊斯蘭的叔叔阿拔斯 (al-'Abbās) 在米納的艾格巴與麥地那的卡資剌几、奧斯族人共七十位男士與兩位女士會面，並接受他們的效忠誓言。此為《第二次艾格巴效忠誓言》，又被稱為《大艾格巴效忠誓言》(*Bay'ah al-'Aqabah al-Kubrā*)。阿拔斯首先做感性的發言，稱這些族人為「輔士」。穆罕默德對這些輔士的訓示，包含揚善禁惡、無論艱困或安逸都須服從、無懼邪惡勢力堅持說真理、協助並護衛先知、順服阿拉、奮鬥、禮拜等內容。此次穆罕默德在麥加停留到隔年陰曆 2 月，3 月便遷徙到麥地那，即所謂的「聖遷」(al-Hijrah)。

二、聖　遷

穆罕默德在麥加宣教十三年，追隨者起初必須隱瞞他們的信仰，當他們公開宣教後，此起彼落的攻擊與壓迫隨之而來。這群伊斯蘭的信徒被視為叛教徒，背叛麥加的多神宗教，伊斯蘭在麥加無法順利發展。天啟後第五年，穆罕默德讓一些男女信徒遷徙到阿克蘇姆 (Aksum) 王國的領地阿比西尼亞，因為該王國的國王

納加序 (an-Najāshī) 是一位賢明君主，信徒能在那裡做生意，生活無虞，這也是史上的第一次穆斯林遷徙。

622 年聖遷之前三年，阿布．拓立卜和卡迪加在一年中相繼辭世，使得穆罕默德的宣教處境更為艱難。當穆罕默德提前得知多神教徒謀劃殺害他時，便連夜逃到麥加南方的少爾山洞 (Ghār Thawr)，讓堂弟阿里佯裝成他，睡在他的床榻上。其摯友阿布．巴克爾則隨後趕到少爾山洞與他會合。多神教徒以一百隻母駱駝作為捉拿穆罕默德的懸賞金，迫使他們倆在山洞裡躲了三天。最後在阿布．巴克爾家人的幫忙下，兩人才騎著駱駝一起逃往亞史里卜。

亞史里卜大多數居民信仰猶太教，故能迅速接受一神思想。亞史里卜因先知入城，之後便改稱為「阿拉使者之城」(Madīnah ar-Rasūl)，簡稱「麥地那」(al-Madīnah，意為「城市」)。自此展開伊斯蘭政權的歷史，訂定 622 年為伊斯蘭曆元年。隨著聖遷而移居麥地那的信徒稱之為「遷士」(al-muhājirūn)，在麥地那協助穆罕默德的信徒稱之為「輔士」，兩者在建立伊斯蘭政權的進程推展上都功不可沒。

穆斯林在麥地那各方面的發展非常迅速，與麥加多神教間的戰爭衝突不斷，穆罕默德親征的戰役就高達二十六場。穆斯林陣營方面，著名的勝利戰役有巴德爾 (Badr)、麥加、胡乃恩 (Ḥunayn) 等。

624 年的巴德爾戰役發生在麥加與麥地那之間，駱駝商隊道路上的巴德爾水源處。交戰雙方分別是麥地那穆斯林與麥加古雷須族，古雷須族軍約一千人，穆斯林軍包含遷士與輔士約三百一十餘人。此役過程非常激烈，最終穆斯林以少敵眾，不僅獲得豐富的戰利品，因此緩解穆斯林財務的窘境，更激勵全體穆斯林的士氣，此後信奉伊斯蘭教的半島部落日益增加。穆斯林在此役中陣亡人數僅為古雷須族陣亡人數的五分之一。相對的，多神教徒喪失許多英勇的首領和戰士，從此不得不正視穆斯林的威脅力。《古蘭經》裡許多經文都因此戰役而產生傳世。

穆斯林與多神教徒之間衝突不斷，在伊曆六年（628 年）才得以舒緩，這一年陰曆 12 月，穆罕默德帶領許多穆斯林前往麥加朝聖，在抵達麥加附近的胡戴比亞 (al-Ḥudaybīyah) 時，他派遣日後擔任哈里發的烏史曼．本．艾凡 （‘Uthmān bn ‘Affān ， 576～656 年）先行前往麥加，並且告訴麥加人他們的目的僅為朝聖。然而麥加人反而羈押烏史曼，不僅不准他進入克爾白天房，不久之後更傳來烏史曼被古雷須族殺害的謠言。穆罕默德因此呼籲穆斯林在樹下做《里底萬效忠誓言》(*Bay‘ah al-Riḍwān*)， 又稱為《樹的效忠誓言》，承諾願為主道而犧牲、絕不叛逃。古雷須族聞之畏懼，遣使前來與穆罕默德言和，雙方達成和平協議，古雷須族承諾給予人民信仰自由，並維持十年和平，但穆斯林需隔年才得朝聖，且只能停留在麥加三天，此協議稱之為《胡戴比亞和平協議》(*Sulḥ al-Ḥudaybīyah*)。穆罕默德自此開始與鄰近外族領導階層聯繫，諸如阿比西尼亞、羅馬、波斯等國家，並呼籲他們信奉伊斯蘭，這些領導階層他們的回應有正面，也有負面。譬如穆罕默德致薩珊王國波斯王霍斯勞二世 (Khosrau II) 的信上說到：

「奉大仁大慈阿拉之名。阿拉使者穆罕默德致波斯偉大的霍斯勞：對追隨正道、虔信阿拉、見證阿拉是無可匹配的唯一真神、見證穆罕默德是阿拉使者的人謹致平安之意！我願呼籲你信仰阿拉，因為我是阿拉派遣給所有人類的使者，藉以警示活者並對不信者義務勸說。你若信仰伊斯蘭就得平安；你若拒絕則祆教徒的罪咎便落在你身上。」

霍斯勞二世收到信之後，氣憤地撕毀來信。然而 628 年霍斯勞二世遭其子篡位殺害，卻巧合印證了穆罕默德信中所言。

三、關鍵戰役

630 年，因麥加古雷須族人率先違反《胡戴比亞和平協議》，出兵攻打穆斯林的盟友乎撒艾族 (Khuzā‘ah)，致使穆罕默德派遣卡立德．本．瓦立德率領一萬多名戰士攻打麥加，此役穆斯林軍輕鬆的征服麥加，死傷極微。進城之後，穆罕默德搗毀克爾白的偶像，麥加人乃紛紛信奉伊斯蘭教，息加資的麥加與麥地那二城自此成為伊斯蘭教的兩大聖城，麥加之役是穆斯林最具象徵意義的一戰。

穆罕默德離開麥地那準備攻打麥加時，赫瓦任 (Hawāzin) 及山紀弗 (Thaqīf) 兩族誤以為穆斯林衝著他們而來，故帶著婦孺與錢財準備迎戰。穆斯林軍征服麥加之後約半個月，這兩族軍隊來到麥加與拓伊弗之間的胡乃恩 (Ḥunayn) 村落。此時穆斯林軍隊已經大幅擴充，徵召了許多新入教的麥加人。因此穆斯林軍隊在與

圖 18：穆罕默德征服麥加（繪於十六世紀）

赫瓦任及山紀弗兩族交戰的胡乃恩之役之中，再次大獲全勝，並擄獲豐富的戰利品。

穆斯林征服麥加後，阿拉伯半島各部落深知這股新興的勢力銳不可擋，於伊曆九年（630～631 年）陸續組團到麥地那向穆罕默德宣誓改信仰伊斯蘭教，這一年被稱為「代表團年」。半島上原本分崩離析的部落為自身利益，大多歸順伊斯蘭教。

632 年陰曆 11 月，穆罕默德到麥加履行他生平最後一次朝聖 (al-ḥajj)，史稱「告別朝聖」(Ḥajjah al-Wadā‘)；他來到米納，隔日到艾刺法山講道，發表長篇的「告別講詞」，講詞中包含許多伊斯蘭的基本信念，譬如：

> 「人們啊！眾穆民皆是兄弟……我為你們留下了此後無須徬徨迷惘的阿拉之書和祂先知的聖行。……人們啊！你們的主僅有一位，你們的先祖只有一位，你們每一位都是亞當的子孫，而亞當來自泥土。在阿拉面前你們中最尊貴的

人便是最畏懼阿拉的人。阿拉伯人並不優於外族人，只有畏懼阿拉才是優越的。」

穆罕默德所履行的「朝聖」是伊斯蘭五功之一。伊斯蘭要求每位穆斯林一生之中至少到麥加朝聖一次。朝聖儀式包含穿著白色朝聖衣 (al-iḥrām)；繞行克爾白；紀念伊斯馬邑勒 (al-Ismā‘īl) 先知之母為子找尋飲水，而疾行 (as-sa‘ī) 於沙法 (aṣ-Ṣafā) 與馬爾瓦 (al-Marwah) 之間七趟；在麥加東邊鄉村米納的帳篷過夜、禱告、冥思；從米納前往艾剌法行佇立禮、提醒自己最後審判日將來臨；到穆資達立法 (Muzdalifah) 做禮拜並撿拾小石頭過夜；隔天到米納對艾格巴柱丟擲石頭打擊魔鬼 (ramy jamarāt)，以紀念亞伯拉罕先知拒絕撒旦的蠱惑，並順從阿拉的命令準備犧牲兒子伊斯馬邑勒的虔敬之心。結束朝聖儀式便開始慶祝伊斯蘭的「宰牲節」(‘Īd al-Aḍḥā)。

四、志業傳承

632 年穆罕默德回到麥地那便因病與世長辭，生前並未指定繼承人。此時來自麥加的「遷士」和麥地那的「輔士」在繼承人選擇上產生了紛歧。烏馬爾．本．卡拓卜挺身而出調停兩者，最後推舉出穆罕默德摯友阿布．巴克爾為哈里發。由於阿布．巴克爾以及其後的三位哈里發是經由穆斯林推舉而出，並非世襲制，因此在歷史上被稱之為「正統哈里發」(al-Khulafā’ ar-Rāshidūn，632～661 年)，按時間順序分別是阿布．巴克爾、烏馬爾．本．

卡拓卜、烏史曼．本．艾凡、阿里．本．阿比．拓立卜。他們四位哈里發執政時間僅短短的三十年，但仍為伊斯蘭政治、軍事、社會制度奠定原則。

古雷須族的阿布．巴克爾在穆罕默德受天啟後便積極於宣教，許多古雷須族人因此入教，包含後來正統哈里發之一的烏史曼．本．艾凡。穆罕默德因為阿布．巴克爾的忠誠而賜予他「忠貞者」(aṣ-Ṣiddīq) 的稱號，故史學家將他列為穆罕默德門徒之首。在其短短兩年任期內，他任命有「阿拉出鞘之劍」稱號的卡立德．本．瓦立德為大統帥，率軍遠征敘利亞、伊拉克、波斯、羅馬等地，捷訊頻傳。為了管轄日益擴大的疆域，他將阿拉伯半島劃分為十四個省分，分別設立總督。他更任用烏馬爾．本．卡拓卜掌管司法，阿布．烏拜達．加剌賀 (Abū 'Ubaydah al-Jarrāḥ) 掌管國庫，翟德．本．山比特 (Zayd bn Thābit) 掌管文書同時負責蒐集、編排《古蘭經》經文。

穆罕默德過世後，半島各部落紛紛恢復伊斯蘭教興起前的部落生活，雖非恢復過去蒙昧時期的多神信仰，但只願做禮拜，對於課捐 (az-zakāh) 等伊斯蘭的義務並不履行，譬如巴林地區的人們對古雷須族的統治甚為反感，直到七世紀末寧願接受與他們一樣厭惡古雷須族的卡瓦里几派 (al-Khawārij)。然而，息加資地區仍堅守他們的伊斯蘭信仰。阿布．巴克爾見半島人民的伊斯蘭信仰仍然薄弱，於是透過闡揚《古蘭經》與擴張伊斯蘭教版圖來深化人民的信仰，並以武力征討背離宗教的部落。捷報頻傳後，終於使各部落紛紛參軍，穩住半島人民的信仰。他推舉能力傑出的

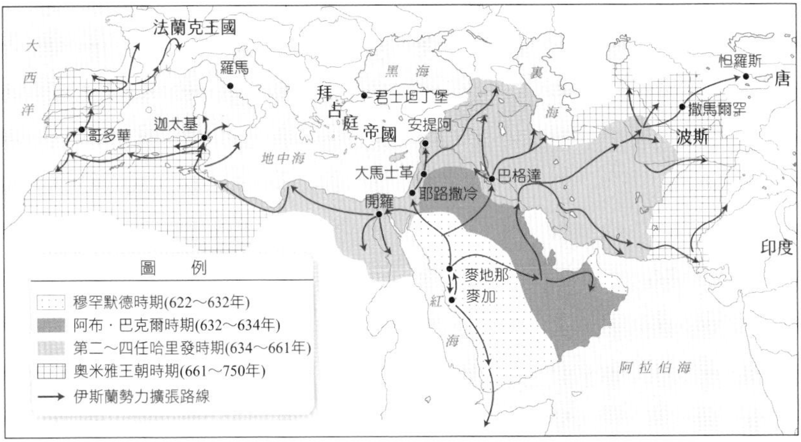

圖 19：正統哈里發時期對外擴張路線

烏馬爾．本．卡拓卜為繼承人，讓壯大伊斯蘭的目標能順利延續。

烏馬爾．本．卡拓卜原是古雷須族的顯貴，早年在麥加陷於困境的穆斯林，也是因為他改信奉伊斯蘭教，才開始能公然在麥加禁寺做禮拜。烏馬爾為人公正無私、明辨是非，因而有「明辨真偽者」(al-Fārūq) 的尊號。在他任內伊斯蘭疆域擴張至伊拉克、波斯、大敘利亞、埃及、安納托利亞東部、亞美尼亞南部等地區，他建立伊斯蘭的國家行政體系，「伊斯蘭國」一詞便始於烏馬爾時期。他指派阿布．烏拜達為大統帥，遠征歐亞各地，636 年遠征拜占庭帝國，穆斯林軍隊在敘利亞的亞爾穆克戰役中與羅馬軍隊交戰，以寡敵眾贏得對外族關鍵性的勝利。同年，穆斯林軍隊更在伊拉克的格迪西亞 (al-Qādisīyah) 戰役中大勝波斯。

烏馬爾的政績尚包含訂定伊斯蘭曆法，以聖遷 622 年為伊曆元年，月分則以朝聖後的陰曆月分 al-Muḥarram 為元月。他依循伊斯蘭教興起前阿拉伯人的陰曆曆法，單月三十天，雙月二十九天。第十二個月在閏年是三十天，每三十年有十一年是閏年。他也是伊斯蘭史上第一位被稱為「眾信士之阿米爾」(amīr al-mu'minīn)者，此後穆斯林稱呼各朝代哈里發皆沿用此稱謂。烏馬爾成立「軍機部」(Dīwān al-Jund)，依據軍人的軍階、世系、宗教貢獻度區分軍人的薪餉。他將國家財務分責處理，包含課捐款、慈善款、全國各地稅收、外教徒的人丁稅、戰利品等。為了平衡貝都因與城市民的貧富差距，積極開發貝都因的經濟資源，如從埃及直接引進穀物、發展畜牧業。然而，639 年耶路撒冷周邊鄉村爆發瘟疫，迅速擴散到敘利亞與半島北部地區，造成數萬人死亡。烏馬爾執政末期，疆域的急遽擴充為伊斯蘭政權帶來許多經濟分配與社會問題，許多地區更因鞭長莫及引發弊端。644 年烏馬爾被一位從羅馬俘虜來的波斯人刺殺身亡。

繼烏馬爾哈里發位的烏史曼．本．艾凡因為先後娶了穆罕默德的兩位女兒——魯蓋亞 (Ruqayyah) 及巫姆．庫勒束姆 (Umm Kulthūm)，因而被稱為「雙燈之主」(Dhū an-Nūrayn)，在穆罕默德門徒之中的地位十分尊貴。烏史曼在位期間，疆域擴張到阿富汗巴爾赫 (Bactra)、伊朗、大乎羅珊、拓巴爾斯坦 (Ṭabarstān)、北非、哈札爾 (Hazar)、安納托利亞、賽普勒斯、羅德島等地區。

烏馬爾哈里發在位時，任命總督皆以才能作為依據，大多數總督並非古雷須族人，也非與他相同家族。烏史曼繼任第一年仍遵循烏馬爾的遺訓，不更換各地總督以避免國家動盪不安，畢竟如敘利亞、伊拉克、埃及等新興疆域長期被羅馬與波斯帝國統治，人心尚未穩固。然而，不久烏史曼便因罷黜庫法、巴舍剌 (al-Baṣrah) 地區總督，安插自家人，遭致穆斯林的不滿，引發暴動。穆罕默德在麥地那的門徒開始寫信到伊斯蘭國各地，呼籲穆斯林為主道而戰，殺死烏史曼。

此外烏史曼採寬鬆的治理方式，導致社會奢靡之風再起，許多不合乎教義的行為竄行，引發穆罕默德門徒的不滿。加上他任用與他同族的奧米雅族人擔任要職，造成穆罕默德門徒間的分裂，引發不可收拾的內戰。烏史曼面臨的危機除了源自於他的行政方式，尚源於當時大環境的經濟與人民的價值觀問題。新興的遼闊國度存在許多稅收問題，部落階級與伊斯蘭所倡導的平等觀相互牴觸，城市民與貝都因對伊斯蘭教義的理解差距甚大，權力與財務分配的問題凸顯而出。他為了繁榮息加資，允許人民可以與新興國度，尤其是與伊拉克「黑地」（兩河沖積平原）交換財產，讓人民遷徙至富庶之鄉。如此一來促進息加資的農業發展，使息加資人更富有，鼓勵移民的目的也順理成章達成。烏史曼執政初期因征戰頻繁，戰利品尚能像烏馬爾時期一樣讓參戰者分得利益，但在他執政後期幾無戰事，戰利品迅速縮減，戰士賦閒，政府又無法讓財務與權力分配得當，大城市有些人能輕易致富，小城市與沙漠地區居民則生活拮据。貧富不均的社會問題，以及反政府的政治問題逐漸嚴峻，許多人因而遷徙到其他伊斯蘭國度。無論如何，他任內的建樹除了持續擴充疆域之外，還統一流傳至今的《古蘭經》版本，並且分送到各轄區，史稱「烏史曼版本」。

穆罕默德在世時，為了要向西方人傳教而頻頻修書。為了讓他的書信能取信於人，便命人刻製一顆印章，上面寫著「穆罕默德是阿拉使者」，並將印章戴在手指上，以便修書落款時使用。阿布．巴克爾和烏馬爾哈里發也沿用此印章，並將此印章戴在手指上。然而652年烏史曼在挖水井供穆斯林飲用時，坐在井口把玩著戒指，一不小心戒指就掉落井內，之後他命人在井內尋找始終未果，重金懸賞也無下落。於是他命人製作一個完全一樣的銀戒指，孰知他被殺害時，此枚戒指也不知去向。烏史曼末期伊斯蘭國度便開始紛爭不斷，印戒的遺失似乎意味著早期伊斯蘭理想主義一併跌入谷底。

第三節　分裂與背叛

一、烏史曼之死

烏史曼在面對民眾質疑他循私時，曾求助於阿里。阿里為他出面與民眾達成書面協議，其中包含承諾罷黜他們所厭惡的官吏，然而烏史曼事後卻態度轉強硬，不承認他曾經給予的承諾，導致事態越趨嚴重。656年他在麥地那府邸被群眾圍堵四十個晚上後終遭人殺害。穆罕默德門徒隨即擁護阿里繼任哈里發。

阿里誕生在克爾白神殿中，與穆罕默德是堂兄弟關係，其父親阿布．拓立卜更曾是穆罕默德的監護人。阿里對穆罕默德忠心耿耿，自幼以信仰虔誠、寬厚以及擅長詩文著稱，623年他娶穆罕默德與元配卡迪加所生之女法提馬為妻，是穆罕默德應許入天堂的十位門徒之一，在宗教上的地位崇高。

烏史曼死後，一些穆聖門徒，包含曾被穆罕默德許諾入天堂的另外兩位門徒拓勒哈．本．烏拜德 (Ṭalḥah bn ‘Ubayd) 和茹拜爾．本．艾瓦姆 (az-Zubayr bn al-‘Awwām) 紛紛催促阿里懲治兇手，但阿里在執政四個月後遲遲未採取行動。此二人到麥加朝聖時與穆罕默德遺孀艾伊夏會面，艾伊夏對於穆斯林殺害烏史曼哈里發一事感到忿忿不平，積極號召麥加、大馬士革、庫法的穆斯林前往巴舍剌，與當地傾向烏史曼的穆斯林軍會合。656 年艾伊夏陣營揮軍征討阿里，然而艾伊夏陣營戰敗，拓勒哈與茹拜爾戰亡。爭戰中，阿里命人將駝轎中的艾伊夏護送到安全的住處。戰後巴舍剌人對阿里表示效忠，而阿里仍尊崇艾伊夏，並給予她優渥的生活。由於此戰役中艾伊夏乘駝轎領駱駝軍，便被後世稱之為「駱駝戰役」(Mawqa‘ah al-Jamal)。奧米雅家族始終懷疑阿里是謀害烏史曼的同夥，因此與阿里關係決裂。駱駝戰役僅是穆斯林分裂的開端，半島上的

圖 20：駱駝戰役（繪於十六世紀）

穆斯林對此役有各自部落的立場，譬如葉門地區的總督儘管是阿里的親戚，卻無力讓葉門各部落支持阿里，當地反對阿里者甚至修書予烏史曼的堂弟，亦即派駐大馬士革的總督穆艾維亞．本．阿比．蘇弗顏（Mu'āwiyah bn Abī Sufyān，602～680年），請求他派兵援助。駱駝之役中，表面上是阿里獲得勝利，但背後有更大的隱憂。

二、席分戰役

阿里即位後，便移都至伊拉克幼發拉底河畔的庫法城，然而大馬士革總督穆艾維亞始終不願意對他表示效忠。657年阿里出兵攻打穆艾維亞，雙方在敘利亞靠近伊拉克邊境的席分 (Ṣiffīn) 陷入長達九天的慘烈戰役，雙方傷亡慘重，最後阿里軍獲勝。穆艾維亞戰敗時，採納了艾姆爾．本．艾舍 ('Amr bn al-'Āṣ) 的計策，命令士兵舉起《古蘭經》要求進行宗教裁決。阿里為求穆斯林能恢復團結，同意停戰，且雙方同時釋放戰俘。裁決由雙方各派遣四百位人馬進行，各選派一人作為代表仲裁。阿里陣營由穆罕默德門徒阿布．穆薩．阿須艾里 (Abū Mūsā al-Ash'arī) 代表，穆艾維亞陣營則由艾姆爾．本．艾舍與其進行談判。兩位代表達成的共識是，讓穆斯林選出最好的第三方來擔任哈里發，但在兩人協議後出來面對眾人時，艾姆爾藉口阿須艾里較年長，故請他先宣布。阿須艾里不疑有他，便說出兩人的協議結果。孰知輪到艾姆爾宣布時卻說，阿須艾里單方面放棄推舉阿里，而他自己認為應由穆艾維亞擔任哈里發。此裁決事件無疑成為陷害阿里的冤案，也讓什葉派永遠無法原諒阿須艾里的背叛。實際上，從後來歷史的發展觀之，阿里此仁厚之舉已經為穆斯林的團結畫上句點，伊斯蘭的分裂因此延續至今日。

席分戰役後，阿里的處境更為艱難，除了要應付強勢的穆艾維亞以及分裂的穆斯林社群，他的支持者也分裂成「阿里派」(al-‘Alawīyūn) 與意為「出走派」的「卡瓦里几」。卡瓦里几派多數是來自沙漠的虔誠戰士，對於阿里在席分戰役中的處理方式不以為然，認為唯有阿拉才有資格對哈里發位做仲裁，而阿里、穆艾維亞以及仲裁中耍手段的艾姆爾．本．艾舍全是製造紛爭者，都應剷除。卡瓦里几派可說是伊斯蘭史上第一個宗教政治團體，它後來的發展不斷擴大，且分裂成許多支派，主張各有差異，大多傾向宗教理念的堅持，如揚善禁惡、追求來世的報酬、為主道而戰等堅持。658 年卡瓦里几派終於與阿里在伊拉克的納合刺萬 (an-Nahrawān) 戰役中兵戎相見，阿里獲得勝利，而參戰的卡瓦里几派幾乎全軍覆沒。三年後卡瓦里几派的艾卜杜．剌賀曼．本．穆勒加姆 (‘Abd ar-Raḥmān bn Muljam) 與其同夥在庫法清真寺，成功刺殺阿里。他刺殺阿里的原因，除了是履行卡瓦里几派的目標之外，還有私人因素：他愛上一位父兄都在納合剌萬戰役中被殺的女孩，他想以刺死阿里作為迎娶她的聘禮。

此後卡瓦里几派勢力在阿拉伯半島擴散，遍布息加資的拓伊弗、鄰近納几德的亞馬馬地區以及南部的阿曼、葉門，有些前往伊拉克發展，以鄰近巴舍剌文化城的巴拓伊賀 (al-Baṭā’iḥ) 為大本營，並延伸到摩蘇里、伊朗。他們的宗教理念極端，認為執政者必須具有完美的宗教品德，將教義實踐在統領穆斯林上。此派在奧米雅時期形成一股反對勢力，多次與伊拉克總督哈加几．山格菲 (al-Ḥajjāj ath-Thaqafī) 發生衝突。卡瓦里几派分成許多支派，最極端的支派是納菲厄．本．阿資刺各 （Nāfi‘ bn al-Azraq，？～685 年）為首的阿撒里格派 (al-Azāriqah)。納菲厄認為駱駝戰役與席分戰役的參與者包含阿里、 拓勒哈．本．烏拜德、 茹拜爾．本．艾瓦姆、艾伊夏等人都已淪為異教徒，而伊本．穆勒加姆刺殺阿里更是正義之舉。換言之，凡反對納菲厄者都被視為多神教徒，這個論調很快就吸引許多追隨者。他們以亞馬馬為根據地，向葉門擴散， 並曾援助艾卜杜拉．本．茹拜爾 （‘Abdullāh bn az-Zubayr，624～692 年）在麥加對抗奧米雅哈里發亞奇德．本．穆艾維亞（Yazīd bn Mu‘āwiyah，647～683 年）、艾卜杜．馬立柯．本．馬爾萬（‘Abd al-Malik bn Marwān，644～705 年）。隨後又與伊本．茹拜爾交惡而移往阿拉伯半島東部，接著將基地遷到波斯的阿合瓦資 (al-Ahwāz)，繼續對抗奧米雅政權，雙方戰火不斷。

阿里死後，其長子哈珊 (Ḥasan) 為父報仇，成功殺死殺父兇手伊本．穆勒加姆。支持者擁戴哈珊為哈里發，但哈珊卻將哈里發位拱手讓給穆艾維亞，其中內情各說不一。

綜觀正統哈里發時期的阿拉伯半島人民，儘管分為定居民與貝都因，生活型態亦有商農與畜牧之別，但他們都屬於部落，仍保有部落的集體傾向與行動模式。當新興的伊斯蘭政權鼓勵穆斯林參軍時，許多部落便積極投入聖戰，聖戰雖然壯大了伊斯蘭國家，卻也帶來離鄉背井、家庭破碎的社會問題，有些部落為了求取更好的生活甚至整體隨軍移居到新國度。戰俘被釋放之後，也有部分湧入麥地那找尋工作機會，由於能享有半島居民一樣的待遇，他們也貢獻專業技術以協助半島社會的發展，使得阿拉伯半島居民結構與分布變化極大。正統哈里發時期設有軍籍的戰士多達四萬人，據此數目可推測這種移動影響半島經濟與社會甚鉅。此外，社會上因戰死的殉士不計其數，多妻制非常常見。許多在聖戰期間被擄獲的外族女俘虜成為女奴，她若與主人誕下子嗣，人們便會改稱她為「孩子的娘」(umm al-walad)。「孩子的娘」是不能買賣的，在主人死後她便自動獲釋成為自由人。這種類型的孩子並非奴隸身分，而屬於自由人。歷史上許多名人便是由「孩子的娘」所生。

第六章 | *Chapter 6*

奧米雅時期的紛亂半島

第一節　北　遷

奧米雅家族在蒙昧時期，與其他居住在麥加的家族如古雷須族一樣，因從事貿易而致富。穆艾維亞的父親阿布．蘇弗顏 (Abū Sufyān) 更是古雷須族的富翁，他幾乎壟斷所有往來麥加與敘利亞的駱駝商隊貿易，也因此與敘利亞的官商，如阿拉伯人與羅馬人的關係密切。伊斯蘭教興起之後，奧米雅家族擔負起征服大敘利亞地區的重責，因為屢建奇功，敘利亞總督之職自然也由奧米雅家族成員擔任。穆艾維亞於烏馬爾時期被任命為敘利亞總督，行政與膽識皆突出，尤其在他奪得哈里發位置後，奧米雅家族耕耘已久的敘利亞地區自然成為他的根據地。

由於麥地那的輔士與庫法人大多支持阿里，因此穆艾維亞即位後，便將首都遷移至大馬士革，導致伊斯蘭政治中心轉移到阿拉伯半島以北，而息加資地區的商業貿易隨之沒落，經濟狀況大不如往昔，唯獨麥地那與麥加兩聖城仍保持其宗教的獨特地位。穆艾維亞對於伊斯蘭文明搖籃的息加資地區不敢掉以輕心，行政上劃歸中央，並且指派奧米雅家族人直接管轄，以防止具有聲望的輔士或遷士的後裔起異心或受人利用。而其他地區如伊拉克情況便非常混亂，暴動不斷。

自正統哈里發時期起，虔誠的穆斯林紛紛移居到兩聖城，除了為求取生計外，許多人是為了學好阿拉伯語文和宗教學。奧米雅時期聖城失去政治地位，居民難免有失落感，有些人便沉迷於玩樂或寄情於詩詞，部分居民則聚眾謀劃，企圖恢復聖城的往日光輝。

第二節　遜尼與什葉仇恨火源

穆艾維亞過世之前任命其子亞奇德．本．穆艾維亞為繼承人，穆斯林圈錯愕不已，因為自穆罕默德以來，伊斯蘭哈里發便是透過協商制度產生，而非依循世襲制。此時息加資地區充滿不尋常的氣氛。亞奇德修書命麥地那總督要求阿里次子胡賽因和極具聲望的穆罕默德門徒，如艾卜杜拉．本．茹拜爾等人表達對亞奇德的效忠。然而胡賽因與伊本．茹拜爾卻立即逃往麥加，避免因不願效忠而遭殺害。胡賽因接受庫法阿里派的建議，帶著全家族老小與追隨者前往伊拉克，來到伊拉克幼發拉底河畔的克爾巴拉俄 (Karbalā') 時下馬飲水，亞奇德派軍前往恐嚇，雙方興起戰火，爆發伊斯蘭史上極沉重的克爾巴拉俄慘案。680 年的伊曆 1

圖 21：克爾巴拉俄慘案（繪於十九世紀）

月 10 日，恰巧是阿拉拯救摩西脫離法老王的日子，胡賽因家族與追隨者在此地幾乎全數遭到殺害，因此這一天又被稱為「艾書剌俄」(‘Āshūrā’)，意為「第十日」，是伊斯蘭的國殤日。克爾巴拉俄慘案斷絕了什葉派與遜尼派團結的可能性，胡賽因被什葉派稱為「殉士之尊」。每年的這一天，穆斯林會進行齋戒，什葉派穆斯林會舉行哀思活動。這一天在許多伊斯蘭國家被定為國定假日。

麥地那居民除了政治立場方面反對奧米雅家族之外，更有切身的經濟因素。自從穆艾維亞執政之後，他們經濟上遭受政府剝削，如低價徵收他們生產椰棗的良田，使得原本富裕的經濟日趨困窘。亞奇德繼位時，麥地那人民尤其是輔士家族的忍受力到達極限，群起反抗，而有所謂的「麥地那革命」。胡賽因死後，麥地那人激憤不已，決定將奧米雅家族趕出麥地那，他們集結麥地那的三股勢力：輔士、遷士及古雷須族，並選出首領領導此次革命。此役麥地那人死傷慘重，許多穆罕默德門徒與飽學之士壯烈犧牲，慘況不下於克爾巴拉俄慘案，而麥地那的政治地位亦從此一蹶不振，轉向發展人文學術研究。

實際上，息加資地區自從穆艾維亞執政以來便一分為二：麥加與拓伊弗支持奧米雅政權；麥地那居民則不願支持。大城市以外的部落因為生活極為困苦，而奧米雅家族卻對他們不聞不問，故普遍不支持奧米雅政權。穆艾維亞在位時深知麥地那人在伊斯蘭的地位，尚且採取懷柔政策，然其子孫繼位者就大不相同。亞奇德．本．穆艾維亞和艾卜杜．馬立柯．本．馬爾萬哈里發都對麥地那採取激烈的報復手段。

第三節　息加資的堅持

歷史上的伊本．茹拜爾是一位虔誠、飽讀經書的實踐派穆斯林，他的政治立場原本傾向奧米雅家族，諸如烏史曼被圍困期間協助烏史曼、駱駝戰役選擇與艾伊夏同陣營、穆艾維亞執政時領軍出征非洲等。然而，胡賽因之死以及麥地那革命，亞奇德的所作所為激怒了聖城的穆斯林，也讓伊本．茹拜爾堅持不願效忠亞奇德。麥地那人為對抗奧米雅家族，前往麥加投靠伊本．茹拜爾，使得伊本．茹拜爾此時的角色猶如胡賽因的繼承人。亞奇德死後，息加資、部分大敘利亞、乎羅珊、庫法、巴舍剌、葉門人紛紛對伊本．茹拜爾表效忠。此時的大馬士革因哈里發繼承的合法性問題造成政權的動盪，不久便索性指派心狠手辣的酷吏哈加几．山格菲為伊拉克總督並管轄息加資。哈加几使用彈簧投石機

(mangonel) 攻城，圍剿麥加六至八個多月，戰況慘烈。最終伊本・茹拜爾遭殺害，他的「類」哈里發政權僅維持約十年，在其任內管轄疆域遍及阿拉伯半島、伊拉克、大敘利亞、波斯、埃及。

息加資回歸奧米雅家族的控制之後，什葉派仍維持他們部分的勢力，而奧米雅家族也不甘示弱，在息加資大肆投資、建築宮殿、賞賜親信等，展現其雄厚財富，並重建先知清真寺，以收攬人心。

正統哈里發時期半島人民隨著疆域的擴充，嚮往土地肥沃的伊拉克、大敘利亞、埃及而紛紛移民。但自從政治中心遷出息加資後，麥地那的發展屢遭統治者忽視。同時伊斯蘭教建立初期以民心為基礎的權力轉移觀念已深植人心，或許這便是採行哈里發世襲制而未能建立起儲君制度的奧米雅政權持續動盪、民心背離的主要原因。此外，儘管息加資地區不再是政治中心，但其宗教地位無可取代，因此意欲維護政權的領導者，也了解失去對兩聖城的控制權意喻著失去民心。因此，無論他們如何疏忽息加資的發展，聖城總督必定是哈里發的親信，每年的朝聖儀式也盡量由哈里發親自領導。甚至無論他們如何殘害穆罕默德的子孫或用高壓、暴虐手段對付息加資人，當發生哈里發權位爭鬥時，還是得把自己與穆罕默德的關係抬出來，證明政權的合法性與正當性，於是穆罕默德門徒、古雷須族、哈希米家族、聖訓等等的口號，都成為政治爭奪的藉口。奧米雅政權時期如此，日後的伊斯蘭政權亦如此，伊斯蘭教綿延千餘年，政客也利用它千餘年。

奧米雅時期半島各地區除了息加資外，亞馬馬、巴林、阿曼、葉門等地都成了反對勢力的庇護所。因此，奧米雅家族在移民政策上採取限制遷入敘利亞的移民人口，以保障奧米雅家族擁有更多的資源與安全，並鼓勵半島居民向外移民，尤其到伊拉克、埃及和其他非洲地區等新興國度。半島新移民則被分配居住在偏遠的地區，譬如將波斯人及猶太人分配居住在半島空曠的地區及沿海一帶，並將半島東部的巴林到阿曼地區劃歸伊拉克總督管轄。為了防止暴動以及削弱強大部落與反對黨的勢力，伊拉克總督都以酷吏為人選。阿拉伯半島緊鄰納几德地區的亞馬馬地區居民結構也明顯發生變化，原住民遷徙到其他新興伊斯蘭國度，新住民則有奴隸與非阿拉伯人，人口數大幅縮減，打破原本人口結構，導致許多定居民轉為貝都因，部落淩駕城市，定居民往往選擇與部落結盟以求安生。此狀況持續到十八世紀瓦哈比宗教改革時期。

息加資的經濟模式也發生變化，從前大多直接從埃及引進穀物解決糧食匱乏問題，奧米雅家族則將穀物直接運進敘利亞。此外，息加資人民無法像從前一樣與伊拉克交換耕種土地，息加資的農業僅能自給自足。半島西部從息加資往南到葉門地區，因為鄰近紅海、東非與埃及，故與外界聯繫頻繁，人民依賴貿易與漁獵，生活條件反而優於內地居民。半島東部地區因波斯灣與印度半島之間的海上貿易關係密切，且利潤豐厚，尤其是輸入香料、寶石、金屬、造船用的木料，輸出葉門、阿曼、巴林沿海地區的乳香、珍珠等物產。這些繁盛的海上商業貿易往來，尚歸因於穆斯林軍隊將伊斯蘭傳播到印度半島，伊斯蘭打破階級歧視、倡導平等的特性，吸引了不少印度半島的人們與阿拉伯人密切交流。

第四節　文化發展

伊斯蘭教重整了半島阿拉伯人的社會。根據伊斯蘭經濟原則，凡課稅、捐贈、禁止利息、勞資分擔風險、開墾荒地給予減免稅額、清楚劃分公私財產、保護私有財產、遺產分配等制度，都以縮減貧富距離、達成社會均富為目標。伊斯蘭的社會觀也在消弭部落鬥爭、促進「烏瑪」團結、闡揚社會公義、達成人類皆平等等理想。

然而，這些理想都僅曇花一現的出現在某個短暫的時間與空間裡，尤其若脫離政治核心，人民似乎被迫得回歸祖先們習慣的生活方式與價值，伊斯蘭理想高高掛在遙遠的彼方。大城市或許能依賴貿易利益而致富，定居民與貝都因再度回到原本的分野，甚少統治者能兼顧遼闊沙漠中人民的困窘，傳統部落秩序繼續操作下去。這便是失去政治權力的阿拉伯半島大多數貧瘠地區最真實的狀況：貧窮與混亂。

一、教育與文學

半島大多數阿拉伯人是文盲的情況，是阻礙文明與知識擴展的最大因素，教育是伊斯蘭新社會發展的首要之急。第一所私塾始於正統哈里發烏馬爾時期，據說烏馬爾指派專人在麥地那街道上探查過路人，若發現該人是文盲，便引導他到私塾去上課。奧米雅時期除了廣設私塾之外，各清真寺也是教授詩歌、《古蘭經》、伊斯蘭知識、數學之地。穆艾維亞時期阿拉伯人開始使用文字記載，烏馬爾．本．艾卜杜．艾奇資（‘Umar bn ‘Abd al-‘Azīz，682～720 年）哈里發更將教育擴展到沙漠地區，讓貝都因亦有受教機會，許多貝都因也前往各大城市求知。奧米雅晚期人們開始積極於文字記載，尤其著重於翻譯外族的科學書籍，如天文學與醫學，為阿拔斯早期遍及各領域的知識翻譯鋪路。

奧米雅家族為求權力平衡、轉移民間對政治的關切，而放任納几德各部落互相爭鬥。敵對部落或黨派的詩人之間會以吟詩互諷，出現前所未有的文學新型態、新主題與新意象，興起文學史上珍貴的「辯駁詩」(an-naqā’iḍ)。其內容會提及詩人的部落及其敵族所參與的阿拉伯戰役、阿拉伯部落族譜、部落的名聲等。這些詩保存許多阿拉伯古老的詞彙，也是了解奧米雅時期部落狀況與時代歷史的一手資料。半島南部則有猶太教與基督徒致力於撰寫葉門歷代國王、神話故事、奧米雅哈里發故事與歷史的記載，並盛傳於民間。

二、經注學與聖訓

最早的《古蘭經》注釋不乏原來信仰猶太教和基督教的人士參與，因此難免會根據他們對猶太經典的理解加以詮釋，並添增許多一神教經典的傳說與神話故事。息加資人是半島的幸運兒，他們在此動盪的大環境下尚能發展伊斯蘭學，並且成為這門學問的先行者，尤其麥地那有許多穆罕默德的門生及其後代，他們記載穆罕默德的言行、解釋《古蘭經》經文，潛心於研究《古蘭經》、聖訓、經注學及聖訓注釋，並發展出所謂的「麥地那學派」。這群佼佼者有艾卜杜拉．本．薩拉姆 (‘Abdullāh bn Salām)、克厄卜．阿賀巴爾 (Ka‘b al-Aḥbār) 等人。

儘管經注學在阿拔斯時期便蓬勃發展，有拓巴里的不朽之作《古蘭經注釋總匯》，後人更將經文的一字一詞作解釋、進行語言學各層面甚至修辭的分析，但《古蘭經》文蘊含許多語言的祕密，有些文字至今無人能詮釋，譬如一百一十四章中有二十九章各以不同的字母開啟，諸如「沙德」(38:1)、「阿立弗—拉姆—米姆」(2:1) 緊接的經文在稱頌阿拉的偉大。歷代經注學者試圖理解這些斷字母的意義而不可得、無能詮釋下，誠實地稱這些現象為「《古蘭經》的祕密」或「《古蘭經》的奇蹟」。

聖訓是根據穆罕默德門徒的兒孫輩及門徒們的追隨者傳述下完成，由於政黨的分歧和爭鬥，出現許多不可靠的聖訓傳述。有「第五位正統哈里發」之稱的奧米雅家族改革家烏馬爾．本．艾卜杜．艾奇資哈里發在位時，鼓勵學者蒐集聖訓，開啟聖訓研究之風。第一位蒐集聖訓的學者是麥地那的伊本．序赫卜．札合里（Ibn Shihāb az-Zahrī，671～741 年），他蒐集了兩千兩百則聖訓。緊接者是麥地那法學大家馬立柯．本．阿納斯（Mālik bn Anas，711～795 年）蒐集一千八百四十三則聖訓，寫了第一部宗教法學書《穆瓦拓俄》(*Al-Muwaṭṭa’*)。阿拔斯時期更出現素尼派聖訓「六書」，被公認是最可靠的聖訓，「六書」分別是：穆罕默德．布卡里（Muḥammad al-Bukhārī，810～870 年）的《布卡里聖訓實錄》(*Ṣaḥīḥ al-Bukhārī*)、穆斯立姆．古薛里（Muslim al-Qushayrī，822～

875 年）的《穆斯立姆聖訓實錄》(*Ṣaḥīḥ Muslim*)、伊本．馬加（Ibn Mājah，824～887 年）的《伊本．馬加教律》(*Sunan Ibn Mājah*)、阿布．達伍德（Abū Dāwūd，817～889 年）的《阿布．達伍德教律》(*Sunan Abī Dāwūd*)、納薩伊（an-Nassā'ī，約 829～915 年）的《納薩伊教律》(*Sunan an-Nassā'ī*)、提爾米居（at-Tirmidhī，824～892 年）的《總匯》(*Al-Jāmi'*)。這些阿拔斯時期聖訓學者儘管都非阿拉伯半島人，但絕大多數都曾到息加資拜師學習，因為息加資地區在阿拔斯時期以前是伊斯蘭學的研究中心。

三、《古蘭經》誦讀學

移居到伊拉克巴舍剌的麥加學者阿布．艾姆爾．本．艾拉俄（Abū 'Amr bn al-'Alā'，689～770 年）專精於宗教學、語法學、《古蘭經》誦讀學與傳述學，同時他也是七大《古蘭經》誦讀者之一，阿拔斯時期巴舍剌的語言學大師大多數都曾直接或間接受教於他，譬如阿拉伯語言學始祖西巴威合（Sībawayh，765～796 年）的老師們大多是他的學生。這七位誦讀者的誦讀法流傳至今仍為穆斯林所遵循，除了阿布．艾姆爾．本．艾拉俄之外，尚有麥加學者艾卜杜拉．本．克夕爾（'Abdullāh bn Kathīr，665～737 年）和艾席姆．本．阿比．納朱德（'Āṣim bn Abī an-Najūd，?～745 年）、麥地那學者納菲厄．本．艾卜杜．剌賀曼（Nāfi' bn 'Abd ar-Raḥmān，689～785 年）、大馬士革學者艾卜杜拉．本．艾米爾．亞賀沙比（'Abdullāh bn 'Āmir al-Yaḥṣabī，642～736 年）、庫法學者哈姆札．本．哈比卜．札亞特（Ḥamzah bn Ḥabīb az-Zayyāt，699～772 年）和阿里．本．哈姆札．齊薩伊（‘Alī bn Ḥamzah al-Kisā’ī，737～805 年）六名。

此後不同《古蘭經》誦讀法的學者更增加為十位。這些誦讀法的不同，源於傳述者語言上的差異或《古蘭經》繕寫本字體的差異，尤其是詞形相同（如相同的子音）的詞彙，其短母音不同，或一詞中的某字母不同，但整節經文不會因此而有意義上的差異。烏史曼哈里發統一《古蘭經》版本時，採用古雷須族的語言，但彼時阿拉伯文書寫一如其他閃語一樣僅顯現子音，短母音符號尚未制訂。誦讀法因穆聖門徒所屬部族或所記憶的語音而有差異。伊本．卡勒敦更提及誦讀法成為《古蘭經》學的一門學問之後，連《古蘭經》文的書寫也成為一門學問，因為許多《古蘭經》文字的書寫法不同於一般的文字書寫。譬如陰性符號會寫成字母 tā’、有些字的 alif 字母會被省略、有些字會增加 alif、有些 alif 會寫成 wāw 字母等。

四、藝　術

奧米雅時期哈里發注重城市的建設，包含興建宮殿、住宅、清真寺、醫院、市集。除了首都及各文化城是建設重點外，麥加禁寺、麥地那先知清真寺也在此時期大幅擴建。耶路撒冷的極遠清真寺、岩頂清真寺、大馬士革的奧米雅清真寺、安達陸斯的哥多華清真寺等偉大的伊斯蘭藝術建築，也都在奧米雅家族的手中完成，並保留至今。這些建築物裝飾使用大量馬賽克、彩色玻璃、

圖 22：大馬士革的奧米雅清真寺

圖 23：耶路撒冷的岩頂清真寺

幾何圖案、阿拉伯書法、地毯等，發展成為日後伊斯蘭建築藝術的元素。

蒙昧時期阿拉伯半島人民沒有教條的束縛，隨興歌唱，把玩樂器是小民的娛樂，尤其是在較為富裕繁榮的息加資與葉門地區。伊斯蘭教興起之後，靡靡之音、玩樂成為禁忌，人民遂將音樂應用在誦讀《古蘭經》、喪禮的哀樂等「正當」場合，使用笛、手鼓等簡單的樂器伴奏。

奧米雅家族執政時重視音樂的發展，使息加資、葉門、敘利亞地區出現許多音樂人才。麥地那出現第一位用阿拉伯語歌唱，同時是第一位同步唱、奏的歌手突威斯（Ṭuways，632～711 年），此人被譽為「阿拉伯歌曲之父」。阿拉伯人有一句諺語：「比突威斯還衰」(Ash'am min Ṭuways)，用來比喻最倒楣的人。因為突威斯一生重要日子都恰巧是伊斯蘭偉人過世的時間，如他出生於穆

圖 24：岩頂清真寺外牆的阿拉伯書法裝飾

罕默德過世之日，他在阿布．巴克爾過世之日斷奶，他的割禮日是在烏馬爾哈里發遇刺之日，他在烏史曼哈里發被殺之日結婚，而阿里哈里發遇刺之日則是他的兒子誕生日。突威斯之後最為著名的歌手是麥加的伊本．薩里几 (Ibn Sarīj)，他是第一位將魯特琴從波斯引進阿拉伯半島的歌手，也是第一位彈魯特琴、唱阿拉伯歌的歌手。文史學家阿舍法赫尼（al-Aṣfahānī，897～967 年）並提及四位最早的阿拉伯偉大歌手，分別是兩位麥加人：伊本．薩里几、伊本．穆賀里資 (Ibn Muḥriz)，以及兩位麥地那人：馬厄巴德 (Ma‘bad)、馬立柯 (Mālik)。

換言之，奧米雅政權動盪的許多因素與事件都發生在阿拉伯半島上。半島，尤其是息加資地區，雖然已非政治中心，但實際上仍影響著政權變化。至少奧米雅時期的伊斯蘭學術重心仍在兩聖城，阿拔斯家族興起後，半島各層面狀況就明顯轉變。

第七章 | *Chapter 7*

失落與自強

第一節　阿拔斯時期以後多元文化的融合與衝突

自奧米雅時期起，阿拉伯半島除了兩聖城尚存宗教地位之外，其餘地區幾乎完全被忽視，人們或遭受地方政府剝削或部落各自獨立、彼此爭鬥，處於與其他阿拉伯世界脫節的無政府狀態，經濟蕭條，居民大多迷信且無知。

一、阿拔斯家族的統治

阿拔斯家族帶著阿拉伯人進入一個多元種族文化融合與衝突的世界，自阿布．阿拔斯．薩法賀（Abū al-'Abbās as-Saffāḥ，721～754 年）至穆塔瓦齊勒（al-Mutawakkil，822～861 年），哈里發權力鼎盛為期約一世紀之久。國家版圖東達印度，西抵非洲突尼西亞，經濟繁榮、社會相對安定、各領域學術思想蓬勃發展。首都從伊拉克安巴爾城到巴格達，堪稱是當時世界之都。這些新文化的形成除了獲益於與外族混居、通婚之外，主要歸因於主政者開放的胸懷，引進波斯薩珊王朝的制度、宮廷禮儀與文化，翻譯並應用古老文明的學術思想。他們延攬、重用外族人才，給予無限的行政權力發展國家，儘管導致日後尾大不掉，但對整體文明的發展卻功不可沒。

阿拔斯家族將統轄疆域劃分為十四個省分，各省設有警察、司法、財政、文書等單位。阿拉伯半島是十四省中的一省，「阿拉伯半島省」又分為四區：息加資、葉門、阿曼、赫加爾。阿拉伯半島省的居民使用阿拉伯語，各地有方言的差異。宗教信仰上，阿曼和赫加爾是卡瓦里几派的地盤，葉門人信仰什葉派，其他地區人民大多信仰遜尼派，而半島西邊從息加資往南到葉門地區狹長的薩剌瓦特 (as-Sarawāt) 山脈區及其沿海地區人民則信仰穆厄塔奇拉派 (al-Mu‘tazilah)。

阿拔斯哈里發往往指派他所信任的人擔任重要地區的首長，尤其對麥地那、葉門等重要性較高的地區首長人選格外謹慎。曼蘇爾（al-Manṣūr，714～775 年）哈里發時期，各地首長除了例行業務之外，還負責向中央匯報當地詳細狀況；郵務長負責蒐集情報，將各省長及高級官員的言行、地方民生物價、經濟財務狀況等向中央匯報；稅務官員則負責收取各省的稅款上繳中央。曼蘇爾哈里發將軍隊分為波斯軍隊與阿拉伯軍隊，試圖取得兩者的平衡。然而，自阿拔斯開國以來暴動頻傳，許多衝突是來自於種族與信仰的分歧，尤其是新入教的波斯人對伊斯蘭信仰的相對薄弱以及民族主義作祟，因此有所謂打擊「異端」的行動。

阿拔斯家族依靠籠絡波斯、什葉派勢力而得以建國，成功建國後卻大肆剷除什葉派的勢力，造成什葉派的叛離與暴動不斷，屢屢中央政府平定後，不久又再度掀起暴動。786 年阿里後裔胡賽因．本．阿里．本．哈珊領軍在麥加附近的法可 (Fakhkh) 谷地與赫迪（al-Hādī，764～786 年）哈里發的軍隊干戈再起，阿里後裔死傷慘重，許多此次戰役的犧牲者埋骨於此，因此直至今日麥加的法可仍被稱為「殉士區」。

赫崙．剌序德（Hārūn ar-Rashīd，766～809 年）繼位後，想彌補這種打壓什葉派的政策，因而讓什葉派人士前往麥地那居住。然而不久什葉派再度掀起革命的思潮，曾經參與法可戰役的麥地那人亞賀亞．本．艾卜杜拉．本．哈珊 (Yaḥyā bn ‘Abdullāh bn al-Ḥasan) 率先出走，前往波斯戴拉姆 (Daylam) 號召群眾，在當地被擁戴為阿米爾，赫崙．剌序德派軍隊圍剿，亞賀亞旋即投降，並要求哈里發保證他安全，並經過宗教人士的認證，然而他曇花一現的政權也因此消失。

阿拔斯政權即使在國勢頂尖之時，各地反政府的暴動仍然此起彼落。赫崙．剌序德哈里發對反對勢力手段相較於其前的諸位哈里發溫和，但仍無可避免派遣軍隊平剿暴亂，譬如在土耳其的卡瓦里几派、乎羅珊的奧米雅餘黨暴動及在葉門的反地方政府暴動等。馬俄門（al-Ma’mūn，786～833 年）哈里發與阿民（al-Amīn，787～813 年）兄弟鬩牆時，有波斯血統的馬俄門哈里發曾獲得乎羅珊人拓西爾．本．胡賽因 (Ṭāhir bn al-Ḥusayn) 的協助，導致拓西爾尾大不掉，逕自建立長達五十年之久的「拓西里亞國」。該小國連星期五清真寺的聚禮都不提哈里發之名，儼然是向馬俄門討回恩惠。九世紀各地紛紛出現許多這種獨立小國，譬如在亞塞拜然與亞美尼亞的薩基亞王國 (ad-Dawlah as-Sājīyah)、摩洛哥地區的阿達里薩國 (Dawlah al-Adārisah)、突尼西亞的阿佳立巴國 (Dawlah al-Aghālibah)、埃及和敘利亞的突陸尼亞國 (Dawlah aṭ-Ṭūlūnīyah)。

自古任何疆域過於遼闊的帝國，若缺乏完善的制度、統治者容納異己的胸懷與建立文明的決心，便會像蒙古帝國一樣，軍隊所到之處盡為焦土、文明毀於一旦。1258 年阿拔斯家族建立的輝煌成果最終毀於蒙古人之手。曾傲視世界、讓知識分子們趨之若鶩的圓形巴格達城、文化思想之都巴舍剌、庫法等都成廢墟，數百年的穆斯林智慧結晶被丟進底格里斯河，染黑了河水，同時也象徵著東方阿拉伯人的榮耀難以再造 ， 轉而由西部的阿拉伯疆域——北非與安達陸斯承接發揚伊斯蘭文化的重責大任。

二、古雷須族的餘光

十三世紀初半島息加資區總督由古雷須族人擔任，此職位擁有主導整個息加資區事務的權力，勢力直抵葉門區的邊境。阿拔斯哈里發納席爾．立丁拉（an-Nāṣir li-Dīn Allāh，1158～1225 年）時大陣仗召集軍隊和宗教學者，並命人傳喚息加資總督到巴格達相見。總督警覺有異，遂派遣兒子代替他前往巴格達。不料哈里發熱情款待他兒子，更贈送許多禮物讓他帶回息加資。不久哈里發卻又派軍隊攻打息加資，息加資總督整軍對抗，最後成功守住地盤。其子繼位時，對抗十字軍有功的埃尤比家族 (al-Ayyūbī) 正控制葉門，勢力強大，最終掌控整個半島，尤其是葉門與息加資地區。

十六世紀鄂圖曼土耳其薩立姆（Salīm，1470～1520 年）蘇丹占領埃及之後，便整軍占領息加資，清除所有馬木路克王國的餘黨。每年朝聖季節，鄂圖曼土耳其政府都會備禮贈送息加資夏里弗（ash-sharīf，意指正統哈里發阿里·本·阿比·拓立卜兒子哈珊·本·阿里的後裔，他們世代掌管麥加）和聖城人民。

三、繁華的波斯灣商港景象

七世紀負責席分戰役中仲裁者的阿布·穆薩·阿須艾里征服霍姆茲 (Hurmuz)，將霍姆茲島納入伊斯蘭版圖，十世紀建立霍姆茲王國。霍姆茲位於連接波斯灣與印度洋的咽喉處，原本只是不具國際重要性的商港，穆斯林征服此港後，成為良駒和驢子著名的產地。馬可波羅曾說此地的馬匹出口到印度，可以用非常昂貴的價格出售。來自印度的船隻則載著香料、寶石、絲綢、黃金、象牙賣給此地商人，交由他們再轉賣到其他地方，利潤豐厚。

十二世紀起阿拉伯人統治此地，開國者是來自葉門的阿拉伯人。包含伊本·巴圖拓在內的許多旅行家，對此王國的敘述中一再提及它的商業繁盛、都市建設進步、人民生活水準甚高。十四世紀上半葉霍姆茲征服包含巴林的波斯灣各島嶼，巴林的經濟利益歸該王國所有，霍姆茲王國成為波斯灣地區最富有的國家。1477 年為了爭奪王位繼承權，霍姆茲國王求助於貝都因部落朱布

爾 (al-Jubūr) 族，並自願割讓巴林作為交換條件，巴林因此落入朱布爾族手中。巴林在朱布爾族統轄下形同獨立，政治穩定，居民種族多元，經濟依然繁榮。一般巴林人居住的房屋建築方式與納几德大不相同，通常分成數層，屋內開大窗，並有陽臺，類似波斯建築方式，尤其是王公貴族的宮殿。朱布爾族與霍姆茲王國相抗衡，並繼續朝向納几德擴張，勢力抵達納几德及半島東部沿海地區，國王也被稱為「蘇丹」。另一方面霍姆茲王國仍繼續擴張領土，將阿曼沿海許多港口及部分波斯領土納入版圖。根據歐洲旅行家的文獻記載，當時有三百多艘來自亞洲及非洲各地的船隻停泊在霍姆茲港口，更有高達四百多位外國商人和代理居住在此地，可見它已經是一個非常國際化的商港。

第二節　宗教政治理念的實踐

一、翟德派的政治榮景

阿拔斯家族利用什葉派取得政權後，卻將其拋棄並打壓，導致巴格達、庫法的什葉派人士徹底了解奧米雅家族及阿拔斯家族本質上都是什葉派仇敵。一如他們在奧米雅時期反政府，他們再數度高舉革命旗幟。奧米雅時期麥地那出生的阿里後裔翟德．本．阿里（Zayd bn ‘Alī，695～740 年）曾在伊拉克領導革命，理念傾向穆厄塔奇拉派，但最終被殺。翟德的長兄穆罕默德．本．阿里．巴紀爾（Muḥammad bn ‘Alī al-Bāqir，677～733 年）是十

圖 25：拜占庭帝國使者晉見阿拔斯家族穆厄塔席姆哈里發（繪於十二世紀）

二伊瑪目派的第五任伊瑪目（此處的「伊瑪目」意指什葉派的領袖，相當於遜尼派的「哈里發」），與翟德理念不同。翟德的追隨者即所謂的「翟德派」(Zaydīyah) 也不承認穆罕默德．本．阿里．巴紀爾。翟德被殺後，其子亞賀亞 (Yaḥyā) 逃往乎羅珊繼續對抗奧米雅家族，但也遭殺害。

翟德派認為，穆罕默德先知之女法提馬所生之子的後裔都有權擔任伊瑪目，伊瑪目不應是世襲制，而是取決於人民的效忠、信任。他們相對於其他什葉派較為溫和、寬容，認為不同的國家可以有不同的伊瑪目，因此同一時期有兩個以上的伊瑪目是可行的。翟德派與其他什葉派不同之處是他們承認阿布．巴克爾與烏馬爾兩位正統哈里發。在阿拔斯政權崛起後，翟德派再度舉旗反政府。他們趁著馬俄門與阿民兩兄弟的內戰期間發動革命，此後不停地與阿拔斯家族對抗。當時傾向什葉派的葉門人始終不願順服於阿拔斯政府，導致葉門社會動盪不安。什葉派伊卜剌希姆．本．穆薩 (Ibrāhīm bn Mūsā) 赴葉門宣揚翟德理念，順利獲得當地法提馬部落 (Banū Faṭīmah) 的支助，翟德派理念因此迅速從葉門擴展到息加資。

815 年伊卜剌希姆．本．穆薩任命阿里哈里發兄長的後裔帶領朝聖團到麥加朝聖。事前翟德派人士聽說阿拔斯家族的穆厄塔席姆（al-Mu‘taṣim，796～842 年）哈里發領導的朝聖團陣仗空前，於是趁機掠奪朝聖團的駱駝商隊和克爾白天房外罩。穆厄塔席姆命隨團軍隊圍剿，奪回天房外罩與財物，伊卜剌希姆．本．穆薩的軍隊只得撤回葉門。此事件讓阿拔斯政府意識到葉門的棘手，於是派哈姆達威．本．艾立．本．邑薩．本．馬含 (Ḥamdawayh bn ‘Alī bn ‘Īsā bn Māhān) 攻打伊卜剌希姆軍隊，兩軍數度交戰，終使伊卜剌希姆勢力退出葉門。哈姆達威見勢企圖在葉門建立獨立政府，而阿拔斯政府則採取數度撤換葉門總督的政策應對。然而，葉門離首都距離甚遠，部落文化特殊，自馬俄門時期便難以掌控，導致總督屢屢更替，馬俄門之後的葉門總督更形同虛設。穆塔瓦齊勒哈里發對阿里家族極其厭惡，因此在其任內曾下令搗毀胡賽因的墳墓，並逮捕翟德派黨羽，造成翟德派外移。阿里之子哈珊的後裔亞賀亞．本．胡賽因（Yaḥyā bn Ḥusayn，859～911 年）趁著阿拔斯政權逐漸勢微時，在今日伊朗北部遠離阿拔斯政權勢力的拓巴爾斯坦自立為伊瑪目。然而，儘管他的聲望已經傳遍什葉圈，卻仍然無法抵擋當地首領的勢力，因而於 893 年轉向葉門發展。他首先抵達沙那附近的小鄉村，受到當地民眾的擁戴，但他發現許多理念的施行並不如預期，因此亞賀亞隨即又返回息加資。

當時葉門情勢非常混亂，經濟蕭條、災荒不斷。一向支持阿里家族的法提馬部落也陷入部落鬥爭中，因此出面請求亞賀亞返回葉門。亞賀亞眼見阿拔斯家族實權落入土耳其人之手，葉門人的信仰薄弱，國家政經與社會狀況荒腔走板，一股改革的熱誠油然而生。897 年亞賀亞及其跟隨者抵達葉門時，正值部落戰爭如火如荼的進行，亞賀亞運用宗教情感促成和解，博得各部落的擁戴。他隨後前往葉門沙厄達 (Ṣa‘dah)，建立什葉派政權「翟德伊瑪目國」(al-Imāmah az-Zaydīyah，898～1962 年)。亞賀亞在沙厄達向葉門人宣揚他的理念，如一切國家治理的方式將遵循《古蘭經》和聖訓、號召聖戰、以公正和公平對待子民、以身作則等。他同時建立行政制度，包含設置各地區的總督，總督主要任務在收取稅款。稅款除了宗教課捐之外，基督徒與猶太教徒只要繳交「基資亞」(jizyah) 人丁稅便受到保護，且會因貧富區分徵收稅款的多寡；對農作物的稅收也分門別類，譬如雨水灌溉的土地稅高於靠駱駝力灌溉的土地，勞逸分明。他同時兼任「穆赫塔西卜」(muḥtasib)，執行宗教「息斯巴」(ḥisbah) 任務，如巡視商場、杜絕商業詐欺與舞弊，並建立司法制度，揚善杜惡，建立公平判決制度。他還親自教導民眾宗教教義、禮儀。在亞賀亞的治理下，沙厄達短時間內便顯得井然有序，隨即將改革腳步向今日沙烏地阿拉伯南方的納几嵐延伸。901 年他征服沙那，同年受到當地人民擁戴，前往沙那大清真寺講道。

亞賀亞成功的憑藉宗教力量，緩解葉門激烈的部落鬥爭與此起彼落的暴動，奠定一個得以延續長久且安定的伊斯蘭社會基礎，也是「翟德伊瑪目國」得以持續一千多年的主要原因。

二、剌蘇勒國的文明

阿拔斯時期馬俄門哈里發征服葉門，在此之前葉門諸小國林立。葉門納入版圖後，阿拔斯家族派遣總督駐葉門，然而隨後葉門出現「奇亞德國」（Dawlah Banī Ziyād，818～1016 年），建都撒比德 (Zabīd)，疆域涵蓋提赫馬、序賀爾、哈底剌茅特。後來奇亞德家族的下屬納加賀在撒比德宣布獨立，並效忠於阿拔斯政府，建納加賀國（ad-Dawlah an-Najāḥīyah，1012～1158 年）。

1093 年加亞須．本．納加賀 （Jayyāsh bn Najāḥ ，? ～1104 年）為對抗敵人而引進許多來自塞爾柱土耳其的古茲人。這些古茲人與當地葉門人通婚，逐漸融入葉門部落社會，生活習慣與觀念幾與葉門人無異 。 古茲人剌蘇勒家族烏馬爾．本．剌蘇勒（‘Umar bn Rasūl ，? ～1249 年） 在葉門南部自稱 「曼舒爾王」(al-Malik al-Manṣūr)， 建立剌蘇勒國 （ad-Dawlah ar-Rasūlīyah ，1229～1454 年），鑄造刻著他頭銜的錢幣，建都於葉門西南部的塔邑資 (Ta‘izz)，王國疆域直抵息加資。這些古茲人深知阿拉伯人無法接受外族的統治，故剌蘇勒國第三位王烏馬爾．本．穆查法爾（‘Umar bn al-Muẓaffar，1242～1296 年）想出對策，對外宣稱他們是蒙昧時期「佳薩西納國」的後裔，並著書記載編造的族譜，於是他們搖身一變成為許多史書上所書寫的純南阿拉伯人。但是無論如何，基於中世紀阿拉伯人將穆斯林成果都網羅在阿拉伯成果中，民族主義充其量僅為對抗反對勢力而生的前提下，在葉門剌蘇勒國建造的文明自然是葉門人的榮耀。

圖 26：葉門剌蘇勒錢幣（十四世紀）

剌蘇勒國歷任執政者幾乎都是飽學之士，不僅著書立說，更重視民生與文化的發展，建立長達兩百多年光輝的文明，相關政策有鼓勵農工商、推廣建築藝術、創辦學校、獎勵學術、禮遇學者等。譬如伊本．穆各里 (Ibn al-Muqrī) 在 1401 年完成一部匯集五種學門──宗教法學、語法學、歷史、詩韻學及韻律學的鉅著，納席爾一世（an-Nāṣir I，?～1426 年）因此賞賜他一千迪納爾金幣並支給薪俸。歷任王對前來葉門的訪問學者都禮遇有加，譬如伊斯馬邑勒（al-Ashraf Ismā'īl，1360～1400 年）王禮遇來訪的大師馬几德丁．費魯資阿巴居（Majd ad-Dīn al-Fayrūz'ābādhī，1329～1415 年），不僅給予他大筆賞賜金更授予他大法官的頭銜。

至今在塔邑資還能見到不少當時文明的遺跡，如穆查法爾清真寺。他們的文明成果包含增設許多部門以利行政運作，如宰相、祕書、稅務部、審計部、法務部。達巫德．本．穆查法爾（Dāwūd bn al-Muẓaffar，?～1321 年）時期增加「副蘇丹」，與宰相職務互補。剌蘇勒國最著名的統治者是曼舒爾的繼任者穆查法爾（al-Malik al-Muẓaffar，1222～1295 年），他不僅是名統治者，更是一位學者，他曾撰著醫學、藥學、天文學、文學與工學方面書籍。他在位時獎勵學術、發展教育，希冀消除文盲，並給予人民宗教信仰自由，以至於聲名遠播，外族更將他視為伊斯蘭的哈里發。自蒙古人滅阿拔斯政權之後，穆查法爾便命人修葺克爾白天房，在天房內外都披上外罩，天房內尚留有他在大理石上的銘文。

葉門地區的學校建築史起源於埃尤比家族，但大興學校建築並普及於半島南部則歸功於剌蘇勒國諸王。剌蘇勒國在葉門共建一百九十三所學校，並致力於學校規劃與管理，包含健全教材、課綱和設備等，成為半島教育的先驅。剌蘇勒國境內蘇菲主義（伊斯蘭教的神祕主義哲學，主張透過冥思淨化心靈以接近阿拉，追求真知）盛行，穆查法爾王在提赫馬地區蓋第一間蘇菲道場——哈納卡 (khanāqāh)，稱之為「穆查法爾哈納卡」。隨後哈納卡紛紛出現，尤其分布在紅海沿岸。

三、伊巴弟亞派政權

奧米雅時期阿曼隸屬於伊拉克酷吏總督管轄，因此阿曼人民苦不堪言。阿曼人在目睹奧米雅家族的腐敗亂象後，企圖建立阿曼人的獨立政權。奧米雅統治末期他們推舉朱蘭達．本．馬斯烏德（al-Julandā bn Mas‘ūd，？～751 年）為第一位伊瑪目，主張實踐伊斯蘭伊巴弟亞派 (al-Ibāḍīyah) 理念，因此人民穿著、舉止、品德都以伊斯蘭為準則，社會安定。此時摩洛哥及葉門也是伊巴弟亞派政權，故伊斯蘭世界同時有三個伊巴弟亞派伊瑪目。

伊巴弟亞派的主張：1.所謂的信仰指的是言行合一，凡「宗教」、「信仰」、「伊斯蘭」都是一樣的意義。2.所謂「穆斯林」是順服阿拉並遵循主道的人，但他們認為履行伊斯蘭「唸功」——「阿拉是唯一的真主，穆罕默德是阿拉的使者」並不足以成為「穆斯林」，言行須合乎教義才是一位穆斯林。3.認為阿拉是絕對公正的，阿拉應允賜予信士應得的權利，信士必能在天堂永存。反之，異教徒或不知悔悟的穆斯林必會在地獄永受懲罰。穆斯林若不履行義務，或犯大罪而不向阿拉懺悔，他就既非信士也非異教徒，而是背叛阿拉恩澤者。這等人即使是殉道者也無法脫罪，僅能透過向阿拉懺悔才得原諒。伊巴弟亞派的主張與中世紀穆厄塔奇拉派、穆爾基亞派 (al-Murji'ah) 及什葉派所持的理念相似。今日伊巴弟亞派除了阿曼人奉行外，尚盛行於北非阿爾及利亞、突尼西亞和利比亞，還有非洲幾個非阿拉伯的伊斯蘭國家。

751 年薩法賀哈里發派軍攻打阿曼，朱蘭達伊瑪目經過數日的激戰後慘遭殺害，其住宅遭焚毀、家人皆遭殺害，阿曼人死亡約萬人。然而阿拔斯家族卻任命朱蘭達家族為總督管理阿曼。對分離主義的阿曼人而言，完全無法接受阿拔斯的管轄，因此在 793 年建立第二個伊瑪目政權，但仍被阿拔斯家族平定。九世紀朱蘭達家族曾發動兩次革命都無斬獲。十二世紀至十七世紀初，阿曼由阿資德部落分支納卜含族 (Banū Nabhān) 所統治，統治者稱為「國王」。十三世紀起波斯人便經常攻打阿曼伊瑪目國，十五世紀因長時期遭到波斯的攻擊，造成阿曼伊瑪目避走他鄉、兄弟反目、政權分裂等內部問題。而阿曼這段歷史，也因缺乏文獻記載始終無法有清晰的輪廓。

四、伊斯馬邑勒派與格剌米拓運動

阿拔斯家族政權在 870 年代便開始走下坡，翟德伊瑪目國得以順利發展。此外，當時阿拉伯半島的什葉伊斯馬邑勒派 (al-Ismā‘īlīyah) 的勢力擴張，中心從伊拉克的巴舍剌遷移到敘利亞、埃及、波斯，並擴散到半島大多數地區。半島東部的反政府集團——格剌米拓運動 (Thawrah al-Qarāmiṭah) 便屬於伊斯馬邑勒支派。

伊斯馬邑勒派在歷史上曾建立輝煌的埃及法提馬王國文明。伊斯馬邑勒派與十二伊瑪目派分道揚鑣，起源於前者認為第七任伊瑪目是伊斯馬邑勒．本．加厄法爾 (Ismā‘īl bn Ja‘far) 而非十二伊瑪目派所承認的穆薩．本．加厄法爾 (Mūsā bn Ja‘far)。伊斯馬邑勒派擁戴伊斯馬邑勒之子穆罕默德．本．伊斯馬邑勒（Muḥammad bn Ismā‘īl bn Ja‘far，約 749～808 年）為伊瑪目，並認為穆罕默德．本．伊斯馬邑勒從息加資出走後便隱匿，是未來將拯救人類的「救世主」。伊斯馬邑勒派對《古蘭經》與伊斯蘭教法、教義的詮釋方式與遜尼派差異甚大，傾向隱晦、象徵、暗喻等詮釋方式，並且代代相傳。

格剌米拓運動（899～1077 年）興起於伊拉克一座貧窮的城市瓦西圖 (Wāsiṭ)，深獲當地居民的支持，其首領哈姆丹．格爾馬圖 (Ḥamdān Qarmaṭ) 隨後將宣教中心遷到庫法城附近以利傳播，並稱此中心為「遷徙館」(Dār al-Hijrah)。哈姆丹在庫法向支持者募款，承諾窮人將會從這些募款中分得利益，因此運動迅速傳播，支持者甚多，但在伊拉克始終屬於祕密組織，直到巴林商人阿布．薩邑德．加納比 (Abū Sa'īd al-Jannābī) 在半島東部阿賀薩俄成立格剌米拓分部招攬支持者，格剌米拓才正式公開，不久便盛行於半島東部，尤其是巴林、阿曼、亞馬馬地區。

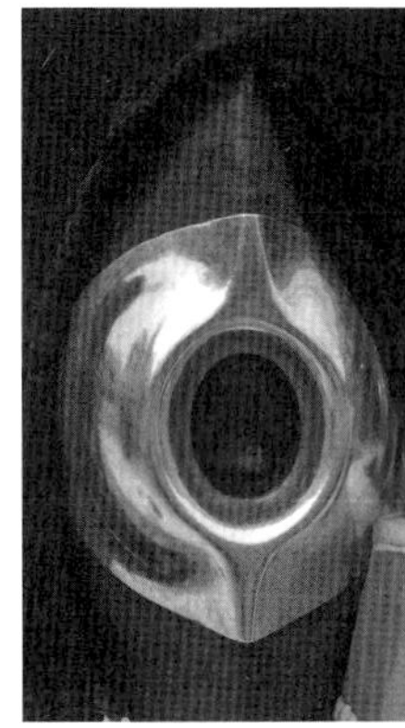

圖 27：黑石

格剌米拓在伊斯蘭歷史上掀起最大的風波莫過於搶奪克爾白天房的「黑石」。穆斯林相信黑石是天使長基卜里勒從天上帶來，放置於克爾白天房的東南角。黑石原色雪白，由於多神教的罪惡使它變黑。七世紀起穆斯林用銀框鑲住黑石，正統哈里發烏馬爾朝聖時會親吻黑石，直至今日朝聖者從克爾白東南角進行繞行天房七圈的儀式時，也會親吻黑石。

阿布．拓希爾．格爾馬堤（Abū Ṭāhir al-Qarmaṭī，約 906～944 年）管理格剌米拓時，為了擴張勢力，時常率眾到息加資與伊拉克地區擄掠錢財與婦孺，每每滿載而歸回到巴林。伊曆三一七年（929 年）的朝聖月，阿布．拓希爾再度率眾到麥加劫掠，並深入禁寺克爾白天房大肆殺戮，連當時正在履行繞行禮的朝聖者也無法倖免於難。遜尼派史學家伊本．克夕爾（Ibn Kathīr，約 1300～1373 年）鉅細靡遺的描述格剌米拓黨徒在禁寺中令人髮指的惡行：「格爾馬堤命人將死者埋在撒姆撒姆 (Zamzam) 聖泉旁，

圖 28：933 年阿拔斯時期迪納爾金幣

許多死者就地掩埋，甚至埋在禁寺裡。他們的屍身沒有被洗淨、沒有裹殮衣、沒有禮拜……他並命人拆除克爾白天房門、摘下天房外罩並撕成小塊分給他的同夥。命人爬到天房頂端卸除排水管，卻摔個腦袋著地嗚呼哀哉……。他再命人卸除黑石……，將它帶回他們的地方，放了二十二年才歸還。」

搶奪黑石當天，他們行徑誇張，言詞諸多褻瀆《古蘭經》，古歷史學者認為其邪惡勝過猶太教、基督教或多神教徒。一路上麥加阿米爾尾隨他們，請求他們歸還黑石，雙方因此大動干戈，最後麥加阿米爾被殺，他們如願以償地帶走黑石。此事件在伊斯蘭世界掀起甚大的風波，甚至有阿米爾願意出五萬迪納爾金幣贖回黑石，都被格剌米拓拒絕。此時的阿拔斯家族脆弱不堪，不僅無法遏止他們，反而任由他們入侵伊拉克並占領庫法。阿拔斯政府甚至被迫與他們簽定和平協定，每年須支付他們十二萬迪納爾金幣。

899 年北非法提馬王國建國者烏拜德拉·本·胡賽因·馬合迪（‘Ubayd Allāh bn al-Ḥusayn al-Mahdī，873～934 年）宣稱自己是伊斯馬邑勒之子穆罕默德的後裔、是第十一任伊瑪目時，在巴林的伊斯馬邑勒派不願予以承認，為首者便是格剌米拓的哈姆丹·格爾馬圖，法提馬王國與格剌米拓雙方因此結下仇恨。黑石搶奪事件裡法提馬王國哈里發以強硬的態度威嚇格剌米拓。951年格剌米拓把黑石帶回庫法，將其掛在庫法清真寺的圓柱上供信徒瞻仰，同年將黑石歸還麥加。

格剌米拓提倡經濟公平與社會正義，強調消弭貧富差距。他們的旗幟上寫著《古蘭經》經文：「我要把恩典賞賜給大地上受欺負的人，我要以他們為表率，我要以他們為繼承者。」(28:5) 表達格剌米拓運動的理想目標。伊本．焦奇（Ibn al-Jawzī，約1116～1201年）認為他們的信念外表是反叛，骨子裡是異端；他們背棄教義、左右搖擺、行為沒有原則。他們認為有前後二神，前神透過後神創造世界，前神稱之為「理智」，是完美的；後神稱之為「心靈」，是有缺陷的。前神無所謂存在或不存在，因為「不存在」是否定的意義，「不存在」的原因無非是「存在」。他們對先知、《古蘭經》、天使長、伊瑪目等都有自己的定義。他們以耶路撒冷為朝拜方向，摒棄許多宗教儀式與禁忌，如信徒可以喝酒。阿拔斯時期幾任哈里發都曾發兵討伐，然而其教義基礎建立在什葉派上，勢力非常龐大，至今依然存在沙烏地阿拉伯的東部地區。

第 III 篇

殖民、保護與獨立（1517 年～至今）

第八章 | *Chapter 8*

納几德的崛起

第一節　瓦哈比運動與沙烏地公國

穆罕默德宣教時期，伊斯蘭傳布到納几德各部落，但納几德絕大多數都是乾旱的沙漠，人們為求生存對宗教並無太多熱誠，許多違反教義的習俗仍維持，譬如部落鬥爭、奴隸買賣仍盛行於各部落。貧瘠的環境對外族不具吸引力，因此納几德人鮮少與外界接觸。伊斯蘭各時期政府對納几德也都顯得漠不關心，此地區部落社會型態甚少變化。十五世紀中葉紹德家族從半島東部格堤弗遷徙至納几德，在納几德高原建迪爾邑亞 (ad-Dir'īyah) 城。十六世紀鄂圖曼土耳其統治後，對於這浩瀚的沙漠高原興趣缺缺，因此往往交由當地十餘個部落自行治理。

納几德在半島歷史上的重要性提升或許要推溯到十八世紀紹德家族與穆罕默德・本・艾卜杜・瓦哈比 （Muḥammad bn 'Abd al-Wahhāb，1703～1792 年，以下稱伊本・艾卜杜・瓦哈比）的

圖 29：迪爾邑亞城遺跡

政教合作、建立沙烏地第一公國開始，自此瓦哈比所倡導的思想稱為「瓦哈比主義」(al-Wahhābīyah)，迅速在伊斯蘭世界形成一股巨大的旋風，影響力至今依舊。瓦哈比思想引燃納几德人對宗教的熱誠，並始料未及的超越其他伊斯蘭地區。紹德家族從建立第一公國、第二公國至今日的沙烏地阿拉伯王國，亦即從納几德的迪爾邑亞、利雅德根據地向外拓展，直至今日占據阿拉伯半島的絕大部分領土，其根基都建立在這種穩固的政教合一關係上。因此，要理解十八世紀以後的阿拉伯半島必先了解瓦哈比思想，而要了解納几德的崛起必先了解建立沙烏地阿拉伯的紹德家族。

沙烏地阿拉伯的歷史可分為三個階段：第一公國（1744～1818 年)、第二公國 (1824～1891 年)、艾卜杜·艾奇資復國後統一與獨立的沙烏地阿拉伯王國。

一、沙烏地第一公國（1744～1818 年）

十八世紀伊本．艾卜杜．瓦哈比在納几德領導伊斯蘭宗教改革，主張穆斯林應遵循十三、十四世紀遜尼罕巴立派 (al-Ḥanbalī) 伊本．泰米亞 (Ibn Taymīyah，1263～1328 年) 及其追隨者伊本．蓋伊姆．焦奇亞（Ibn Qayyim al-Jawzīyah，1292～1350 年）獨特的宗教理念。由於該宗教改革運動獲得納几德地區自 1726 年便擔任迪爾邑亞領袖的紹德家族族長穆罕默德．本．蘇烏德（Muḥammad bn Su‘ūd，1687～1765 年）的全力支持，瓦哈比思想因此迅速在阿拉伯半島蔓延，影響日後全伊斯蘭世界的宗教發展，更影響阿拉伯半島的政治、社會與外交關係。

伊本．艾卜杜．瓦哈比出生在離利雅德僅三十餘公里的納几德小鄉村烏耶納 (al-‘Uyaynah) 的烏拉馬暨法官家庭，十歲以前便熟背《古蘭經》，不斷遊走半島各文化城拜師學習宗教學。他融會貫通所學並理出個人獨特的見解，主張穆斯林應切實遵守《古蘭經》經文、實踐聖訓教誨、淨化所有的宗教儀式、杜絕所有的神話、迷信與造作 (al-Bid‘ah)。他二十四歲便展露宗教改革的熱誠，首先與烏耶納地方官聯姻，獲得支持之後便以反傳統的行動闡釋自己的理念；當他見到烏耶納的居民膜拜某些樹木便將之摧毀，並大膽搗毀伊斯蘭正統哈里發烏馬爾的兄弟翟德．本．卡拓卜 (Zayd bn al-Khaṭṭāb) 的墳塚。翟德不僅是穆罕默德先知的門徒，也是聖戰的殉士。此舉震驚阿拉伯半島，宗教人士立刻將此訊息傳到麥加、麥地那及巴舍刺，請求半島東部阿賀薩俄的阿米爾處置。管轄烏耶納的地方官儘管已經追隨伊本·艾卜杜·瓦哈比，但礙於財務仍仰賴阿賀薩俄的支助，被迫要求伊本·艾卜杜·瓦哈比離開故鄉避免遭到殺害，伊本·艾卜杜·瓦哈比於是前往紹德家族的領地迪爾邑亞。在迪爾邑亞他如魚得水，追隨者人數不斷成長，實現他畢生的理想。

伊本·艾卜杜·瓦哈比思想建立在他對罕巴立派思想的領悟。他諸多的著作中，其中影響力最深的是《唯一論》(*Kitāb at-Tawḥīd*)，此書的核心理念便是實踐「阿拉唯一論」。僅管這是穆斯林耳熟能詳的伊斯蘭原則，但由於一般人在實踐上受到傳統習俗的影響，許多詮釋亦因時代變遷而逐漸寬鬆。伊本·艾卜杜·瓦哈比抵達迪爾邑亞之後，努力闡明這層意義。追隨者稱他的改革運動是「薩拉菲主義」(Salafīyah)，亦即呼籲穆斯林要回歸聖訓的正統思想，時間上約為伊斯蘭教興起後三個世代，亦即「穆罕默德先知的門徒」、「門徒的追隨者」及「追隨者的追隨者」的三個時代。這幾個世代人的生活、言行大多奉行伊斯蘭法，極力對抗任何宗教上的造作。所謂的「造作」指的是伊斯蘭法以外的宗教新事物，譬如外來的思想與物質。換言之，影響穆斯林至今的瓦哈比思想有下列幾個原則：

1. 阿拉的唯一性：任何崇拜非阿拉的行為，諸如向死者祈求、視大自然或物體為神聖、將先知穆罕默德及其門徒視為神明等等，都是偶像崇拜的多神思想。因為先知穆罕默德是人而非神，不應是膜拜與祈求的對象。基於此，瓦哈比信徒的墳墓不建塚、不銘文，不膜拜死者，他們更展開摧毀半島上的墳塚行動，其中包含大批中世紀穆罕默德先知門徒的墳墓。此派也認為凡不遵循阿拉唯一性者都是異教徒；一旦伊瑪目認為是全民利益所在，或為了免除傷害、有發動聖戰的必要，則全民應跟從伊瑪目。據此，瓦哈比派曾發動對伊拉克、息加資、阿賀薩俄、葉門、大敘利亞地區的聖戰。

2. 此宗教改革運動目的在於恢復伊斯蘭正統時期的言行，故須對中世紀以來便因溫和且能順應大環境而被視為遜尼正統派的阿須艾里亞派 (al-Ash'arīyah) 以及傾向靈修的蘇菲主義做革新。因此，諸如男人穿絲質衣服或戴金飾、抽菸、照相、歌唱等等都被瓦哈比派列為「可憎的行為」(makrūh)。

3. 強調穆斯林不造作，凡違反穆罕默德及其門徒的言行、習慣都是造作，譬如科技化的設備、舉辦生日宴、私人紀念會、歌唱舞蹈會等都屬之。

4. 啟動「伊几提赫德」(ijtihād) 理性解釋教法之門，以順應時代、環境的需求，包含設置許多商業法、商業法庭等。

換言之，伊本．艾卜杜．瓦哈比的宗教改革運動強調的兩個主要概念：阿拉的唯一性與不造作，兩者都在針對當時穆斯林生活與伊斯蘭教義漸行漸遠的現象作改革。當時半島人們迷信、無知，社會上盛行在死者的墳墓前向死者祈求福報；將某些石頭、樹木、山洞及大自然視為聖物；遇事求助於算命、占卜者。譬如民間傳說某位王室女兒為了躲避暴君逃往迪爾邑亞的山洞，突見石洞開啟，使她得以避難，人們便將此山洞視為聖地。凡此類似蒙昧時期拜物教徒的習俗與信仰，都違反「阿拉是唯一主」的原則。儘管伊本．艾卜杜．瓦哈比的宗教改革理念讓許多人反思，但對於積習已久的陋習而言未免太過嚴苛，更會損及許多烏拉馬的地位與利益，因此宗教人士聯合地方首長撻伐他。

比較嚴峻的問題或許是伊本．艾卜杜．瓦哈比提倡的「阿拉唯一論」在實施上與許多伊斯蘭國家差異甚大。此派被穆斯林詬病的往往是強調先知穆罕默德是「人」非「神」，並將純粹的信仰實踐在生活上，任何生活細節都必須以先知穆罕默德的言行為準則。紹德家族奉此派思想為圭臬，他們似乎有一種宗教使命感，那便是阿拉賜恩澤予原本是阿拉伯人中環境最劣勢的納几德人，無非在啟發他們維護伊斯蘭，歷任執政者對這種使命都認真看待，並全力以赴。這或許便是紹德王室長久以來始終不願意像其他伊斯蘭或阿拉伯國家一樣世俗化的最大原因。

穆罕默德．本．蘇烏德與伊本．艾卜杜．瓦哈比兩人達成協議，共組理想的伊斯蘭政權，前者管理世俗事務，是公國的政治領袖；後者負責宗教事務，是宗教領袖。1744 年建立「迪爾邑亞公國」（或稱「沙烏地第一公國」），首都迪爾邑亞。事過境遷近三個世紀，現在來回顧這次的政教聯盟，其意義格外重大，此舉不僅改變紹德家族的命運，從一個小部落不斷地擴張至幾乎占據整個阿拉伯半島的強大勢力，同時也改變了半島的歷史。這些進程都可以從瓦哈比思想如何激勵納几德穆斯林，使之具備宗教使命感，從組織草莽「兄弟」軍履行一連串無往不利的聖戰，統一分崩離析的納几德以及半島其他區域，到靜思力圖發展伊斯蘭人文與經濟的現代化國家，無可否認的都能歸功於此次的聯盟選擇。

瓦哈比思想在迪爾邑亞實踐不久之後，盜賊明顯減少，道路安全顯著改善。納几德居民人數隨著行政中心的底定迅速增加，人們紛紛移民到此求取知識、尋找工作機會或做買賣，促使城市發展迅速。譬如烏乃撒便因位於駱駝商隊路線上，迅速發展成納几德地區最繁榮的商業城，向西連結到麥地那。

另一方面，伊本．艾卜杜．瓦哈比不斷呼籲各地區阿米爾遠離暴力、歸順迪爾邑亞公國、實施伊斯蘭法來統治人民。統一納几德過程中，在經由柔性的宣教與強勢的聖戰，許多部落併入迪爾邑亞公國，其中最困難的卻是近在咫尺的利雅德和南部的納几嵐。利雅德的阿米爾因不願歸順迪爾邑亞公國，雙方發生十七場戰役，穆罕默德．本．蘇烏德的兩個兒子更在與利雅德的戰役之中犧牲，直到 1773 年利雅德才併入迪爾邑亞公國。納几嵐首領則於 1764 年與紹德家族在利雅德附近的哈伊爾 (al-Ḥā‘ir) 激戰，紹德軍隊幾乎被殲滅，在經由伊本．艾卜杜．瓦哈比求和才解除危機。

穆罕默德．本．蘇烏德的兒子艾卜杜．艾奇資．本．穆罕默德（‘Abd al-‘Azīz bn Muḥammad，1720～1803 年）自幼勤於向伊本．艾卜杜．瓦哈比學習宗教學，繼位之後，因其個人特質非常勇猛，積極於南征北伐，除了利雅德之外，分別向北征服格席姆 (al-Qaṣīm)、焦弗 (al-Jawf)，向東、南征服阿賀薩俄、卡達、巴林、阿曼，向西南將靠近紅海的艾西爾 (‘Asīr)、加贊 (al-Jazān) 等地併入勢力範圍。他的統治時期，迪爾邑亞公國境內經濟繁榮、路無盜匪、百姓安居樂業。許多對此時期的第一公國關於境內安全的記載讓人難以置信，因為當時阿拉伯半島其他地區都暴亂不斷、盜賊橫行，倘若說這是宗教的力量改變人心使然，也似乎並不為過。尤其阿拉伯半島固有政治情勢開始產生變化，鄂圖曼政府甚至因畏懼瓦哈比勢力，開始提供金援與武器支助一些部落對抗沙烏地第一公國。

艾卜杜．艾奇資．本．穆罕默德做禮拜時，被一位來自伊拉克的什葉派庫德人以短刃刺殺身亡，其子蘇烏德．本．艾卜杜．艾奇資（Su‘ūd bn ‘Abd al-‘Azīz，1748～1814 年）繼位，綽號「大蘇烏德」。大蘇烏德與其父一樣師承伊本．艾卜杜．瓦哈比，酷愛宗教學，他同時也是著名的聖訓與經注學學者。他最為人樂道的事蹟是在其父任內和平的征服麥加。此事可追溯到 1791 年第一公國與息加資發生第一場戰爭，之後雙方便戰役不斷，雙方皆有勝有敗。1796 年雙方在朱馬尼亞 (al-Jumānīyah) 的戰役奠定息加資轉攻為守的弱勢。1803 年麥加阿米爾佳立卜 (Ghālib) 逃出麥加，其弟艾卜杜．穆賀辛 (‘Abd al-Muḥsin) 將麥加拱手送給大蘇烏德，以換取麥加阿米爾職位。

大蘇烏德在統治麥加期間推行瓦哈比政策，摧毀麥加的墳塚、免除人民稅收，並修書給鄂圖曼蘇丹，請他阻止埃及贈送天房外罩到麥加。其拒絕原因在於，埃及贈送天房外罩的朝聖團裡都安排鼓樂隊隨行，嚴重違反瓦哈比教派禁樂、舞的原則。1805 年息加資併入迪爾邑亞公國，但公國仍請聖裔家族繼續擔任麥加阿米爾。佳立卜返回掌控麥加後，曾試圖請鄂圖曼政府派兵援助，但當時鄂圖曼帝國正忙於與俄國的征戰，無暇協助，而且此時麥地那、艾西爾也都臣服於第一公國，因此佳立卜只得轉而與第一公國示好，表現出追求和平的誠意。

第一公國許多宗教禮儀與同樣為遜尼派的伊拉克、埃及、大敘利亞和土耳其差異甚大，鄂圖曼政府唯恐瓦哈比勢力尾大不掉，因此下令要求埃及總督穆罕默德．阿里 (Muḥammad ‘Alī) 帕夏（鄂圖曼土耳其的高級官銜，埃及總督被授予此官銜）派兵攻打第一公國。大蘇烏德長子艾卜杜拉．本．蘇烏德（‘Abdullāh bn Su‘ūd，? ～1818 年）繼位後繼續應戰。1818 年埃及總督穆罕默德．阿里之子伊卜剌希姆 (Ibrāhīm) 帕夏率兵圍攻迪爾邑亞城超過五個月之久，第一公國奮戰到彈盡援絕，艾卜杜拉投降求和，伊卜剌希姆帕夏同意不會屠城或殺害任何第一公國人民。然而他並未遵守諾言，埃及軍進城後便摧毀城牆和屋宇，焚燒農作物和椰棗樹，大肆屠殺城裡的烏拉馬宗教學者，搶走收藏在迪爾邑亞城的所有書籍、文獻和手抄本等，徹底摧毀迪爾邑亞城，更將艾卜杜拉及其親信俘虜到伊斯坦堡處死。

二、沙烏地第二公國（1824～1891 年）

第一公國滅亡之後，納卂德許多部落首領都覬覦原屬於第一公國的領土，然而土爾齊．本．艾卜杜拉（Turkī bn ‘Abdullāh，1755～1834 年）被俘後逃出，在經過一段沉潛與奮鬥，與鄂圖曼政府及埃及多次交戰，最後成功的光復納卂德地區，開始營建城牆與清真寺，史稱「納卂德公國」，又稱為「沙烏地第二公國」。由於迪爾邑亞城被摧毀殆盡，加之土爾齊過去曾擔任利雅德阿米爾，故選擇移都利雅德。土爾齊之子費瑟．本．土爾齊（Fayṣal bn Turkī，1785～1865 年）從埃及回到納几德管理軍務。1830 年費瑟戰勝卡立德族 (Banū Khālid)，奪得富庶的阿賀薩俄。伊本．艾卜杜．瓦哈比的孫子逃出埃及前來投靠，土爾齊．本．艾卜杜拉任命他為宗教領袖，繼續管理納几德宗教事務。

利雅德的阿拉伯語 ar-Riyāḍ 和「花園」(rawḍah) 同詞源，顧名思義，它在納几德沙漠高原屬於較有綠意的地區，四周有山丘，易於防守。紹德家族建都於此後，經過不停的建設、擴充城市，他們的老家迪爾邑亞最後也被納入利雅德轄區。土爾齊在利雅德市中心、鄰近 1747 年建築的王宮，使用泥土和椰棗樹幹建了一座清真寺，後人稱之為「土爾齊．本．艾卜杜拉伊瑪目清真寺」，俗稱「利雅德大清真寺」。當時此清真寺的教長是由土爾齊親自任命瓦哈比家族的烏拉馬擔任。長久以來這座清真寺經過多次的改建、增建，包含建築連接王宮與清真寺的空橋，方便王室成員做禮拜。

圖 30：利雅德大清真寺

1988 年的擴建使得清真寺可同時容納近兩萬人做禮拜，歷經兩百年至今，利雅德大清真寺仍是紹德家族最具重要性的清真寺。寺內有伊瑪目和宣禮員的住所、經堂教育講堂、圖書室、政府相關事務辦公室。由於這座清真寺的經堂教育始終由德高望重的烏拉馬擔任，至今仍是穆斯林學習宗教學的知名學府。

土爾齊．本．艾卜杜拉在位初期政局混亂，幾方勢力都覬覦伊瑪目位置，並時時受到鄂圖曼政府駐埃及總督的牽制，國力與疆域都不如第一公國，但勢力範圍已經向波斯灣沿海伸展，包含格堤弗、馬斯開特、巴林、剌俄斯．愷馬 (Ra’s al-Khaymah)。

1834 年土爾齊．本．艾卜杜拉在做星期五的聚禮時，其外甥馬夏里．本．艾卜杜．剌賀曼 (Mashārī bn ‘Abd ar-Raḥmān) 派遣僕人將他殺害，原因是土爾齊曾將曼夫哈 (Manfūḥah) 賜予馬夏里，後因雙方關係生變收回封地。馬夏里因此舉旗反叛，並到處徵求同志起義卻未能如願，雖經格席姆的長老們調解，土爾齊再次將曼夫哈封給他。不料馬夏里對土爾齊積怨已深，他趁土爾齊之子費瑟在格堤弗時，殺害土爾齊奪得政權。

父仇不共戴天，費瑟．本．土爾齊聯合各地首長共謀復仇之事。馬夏里僅上任四十天，費瑟成功復仇，順利繼承王位並積極統一納卂德，半島許多部落歸順利雅德。當埃及總督穆罕默德．阿里聽聞費瑟在艾西爾暗地裡協助當地人民敵對埃及，為了防堵費瑟的勢力繼續擴大，便派伊斯馬邑勒 (Ismā‘īl) 帕夏聯合紹德家族的叛徒卡立德．本．蘇烏德 (Khālid bn Su‘ūd) 攻打費瑟。1839 年將費瑟及其家人俘虜到埃及，冊立叛徒卡立德主政。然而卡立德不得民心，1841 年艾卜杜拉．本．東乃顏 (‘Abdullāh bn Thunayān) 趁機組織反對軍，奪得利雅德，但政權僅維持兩年。費瑟從埃及經由哈伊勒回到利雅德奪回政權，二度執政。

費瑟執政後致力於維持地區的穩定、改善周邊關係，將國家分成幾個轄區，由三個兒子掌管：艾卜杜拉．本．費瑟（‘Abdullāh bn Fayṣal，1831～1891 年）是王儲，故由他掌理利雅德及納几德中部；北部地區的行政權給穆罕默德．本．費瑟（Muḥammad bn Fayṣal，1833～1893 年）；南部地區分配給蘇烏德．本．費瑟（Su‘ūd bn Fayṣal，1834～1874 年）管轄。當時艾卜杜．剌賀曼．本．費瑟（‘Abd ar-Raḥmān bn Fayṣal，1852～1928 年）年紀尚小，故未分配掌管區域。此時納几德與波斯灣各地區的關係因為鄂圖曼、波斯及歐洲勢力交錯複雜，時好時壞，但在費瑟的努力之下，至少能維持卡達、巴林、阿曼對第二公國稱臣，並與科威特、艾西爾彼此尊重。費瑟執政晚期因健康因素將政務交給長子艾卜杜拉全權處理，自己僅提供諮詢。

艾卜杜拉繼位之後，因干預其弟蘇烏德在利雅德東南地區的封地卡爾几 (al-Kharj) 事務，使得原本與他不合的弟弟意圖謀反。蘇烏德獲得波斯灣沿岸阿曼及巴林地區酋長們的支持協助，成功奪得阿賀薩俄，趁勢再攻打利雅德，1871 年奪得政權。為回饋巴林的援助，蘇烏德將第二公國創國伊瑪目土爾齊．本．艾卜杜拉的手工劍，也是象徵第二公國的歷史寶物贈予巴林卡立法 (al-Khalīfah) 家族，直到 2010 年巴林才將它歸還沙烏地阿拉伯。艾卜杜拉伊瑪目離開利雅德，經過長達十年的兄弟鬩牆消耗戰，

圖 31：2010 年巴林國王歸還沙烏地阿拉伯國王手工劍

第二公國國土喪失、國力脆弱。蘇烏德過世之後，艾卜杜拉返回利雅德，此時其弟艾卜杜．剌賀曼已在利雅德繼位。1876 年艾卜杜．剌賀曼為求家族和睦，還政給哥哥艾卜杜拉，但國運已經回天乏術，最終被哈伊勒 (Ḥā'il) 勵精圖治的剌序德 (Rashīd) 家族擊敗。艾卜杜拉和艾卜杜．剌賀曼被俘擄到哈伊勒。艾卜杜拉因罹患重病被釋回利雅德，然而他在抵達利雅德之後便病逝。艾卜杜．剌賀曼被釋放後，則再度被擁戴執政。

艾卜杜．剌賀曼執政時期內部問題嚴重，家族成員仍彼此惡鬥，終被哈伊勒公國所滅。1892 年艾卜杜．剌賀曼舉家遷往卡達，居住兩個月之後再遷往科威特，科威特阿米爾在鄂圖曼政府的授意之下，允許紹德家族定居。紹德家族定居在科威特期間與科威特王室關係良好，並且隨時關注納几德的情勢。科威特沙巴

賀 (aṣ-Ṣabāḥ) 家族則藉著紹德家族的經驗與能力對抗異己、鞏固政權，並對抗當時強大的哈伊勒公國。1899 年科威特成為英國的保護國，紹德家族和英國領事接觸相對方便。在科威特羽翼下的艾卜杜·剌賀曼之子艾卜杜·艾奇資因此敢於冒險突襲剌序德家族領地，成功地奪回利雅德，建立今日沙烏地阿拉伯王國。

三、公國體制

「紹德」(Su‘ūd) 家族的名稱始於沙烏地第一公國創始人穆罕默德·本·蘇烏德的父親蘇烏德·本·穆罕默德·本·穆各霖 (Su‘ūd bn Muḥammad bn Muqrin)。在此之前該家族稱為「穆各霖家族」，源於穆罕默德·本·蘇烏德的曾祖父名字。由於建立第一公國的基礎在於「政治」與「宗教」兩者的合作協議，因此國家嚴格施行伊斯蘭法，最高領袖被尊稱為「伊瑪目」，仿效七世紀正統哈里發時期哈里發的官方稱謂，具有宗教與政治意涵的穆斯林領導者。他的任務包含擔任軍事、行政、財政、司法等所有層面的總指揮。宮內設「迪萬」(dīwān) 宮廷辦事處，伊瑪目在此與親王、各地方首長、法官與烏拉馬、顧問等集會商談國事。日後紹德家族政權體制都建立在此基礎上。

伊瑪目之下設王儲，王儲的職責在伊瑪目無暇或無法履行任務時代理之，譬如伊瑪目不在國內、生病、出外征戰等。王儲理論上由伊瑪目長子擔任，但也可能是紹德家族的其他成員。為歷練王儲，伊瑪目會任命王儲為省長或帶兵出征。各省首長稱之為「阿米爾」，或仿效穆罕默德先知時代稱之為「艾米勒」(‘āmil)，亦即「受命執行者」。其職位由伊瑪目任命，負責徵收該省的課捐上繳中央，其行政、司法、與財政都受中央監督，形同伊瑪目的地方代理人，有時伊瑪目為了籠絡部落而任命有地緣關係的當地人為阿米爾。第二公國伊瑪目對於重要地區採積極掌控原則，譬如東部地區忽夫弗、布雷米（al-Buraymī，今日阿曼領土）的首長都由中央任命，非重要地區則任由當地人自主管理。

「諮詢會議」是沙烏地公國時便建立的優良傳統，並持續至今。第一公國建立初期，穆罕默德．本．蘇烏德對任何國家事務都諮詢宗教領袖伊本．艾卜杜．瓦哈比，直到兩人達到共識後才付諸行動。艾卜杜．艾奇資繼位初期也仿效其父，在政策上都諮詢伊本．艾卜杜．瓦哈比。然而當公國擴充迅速、宗教事務漸趨複雜後，伊本．艾卜杜．瓦哈比只在宗教相關事務給予建議，自此伊本．艾卜杜．瓦哈比家族成為日後紹德家族執政者的私人諮詢顧問。伊瑪目遇到戰爭、舉薦王儲人選等事件時會聚集家族數位親王、法官、將軍、烏拉馬等召開私人會議商討對策，若遇國家慶典、叛亂、各省問題等則召開諮詢大會。譬如第二公國費瑟．本．土爾齊得知其父被殺害時，就地在阿賀薩俄召開諮詢會議，與會者包括軍隊指揮官、各轄區阿米爾以及顧問。

公國時期戰爭頻繁，但並未建立正規軍，而是徵召各部落的戰士——「納菲爾」(an-nafīr)。伊瑪目若決定出征，會將所有細節下令給各轄區首長，譬如士兵人數、集合時間和地點、預計戰役耗費的時間等等。戰爭在作完晨禮後開打，戰士通常僅依賴勇氣、劍術的攻擊以及撤退的技巧，稱不上有高深的戰術，但他們都精於沙漠作戰，敵人若非沙漠居民很難是他們的對手。戰士的武器與工具很原始，如劍、槍、箭、矛、短刃、攀爬城牆的梯子等。戰士不領薪，但可分得戰利品，戰利品的分配按照「五分制」實施，五分之一繳交國庫，五分之四變賣之後再分給戰士。第二公國的城市與貝都因戰士總人數達十萬人，貝都因戰士約三、四萬人。鑒於波斯灣的外國勢力關係複雜，並未建立海軍艦隊，但藉著控制海灣各地區的政權，因而無缺乏海軍之虞。除了戰爭時期徵兵之外，也有常駐軍駐紮在幾個重要城市，譬如迪爾邑亞、格堤弗、忽夫弗。息加資併入領土後，第一公國也在麥加、拓伊弗和麥地那駐軍，以保障各大城市的安全，這些駐軍每年更換。伊瑪目和親王們則設有私人衛隊保護。

公國的經濟來源除了因征戰頻繁，有大量的戰利品依五分制繳入國庫之外，人民須遵循伊斯蘭法繳交課捐，穀物以 5% 為標準，井水或雨水灌溉的農作物繳交 10%，貝都因則繳交羊隻或駱駝。公國強盛時期，阿拉伯海灣地區也須繳交課捐給公國國庫，居民若未參戰則須繳交「聖戰稅」作為支助聖戰的花費。國庫會將課捐所得分配給窮困者。另外還有依據伊斯蘭道德的救濟金分給各轄區，專門用在救援或補助離鄉背景的人返鄉或出門在外花費，如供給他們食、住的費用。政府的經費除了運用在公職人員及常駐軍的薪餉之外，還用在建築清真寺及其相關花費。

第二節　北部夏馬爾群山的角逐

夏馬爾群山位於納几德北部，其北邊是以紅沙漠著名於世的努夫德沙漠，西邊是息加資地區，其名稱取自夏馬爾部落，該部落以產駿馬與上等駱駝著名。民間也稱夏馬爾群山為「太俄群山」(Jibāl Ṭayy')，因為夏馬爾部落是太俄部落的一支。太俄是南阿拉伯的大部落名稱，阿拉伯人稱純南阿拉伯人屬於格賀覃部落；純北阿拉伯人則屬於艾德南部落。太俄是格賀覃部落的一支，葉門馬俄里卜水壩決堤後遷徙到北阿拉伯。夏馬爾群山區最大城市哈伊勒的居民便是北遷的太俄族。哈伊勒城西邊的居民則是北阿拉伯的阿薩德族。夏馬爾群山區有許多三、四千年前古阿拉伯人的雕刻遺跡，如已經滅絕的阿拉伯部族拉賀顏 (Laḥyān)、山穆德的遺跡。

一、哈伊勒與群山傳說

此區的山脈大多是花崗岩山，顏色呈現灰色、咖啡色等。山區的地理環境很多元，除了高聳的山脈之外，還有很多泉水和乾枯的山谷，下雨時山谷會出現細流。哈伊勒群山由兩條主要山脈所組成：其一是阿加山脈 (Jibāl Ājā)；另一是薩勒馬山脈 (Jibāl Salmā)。前者位於哈伊勒城的西邊，從北到南約一百公里長，平均高度海拔一千四百公尺。阿加山脈間有一些小村落，以種植椰棗為生，利用錯落於山谷中許多自古至今水源不斷的山泉水作灌溉。薩勒馬山脈則高低落差甚大，坐落在哈伊勒南邊，其最高點約海拔一千公尺。兩條山脈之間是高原區，哈伊勒城便坐落其間。根據十三世紀亞古特《地理辭典》的記載，這兩條山脈名稱來自伊斯蘭教興起前流傳的一則淒美的神話：阿加是古閃族部落的青年，他愛上了部落裡一名有夫之婦薩勒馬，他們倆經常在薩勒馬的褓母敖加俄 (al-‘Awjā’) 的家裡幽會。當兩人的戀情被薩勒馬的五個兄弟知道後，他們夥同薩勒馬的丈夫一起追殺阿加、薩勒馬和敖加俄三人。當他們來到離阿加山脈一百公里處的薩勒馬山脈時殺死了薩勒馬，此山脈從此稱之為「薩勒馬山脈」，緊接著來到兩座山脈之間的高地，他們殺死了褓母敖加俄，這高地便被稱為「敖加俄高地」，最後他們到了阿加山脈殺死阿加，此後這座山脈

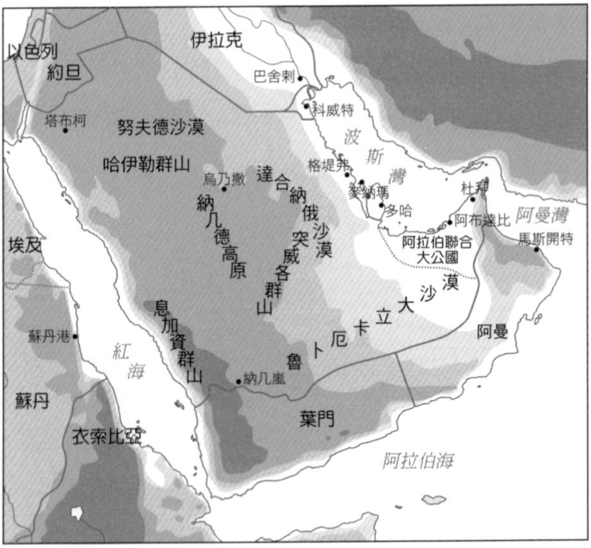

圖 32：阿拉伯半島地形圖

便稱之為「阿加山脈」。哈伊勒的名稱也與這兩座山相關，「哈伊勒」的詞源意為：「隔開」，因為哈伊勒一旦大雨，會形成水流隔開阿加山脈與薩勒馬山脈。

哈伊勒廣義而言屬於納卂德的一部分。地理位置介於紅海與波斯灣之間，也是阿拉伯半島北部與中部的中間位置，更是伊拉克前往息加資的朝聖道路上，歷史上是阿拉伯半島重要的商業中心與交通樞紐，今日則是沙烏地阿拉伯北部戰略重地，人口近百萬。城東與東南邊有綿延的山脈，城西與城北是阿加山脈，因此哈伊勒城猶如寬闊的高原谷地一般，氣候溫和，有豐沛的水源，且適合農耕、發展文明。哈伊勒人在沙烏地阿拉伯被認為是品德高尚的族群，人們都說此區即使頭上頂著黃金走在沙漠中都是安全的。阿拉伯人有一句諺語：「比哈提姆還要慷慨。」形容一個人非常慷慨好施。哈提姆．太伊 (Ḥātim aṭ-Ṭā’ī) 是蒙昧時期居住在阿加山脈與薩勒馬山脈之間一座名為塔瓦嵐 (Tawarān) 小村莊的太俄族人。哈提姆．太伊的墳墓遺址雖然僅是一塊狹長的石頭堆，現在卻成為沙烏地著名的觀光之地。

二、哈伊勒公國（1834～1921 年）

十八世紀夏馬爾群山的部落響應伊本．艾卜杜．瓦哈比的號召而隸屬於第一公國。延續阿里家族統治哈伊勒的剌序德家族政權也隸屬於沙烏地第二公國，後來消滅沙烏地第二公國，入主利雅德，統治整個納卂德地區，從十九世紀中葉到二十世紀初非常強盛，曾能左右阿拉伯半島的局勢。沙烏地阿拉伯王國的開國國王艾卜杜・艾奇資於 1902 年成功突襲奪回利雅德，1921 年滅哈伊勒公國，正式將哈伊勒併入沙烏地國土。

「哈伊勒公國」的建立牽涉到兩位朋友的故事：夏馬爾部落的剌序德家族艾卜杜拉・本・阿里（‘Abdullāh bn ‘Alī，1788～1847 年）對當時管理哈伊勒的阿里家族很不滿意，導致阿里家族族長欲除之而後快。艾卜杜拉・本・阿里與其弟烏拜德拉・本・阿里（‘Ubayd Allāh bn ‘Alī，1792～1865 年）因此警覺的逃出哈伊勒，躲在阿加山脈。隨後艾卜杜拉前往伊拉克發展，獲得當地總督的賞賜，再前往利雅德，認識了第二公國伊瑪目土爾齊・本・艾卜杜拉，成為其麾下帶兵的將軍。彼時哈伊勒的課捐有一部分要繳交第二公國，第二公國也會不定時派遣法官到哈伊勒處理仲裁法律事務。在土爾齊・本・艾卜杜拉遭殺害後，艾卜杜拉・本・阿里跟隨費瑟抵達利雅德，奮勇殺死兇手，艾卜杜拉自己也因此受傷。為報答艾卜杜拉的恩情，費瑟奪回第二公國政權後便任命艾卜杜拉為哈伊勒阿米爾。此後，以聯姻穩固兩族關係，如艾卜杜拉迎娶費瑟的妹妹、艾卜杜拉的女兒嫁給費瑟的兒子。1836 年埃及總督穆罕默德・阿里派兵攻打哈伊勒，阿里家族邑薩趁機取得鄂圖曼的支持成為哈伊勒的阿米爾。然而埃及退兵後，艾卜杜拉發揮其外交手腕獲得鄂圖曼的支持，於 1838 年重拾哈伊勒阿米爾的地位。此時正值埃及派兵收復納几德勢力的期間，費瑟・本・土爾齊被埃及總督罷黜。1843 年費瑟攜家人逃離埃及後，便前往哈伊勒得到艾卜杜拉的保護，艾卜杜拉並協助他奪回政權。艾卜杜拉站穩腳步之後便拓展勢力，振興農、牧、商業，哈伊勒成為盛產蔬果、駱駝、良駒與牛羊之地，輸出駱駝並買進米糧，往來伊拉克的駱駝商隊活絡、頻繁。

艾卜杜拉．本．阿里與其弟烏拜德拉手足情深，攜手建設哈伊勒公國。艾卜杜拉任阿米爾時，由烏拜德拉帶兵南征北討，為哈伊勒公國開疆拓土。艾卜杜拉過世後，烏拜德拉推舉其兄之子拓拉勒．本．艾卜杜拉（Ṭalāl bn ‘Abdullāh，1823～1867 年）繼位，自己則退到幕後輔佐年僅二十餘歲的姪兒，繼續擴張疆域、平定暴亂，為哈伊勒公國立下清明政治的典範。

哈伊勒自古出現許多詩人，因為其地理環境多元，自然景觀優美而被稱之為「納几德北方新娘」。阿拉伯人都知道去沙烏地必得在哈伊勒停留幾天，體驗最傳統、純樸的待客之道。烏拜德拉．本．阿里是十九世紀中葉納几德地區最著名的詩人，他的詩裡呈現個人對生命的見解、對戰爭、政治的理念，具有極高的文學價值，此外，他詩作還記載當時的社會狀態、阿拉伯部落與世系、各場戰役，因此被史學家視為珍貴的一手史料。烏拜德拉還擁有許多阿拉伯純種馬，他過世前捐出所有的財產給窮人，他的遺囑是：不准任何人騎他的愛馬、他的劍不得出鞘、他的愛妻不得再嫁。

拓拉勒．本．艾卜杜拉在位期間重視工商業的發展，延攬伊拉克富商來哈伊勒定居，給予許多優惠與方便，如免費的商店、以商人名字來命哈伊勒街道名稱等。另一方面，為發展製造業，他從埃及、大敘利亞等地延攬大量的專家。然而，拓拉勒．本．艾卜杜拉正當壯年時，由於不堪惡疾折磨，最後選擇自殺離世，而他的六個兒子後來都因政爭被殺。哈伊勒人民對他有特殊的緬懷之情，時至今日，半島上仍傳誦著拓拉勒表達對女人之愛的詩詞：「若女人被創造成鳥兒，那麼她便是孔雀；創造成動物，她便是羚羊；創造成昆蟲，她便是蝴蝶。但她被創造成人類，所以她是情人、是太太、是母親，是阿拉予男人在地球上最大的恩賜。倘若她不是偉大的，阿拉也不會賞賜天堂美女予信士。」

拓拉勒過世後，其弟穆特邑卜（Mut'ib，？～1869 年）繼位，哈伊勒的政局開始動盪。拓拉勒之子班達爾（Bandar，1850～1872 年）與巴德爾 (Badr) 在巴爾撒俄 (Barzā') 宮門前聯手殺害叔父穆特邑卜，之後由班達爾繼位。此王位爭奪的悲劇，可究因於哈伊勒公國自開國以來理想政治模式順利進行，卻未能未雨綢繆制定繼承法，導致班達爾認為其父與祖父的王位是父子相傳，類比為自己最有權繼承王位。另一方面穆特邑卜繼位之後手段不夠柔軟，為對抗幾位姪子的王位爭奪，選擇直接斷絕他們的經濟來源，導致德高望重的烏拜德拉最後選擇支持這些叛亂者。血債在阿拉伯社會是最難償還的罪惡，也註定班達爾無法善終。班達爾即位後任命另一位叔父穆罕默德．本．艾卜杜拉（Muḥammad bn 'Abdullāh，？～1897 年）負責朝聖事務。穆罕默德在姪兒殺死自己的兄弟穆特邑卜時，曾前往利雅德求助於紹德家族未果，對班達爾的惡行僅能隱忍。1872 年穆罕默德朝聖返回哈伊勒時，一群查菲爾部落 (aẓ-Ẓafīr) 人跟隨他進城。由於班達爾禁止查菲爾人進入哈伊勒，當他得知此事便前去等候叔父。穆罕默德見到班達爾便上前請他給自己一些情面、允許這群跟隨他的查菲爾人進城。不料班達爾斷然拒絕，使穆罕默德二話不說當眾殺死班達爾，取而代之登上王位成為哈伊勒阿米爾。之後兩年內穆罕默德將班達爾的五位兄弟全數殺死，寫下哈伊勒公國王室歷史最血腥的一頁。

穆罕默德執政二十五年期間國力鼎盛，是一位勵志圖強、精明睿智的君主，他更結束了哈伊勒的內部混亂，開創哈伊勒公國的黃金時期。內政上穆罕默德完備組織與建設、強化貿易。他將軍隊分成管理治安的警察、特種衛隊、作戰軍隊，以確保國土安全。他在位期間境內與邊境安全無虞，因此駱駝商隊與伊拉克、大敘利亞、納几德、息加資、葉門來往熱絡，貿易繁榮。他也積極發展人文，對文人極盡尊崇與禮遇。對外深知自己無法成為瓦哈比派的領導人，故謹慎維持與鄂圖曼政府的友好關係，鄂圖曼更視哈伊勒公國為殲滅第二公國的忠實盟友，雙方關係緊密。穆罕默德趁紹德家族內鬨嚴重時，於 1890 年占領利雅德北方的格席姆，隔年占領利雅德，紹德家族國王艾卜杜．剌賀曼偕其家人逃往東邊的卡達、巴林，最後棲居科威特，第二公國滅亡。

穆罕默德．本．艾卜杜拉無後嗣，過世後由第三任阿米爾穆特邑卜之子艾卜杜．艾奇資．本．穆特邑卜繼位，此人有勇無謀、個性易怒。伊本．穆特邑卜與科威特阿米爾穆巴剌柯．沙巴賀（Mubārak aṣ-Ṣabāḥ，1837～1915 年）的立場對立，因為科威特收留紹德家族、接受英國的保護，而哈伊勒公國則歸順鄂圖曼求取軍援並覬覦科威特的沿海利益。1901 年科威特聯合許多部落舉兵討伐哈伊勒公國，雙方在沙里弗 (aṣ-Ṣarīf) 對峙，費時三小時伊本．穆特邑卜便獲大捷，不少沙巴賀家族族人戰死沙場。此時流亡到科威特的紹德家族艾卜杜．剌賀曼之子艾卜杜．艾奇資則輕而易舉的掌控利雅德，準備復國。哈伊勒公國面對的是有英國撐腰的沙巴賀家族以及日益強盛的紹德家族兄弟軍，在 1921 年終為紹德家族所滅。

第三節　沙烏地阿拉伯王國（1932 年～至今）

沙烏地阿拉伯崛起於納几德，歷經兩百多年的努力，終於脫胎換骨，建立中東地區面積最大、政治經濟實力強盛的國家，用事實來證明沙漠政權也可以繁榮，紹德政權堪稱納几德的黃金時期。

一、建國與拓展（1932～1979 年）

1.貝都因傳奇

艾卜杜．艾奇資收復利雅德的過程純屬一種冒險的突襲行動，最初他的「軍隊」僅有四十位支持者，他們駐紮在魯卜厄卡立大沙漠北面邊緣。為了怕敵軍發現，既無補給，也無充足的軍備。他遊走沙漠之中，說服友好的部落騎士加入他的陣營，最後終於擁有一千位沙漠騎士。1902 年艾卜杜．艾奇資帶領少數精兵夜襲利雅德，翻越利雅德城牆，擒拿城主艾几蘭。等到哈伊勒阿米爾得知利雅德失守的訊息後，想整兵征討為時已晚。艾卜杜．艾奇資占領利雅德後，在僅僅五星期內建築城牆，並開始向南發展。

此後十年艾卜杜．艾奇資陷入納几德各部落鬥爭、與哈伊勒的激烈戰爭，以及與息加資地區麥加夏里弗胡賽因．本．阿里（ash-Sharīf Ḥusayn bn ‘Alī，1853～1931 年）角逐戰之中。1913

圖 33：部落騎士駐紮在利雅德城外

年艾卜杜・艾奇資在英國人的支助下，將納几德、阿賀薩俄和東部沿海地區盡數納入版圖，鄂圖曼勢力正式退出這個區域，而哈伊勒政權日漸萎縮。1915 年英國主動要求艾卜杜・艾奇資協助英國將鄂圖曼趕出巴舍剌港，並承諾以承認他的獨立政權、保護沙國的海上安全、建立雙邊關係等作為回報。由於艾卜杜・艾奇資堅持要白紙黑字寫下協議，因而有 1915 年 12 月 26 日英國與艾卜杜・艾奇資簽署的《格堤弗條約》，此約內載英國承認納几德、阿賀薩俄、波斯灣海岸區的格堤弗、朱拜勒 (al-Jubayl) 等地區隸屬於紹德家族管轄，英國須提供紹德家族財務與軍事援助、保障邊界安全並維持鄰國的友好關係。英國在條約中形同保護國，藉此以平衡息加資地區的胡賽因以及納几德地區的紹德家族勢力，同時亦憑藉紹德家族之力對抗哈伊勒政權。事實上，借強國之力以及維持鄰國友好關係，也正是艾卜杜・艾奇資達成統一半島的策略。因此沙、英雙方一拍即合。

圖 34：艾卜杜·艾奇資（攝於 1940 年代）

艾卜杜·艾奇資國王因他的豐功偉業而享盛譽，外國人對他有各種稱呼，如「蘇丹」、「阿米爾」、「謝赫」（shaykh 是對伊斯蘭宗教人士或領袖等的尊稱）等。西方人稱他為伊本·紹德 (Ibn Saud)、「阿拉伯俾斯麥」(Otto von Bismarck)、「沙漠奧立佛·克倫威爾」(Oliver Cromwell)、「阿拉伯半島領袖」等；而沙烏地人民大多沿襲對他父親的稱呼，稱他為「伊瑪目」，也有許多人為表尊崇稱他為「書尤可」（shūyūkh，謝赫的複數），或直呼他為「艾卜杜·艾奇資」。他參與過二十二場戰役，在戰場上習慣做先鋒，認為身為先鋒可以在第一線發掘真正具備勇氣的人才，因此留下全身的傷疤和一隻廢掉的手指。他雖未曾閱讀過西方書籍、沒有耀眼的世界經驗，幼年時期也沒有受過太多的教育，但他每天都會花上半小時研讀《古蘭經》，是一位道地的沙漠部落人，具有貝都因慷慨的性格，有時候前來拜訪他的賓客人數會高達一萬人，經常性的客人每天則達五百人以上。

儘管艾卜杜·艾奇資如同他的祖先一樣絕對信任傳統價值，尊崇烏拉馬宗教學者，但利雅德的烏拉馬以維護原教旨著稱，對於新興的西方科學與潮流往往無法接受，並企圖左右社會的價值觀。艾卜杜．艾奇資往往被迫與烏拉馬的理念背道而馳，譬如他結交許多西方人、款待基督徒訪客。對於烏拉馬而言，此舉無異是與異教徒為伍。有一次艾卜杜．艾奇資帶著他的兒子們在清真寺做聚禮，當天講道的瓦哈比教長大肆批評穆斯林與異教徒互動的行為。艾卜杜．艾奇資聽不下去，起身命令教長離席，並以「你要活，讓別人也能活」為題，對做禮拜的人講道，他列舉許多《古蘭經》文來證明伊斯蘭的精神是「包容」，如：「你說：不信道的人們啊！我不崇拜你們所崇拜的，你們也不崇拜我所崇拜的；我不會崇拜你們崇拜過的，你們也不會崇拜我在崇拜的；你們有你們的宗教，我有我的宗教。」(109:1-6)

艾卜杜．艾奇資過世後葬在利雅德市南區古老的「烏德墳場」，這是占地十三萬多平方公尺的大墳場，裡面埋著許多過去的阿米爾與伊瑪目的遺體，之後歷任沙烏地國王也都葬在此地。站在墳場外放眼望去，所有逝者無論貴賤貧富，在這墳場裡都沒有塚、沒有銘文或任何歌功頌德的形象或文字，僅有覆蓋在上面的黃土。沙烏地人實踐瓦哈比思想的堅持處處可見。

2.消滅息加資王國

1921 年艾卜杜．艾奇資征服哈伊勒，版圖涵蓋整個納卂德地區，稱之為「納卂德蘇丹國」。

艾卜杜．艾奇資在統一國家的進程中，與息加資的第一場戰爭發生於 1919 年，藉由「兄弟」打敗息加資軍隊。1924 年因息加資王國不允許納卂德的朝聖者及宗教人士前往麥加朝聖長達六年，艾卜杜．艾奇資號召穆斯林對息加資地區展開聖戰，沙烏地

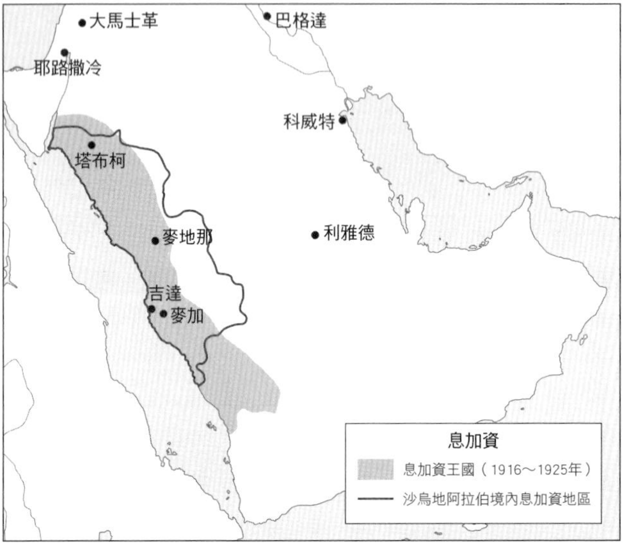

圖 35：息加資王國疆域（1916～1925 年）

在麥加東南的拓伊弗獲勝，胡賽因．本．阿里帶著兒子逃到吉達。息加資人為平息戰爭，在吉達組成「息加資國家黨」，此黨開會決議逼迫胡賽因．本．阿里退位，另立胡賽因兒子阿里繼位，並繼續與納几德作戰。在沙烏地軍隊吉達圍城約一年後，息加資王國投降。1926 年息加資阿里國王同意交出政權並撤出息加資，此次戰役底定了穆罕默德先知所屬的哈希米家族 (al-Hāshimīyah) 不再主掌兩聖城。同年，艾卜杜．艾奇資建立「息加資、納几德及其附屬王國」，原本領袖頭銜為「蘇丹」，自此之後改為「國王」，艾卜杜．艾奇資被擁戴為第一位國王，設置兩個首都——麥加及利雅德。1927 年，艾卜杜．艾奇資與英國簽訂《吉達協定》，英國承認「息加資、納几德及其附屬王國」的獨立。根據此協定胡賽因必須離開吉達、必須交出戰俘、軍事武器等，但他和他的家族可以帶走私人財產。艾卜杜．艾奇資保證息加資所有子民包含軍人、舊王室生命財產的安全。若軍人願意返回他們的故鄉，沙方亦承諾提供旅費。艾卜杜．艾奇資並大赦息加資人民，慰留原息加資王國具有能力的公務員繼續他們的職位。沙烏地因此獲得許多戰利品，包含戰艇、戰機等軍事設備與專業人才，這些都成為後來沙烏地阿拉伯軍事力量的基礎。

3.「兄弟」運動與影響

艾卜杜．艾奇資統一半島的過程，對外依賴強權英國的協助，對內則依賴貝都因的勇猛。為求社會安定、凝聚散居在沙漠深處貝都因的向心力，艾卜杜．艾奇資組織貝都因「兄弟」，將沙漠的貝都因聚集在村落中，將他們對部落的情愫轉移為「穆斯林皆兄弟」的宗教情感。一般人稱他們是「瓦哈比兄弟」，以別於 1928 年在埃及興起的「穆斯林兄弟會」。這些村落稱之為「忽加爾」(hujar)，其單數為「希几剌」(hijrah)，hijrah 的意義是「遷徙」，與 622 年先知穆罕默德從麥加遷徙到麥地那的「聖遷」一樣的用詞，用此詞來稱呼這些村落，意味著要貝都因脫離游牧生活，遷移至真正的伊斯蘭文明社會。因此，「兄弟」意指脫離沙漠游牧生活，定居在「希几剌」的貝都因，這些「兄弟」被教導只要在聖戰中犧牲便可以進天堂、戰場便是進天堂的道路，唯獨他們的宗教知識非常淺薄。

1911 年第一個用泥土建造的「希几剌」坐落在利雅德北邊兩百五十公里處的阿爾拓維亞 (al-Arṭāwiyah)。首批移民到此定居的

圖 36：騎駱駝的「兄弟」(攝於 1911 年)

三十位貝都因是哈爾馬 (Ḥarmah) 族人，後來擴充到阿拉伯半島各地。因「希几剌」的建造，沙烏地阿拉伯的貝都因生活品質明顯提升。這些居住在希几剌的瓦哈比信徒組織一支強大的軍隊，成為當時統一阿拉伯半島的主要軍事力量。「希几剌」的建設吸引許多納几德的部落改變他們的生活型態，許多貝都因逐漸從游牧轉為農耕，部落鬥爭明顯消失，國家在行政管理上更容易，人們開始轉而對國家領袖效忠，而非對各自部落酋長效忠。

「兄弟」作為艾卜杜．艾奇資國王的主力軍隊，幾乎屢戰必勝。他們的首功便是收復利雅德，緊接著在 1921 年消滅哈伊勒公國、1922 年併吞艾西爾區域、1925 年戰勝息加資王國。當「兄弟」軍策畫攻打吉達城時，艾卜杜．艾奇資國王擔心此舉會造成吉達港內外國人的恐慌，進而招惹英國人的干預，便制止「兄弟」

的攻擊行動。「兄弟」原本還計畫趁勝攻打鄰近的伊拉克、約旦、科威特，但艾卜杜．艾奇資對於託管伊拉克的英國頗為忌憚，因此又再次阻止他們的行動。諸如此類，自第一次世界大戰之後，艾卜杜．艾奇資具韌性的治理方式，與兄弟軍首領的作風逐漸格格不入。息加資戰役中，兄弟軍首領費瑟．達維須、蘇勒覃．本．巴加德 (Sulṭān bn Bajād) 等人對艾卜杜．艾奇資的忠誠度便出現問題。

「兄弟」開始懷疑艾卜杜．艾奇資已經與英方妥協，認為紹德家族成員過著奢侈舒適的生活，已經毫無戰鬥力。1925 年「兄弟」開始杯葛國王許多政策、阻止現代化的設備進入人民的生活中，譬如手錶、電話、電報、汽車等，更屢屢剪斷宮廷的電話線，因為這些都是「造作」。哈菲若．瓦合巴敘述當時他親耳聽到烏拉馬說：「無線電報是人類受魔鬼利用的工具，他們要宰牲並誦魔鬼之名才能運作。」這種奇怪的思維幾乎無法被撼動。為了闢謠，哈菲若曾親自帶著烏拉馬到無線電報站去尋找牲畜的骨頭、毛髮等殘骸，然而遍尋不著後，這位宗教人士仍心存懷疑，選擇獨自再前往探究。許多烏拉馬更不時的跑到無線電報站去查尋是否有動物殘骸，並詢問站內工作人員魔鬼究竟何時會抵達？即便是腳踏車，他們都視為邪惡的產物。腳踏車在納几德被稱之為「魔鬼車」或「伊卜立斯（魔王）的馬」，因為當人停止騎它的那一刻，腳踏車輪子還會轉動，無異是魔鬼的傑作。有一次，一位「兄弟」看到宮廷僕人騎腳踏車，便直接痛打他一頓。「兄弟」甚至於會插手執行警察的工作、監督人們的行為。

一旦沒有戰事，這些「兄弟」便回歸對宗教的執著，路線越走越極端。譬如在穿著上，他們不戴傳統頭箍，而是用纏頭巾纏在頭巾上面，以別於其他的貝都因。頭箍的阿拉伯語 'iqāl，源自於綁駱駝頭以防牠走失或亂竄的繩圈，阿拉伯頭巾若沒有套頭箍也一樣容易滑落，與套駱駝頭的繩圈作用相同而得名。戴頭箍對「兄弟」而言或許等同無法脫離駱駝的貝都因一樣，讓他們嗤之以鼻。當時艾卜杜・艾奇資國王習慣戴著四角形鑲金色線的「書圖法」(shuṭfah) 頭箍。有些「兄弟」因此指責艾卜杜・艾奇資的穿著不符合伊斯蘭法，因為他們認為戴頭箍是異教徒的穿著。他們甚至認為住在希几剌的人才是穆斯林，因此他們不與住在沙漠的游牧貝都因往來，不與他們寒暄，不吃他們屠宰的牲畜肉。他們也認為城市人都是迷途的人。他們稱「希几剌」的生活是伊斯蘭時期的文明生活，「征戰」是阿拉賦予他們的義務，游牧生活則是蒙昧時期的蠻荒生活。因此，他們賣掉所有的駱駝和羊群，平時潛心於聽《古蘭經》故事和聖訓、學習基本的閱讀和書寫，尤其著重伊斯蘭基本教條。但由於他們無法深解伊斯蘭內涵與精神，導致行徑荒腔走板。

「兄弟」從一群在道路上掠奪財物、為爭奪水草而攻擊鄰近部落的傳統貝都因，晉身為護衛旅人、攻擊強盜的衛道者，這種劇變的心理衝擊所醞釀出的村落優越感，似乎可以解釋他們為何對任何不認同的行為，會立即採用槍、劍來解決。伊斯蘭對他們而言，或許便是一件能遮蔽他們過去愚昧無知的外衣，而粗獷草莽卻是他們無法褪去的貝都因根性，所以他們在文明社會中仍然習慣爭鬥，深入一個接一個的戰場，爭相殉道，輕而易舉地為艾卜杜．艾奇資打下天下。

「兄弟」對沙國最顯著的傷害是破壞沙烏地和埃及兩國長久的情誼。根據伊本．古泰巴（Ibn Qutaybah，828～889 年）的說法，麥加克爾白天房披罩的傳統可推溯到伊斯蘭教興起前九百年。蒙昧時期人們便使用絲綢罩裝飾克爾白，正統哈里發烏馬爾時期使用埃及絲外罩，以後各伊斯蘭政權時期亦承襲此傳統，以各地不同的布料、顏色罩克爾白以表尊崇聖寺。阿拔斯哈里發納席爾．立丁拉晚期開始使用黑色外罩，此慣例沿用至今。十三世紀埃及馬木路克王國在朝聖季節會由專責阿米爾運送天房外罩前往麥加，再把舊罩運回埃及，剪成小塊，分送埃及的王公貴族，以求取宗教福報。此後埃及送外罩朝聖團的習俗便沿襲下來。埃及舉辦「換罩」慶典時，大街小巷張燈結綵，掌管朝聖事務的阿米爾會舉行閱兵典禮，軍隊、宗教人士及民眾共襄盛舉，夾道觀禮，舉國同慶。

1926 年，埃及人為了慶祝新興的沙烏地王國，換罩儀式陣容非常龐大，包含護衛天房外罩的四百位步兵和騎兵、醫生、護士、數千位前往麥加朝聖的埃及人，並隨隊安排樂隊演奏。當隊伍在樂隊伴奏下朝向麥加艾剌法山前進時，沙烏地「兄弟」成員突然冒出來阻止埃及樂隊演奏，揚言奏樂是褻瀆伊斯蘭的行為。埃及樂隊不予理會，繼續他們預定的節目。孰料「兄弟」軍竟對埃及朝聖團叫囂、丟石頭、開火。艾卜杜．艾奇資國王聞訊，先後派其二子紹德．本．艾卜杜．艾奇資　（Su‘ūd bn ‘Abd al-‘Azīz，

1902～1969 年）及費瑟．本．艾卜杜．艾奇資（Fayṣal bn ‘Abd al-‘Azīz，1906～1975 年）前往阻止「兄弟」的暴行，隨後埃及團在沙烏地政府軍的保護下返回埃及，「兄弟」則在此次混亂中死了四十人。

此事件令埃及對瓦哈比信徒厭惡至極，導致 1927 年起埃及拒絕再編織天房外罩送往麥加，兩國關係降到冰點。艾卜杜．艾奇資國王因此命人在麥加設立第一家製造天房外罩的工廠，雇請工人、設計師、裁縫師，並從世界各地張羅編織外罩的原料。直到 1936 年沙國和埃及的關係舒緩，埃及才再度編織外罩送到麥加。不過 1962 年以後天房外罩便開始由沙烏地本土製作，1977 年沙烏地設立專門負責編織天房外罩的現代化工廠，並開放世界各地的團體與個人參觀。

《吉達協定》後，「兄弟」反對與英國合作。1929 年，沙國政府軍與「兄弟」軍雙方終於在「薩比拉」(as-Sabillah) 戰役中兵戎相見，這也是艾卜杜．艾奇資建國歷程中的最後一場戰役。此戰役中「兄弟」敗北，結束為期十餘年的「兄弟」運動。部分「兄弟」軍領導人被殺或被捕入獄，一般士兵則回到他們的聚落。艾卜杜．艾奇資在「兄弟」之亂平定時，曾感慨的說：「從今起我們可以過新生活了！」因為他終於將「兄弟」杯葛的利雅德到麥加之間的電話網連結起來。

4. 經濟與國際地位的躍升

1927 年沙烏地成立行政會議規劃政府制度，直到 1954 年沙國成立內閣，代替行政會議為止。行政會議管轄外交、國防、內政、財政、交通，並設立朝聖法、建築法、道路法、商事法、銀行法、工商公會、醫療制度、郵政制度等。公安制度建立於艾卜杜．艾奇資時期，包含公安署、警察總署、海防署、交通總署、消防署、監獄管理署，並派遣留學生到海外接受專業訓練，在國內設立警察學校，以保障社會安全。

1932 年艾卜杜．艾奇資統一各區域之後宣布獨立，國家名稱為「沙烏地阿拉伯王國」，設首都利雅德。全國分為十三個行政區域，各區域之下分數個省分，各區域轄省的數目不同。各省再分為數個行政中心。王國建立之初，國家收入來源主要為伊斯蘭的課捐，沙漠居民的課捐是駱駝與羊隻，定居民則是穀物與椰棗。東部富庶的阿賀薩俄、格堤弗以及西部息加資併入國土後，政府在息加資設立財政局，後來升格為財政部。

司法方面，沙烏地自第一公國以來便施行遜尼罕巴立派伊斯蘭法，由伊本．艾卜杜．瓦哈比的謝赫家族世襲宗教領袖的職位。然而王國初期，東部地區如格堤弗、阿賀薩俄，以及西部息加資地區，因為曾受鄂圖曼帝國與息加資王國統治，仍採哈納菲派 (al-Ḥanafī) 宗教法。統一半島之後，各區域逐漸任用罕巴立派法官。法院分級，設立最高法院、緊急法院、商業法院，並創辦法官學校培育法官。單純的訴訟案件雙方可以自行請求法官判決；耗時的案件譬如房屋買賣糾紛等，則由地方政府單位轉送法院。不服判決則可尋求上訴到國王，由宮廷指派法官重新審理。

自 1930 年代起，沙烏地便忙於石油的探勘與生產。1932 年美孚石油公司 (Standard Oil of California Co.) 負責沙烏地石油的開採，根據阿拉伯國家的經驗，與英國合作是一件冒險的事，因為英國援外的目標往往是殖民與掠奪，而美國則是以營利為目的。相對於與英國合作，與美國人合作的風險較低，而且對於習慣浩瀚大漠生活的沙烏地人而言，錢能解決的事都是小事。石油帶來許多財富，也活絡其他的商品貿易，如椰棗、珍珠、魚乾、水果等都是沙國的外銷產品，沙烏地逐漸在國際嶄露頭角。

「兄弟」運動之後，艾卜杜．艾奇資立紹德為王儲。艾卜杜．艾奇資國王一共有三十六名兒子，自艾卜杜．艾奇資去世之後經歷的六任國王，他們都是艾卜杜．艾奇資的兒子。紹德自幼便跟隨其父東征西討，並參與國家各層面的建設，任國王期間進行許多財政、行政、教育的改革，諸如聘用外來人才，建立海關組織，1957 年更創辦阿拉伯半島第一所大學——紹德國王大學，之後接著設立麥地那伊斯蘭大學、油礦學院（即後來的法合德國王油礦大學）等學校。他對外積極建立與歐洲各國以及與阿拉伯世界的關係，與其他阿拉伯國家簽訂軍事與外交協議，而這些建樹背後的推手與執行者是他的左右手弟弟費瑟王儲。紹德在其任期內最後幾年，因健康問題幾無能力處理國事，朝中親王們及烏拉馬力勸紹德國王禪位未果，最終被罷黜，成為沙烏地王國史上唯一被罷黜的國王。

費瑟國王自幼見多識廣，年輕時即開始處理涉外工作，文武歷練豐富。1919 年，費瑟僅十三歲便出使英國、法國、比利時，往後足跡更踏遍全球各角落，經常到東西方各國執行外交任務；例如聯合國成立時期，他代表沙烏地參與聯合國各種會議，爭取沙烏地在國際上的利益、底定沙烏地國界。他也遍訪伊斯蘭國家，呼籲成立世界伊斯蘭聯盟，促進伊斯蘭國家的團結。他的政治主張非常明確，凡消弭種族歧視、斷絕任何形式的殖民、追求國際正義、爭取各族群的經濟與社會福利等政策都表現在執政時期的具體行動中，譬如他不贊同無神論，執政期間便未曾與任何共產主義國家建立外交關係。他的對外政策犀利，凡反美、反猶太、反共、以石油作為武器，以及護衛阿拉伯、伊斯蘭的鮮明立場都為阿拉伯世界人民所敬仰，也奠定沙烏地的國際地位。

1973 年 10 月第四次以阿戰爭期間，由於美國、荷蘭等西方國家大力支持以色列，阿拉伯產油國家與伊朗便決定以提升油價來對抗西方。10 月 19 日美國尼克森總統要求美國國會提供以色列二十二億美元的援助，促使費瑟國王聯合阿拉伯國家，進一步對力挺以色列的美國和荷蘭採取石油禁運政策，後來更涵蓋葡萄牙、南非等國家。石油減產與禁運政策使得國際油價急遽攀升，造成第一次世界石油危機，世界經濟大受影響，直到 1986 年才真正解除。這段期間沙烏地人民突然之間變得人人富有，馬路上充滿高級車輛，停車場停滿汽車，醫院、學校、商場如雨後春筍般林立在利雅德城市。在費瑟國王辭世十年後筆者抵達利雅德，每每見到走在街道上的沙烏地人的白袍口袋裡塞滿厚厚一疊鈔票，為此驚奇不已。若非親眼目睹，很難相信所謂的「富有」是怎麼一回事?!

費瑟國王改革國內「揚善禁惡組織」(Hay'ah al-Amr bi-l-Ma'rūf wa an-Nahy 'an al-Munkar)，使之符合伊斯蘭宗旨，並草擬

沙烏地憲法《治國基本法》，以《古蘭經》、聖訓及正統哈里發的言行作為立法基準，但此法一直到 1992 年才實施。

為提升沙烏地經濟力，費瑟與美國簽訂石油利潤分享協議。1950 年開始向位於東部達曼 (ad-Dammām)、世界最大的阿美石油公司 (ARAMCO) 徵稅，因而大幅增加國家收入，迅速改善沙烏地的經濟狀況。然而費瑟發現沙烏地政府儘管石油收益不少，但卻被數百位親王揮霍殆盡，導致負債累累。他上任後便致力於吏治改革，設置商業法、改革幣制，並建築水壩，解決飲水與灌溉問題。為改善人民福利，全國人民醫療和教育全部免費、許多食品免稅、降低大餅價格以照顧低收入及失業者。透過補助水、電公司以降低民間水電費用。文化方面，他特別重視「不忘本」，譬如曾派學者到麥加附近探查蒙昧時期著名的烏克若 (‘Ukāẓ) 市集暨文場（蒙昧時期每年陰曆十月在息加資的拓伊弗附近舉辦的市集，趕集的人們在此以物易物，各部落詩人也趕來參與詩歌擂臺)。他登基後廢除奴隸制度，給予所有在沙烏地的奴隸沙烏地國籍，並廢除晉見國王須親吻國王手的禮儀。1973 年他接待美國國務卿季辛吉時，刻意將會面地點安排在利雅德沙漠帳篷裡，坐在阿拉伯式的褥墊上吃椰棗、喝阿拉伯咖啡，以最道地貝都因式來接待他。當季辛吉威脅他將斷絕沙烏地石油消費時，他曾說：「我們會回到帳篷裡，以駱駝奶維生。但是你們呢？季辛吉先生，汽車沒有油，你們怎麼辦？」

電腦尚未出現的年代，廣播與電視是與世界接軌最重要的媒介。沙國的廣播開始於艾卜杜．艾奇資國王時期。1949 年朝聖季節，沙國史上第一場廣播由當時的費瑟親王在吉達的「麥加廣播電臺」播出，內容是歡迎朝聖者蒞臨聖地等的宗教性節目。1965年開始在利雅德和吉達兩電視臺播放黑白影像節目，但仍然遭遇許多的抗爭與保守派的阻擾，沙國電視臺直到1976年才開始播放彩色影像節目。

1975年3月25日，費瑟國王在宮廷接見科威特石油部長時，被他的姪子費瑟・本・瑪薩邑德 (Fayṣal bn Musā'id) 槍殺身亡，其弟卡立德・本・艾卜杜・艾奇資（Khālid bn 'Abd al-'Azīz，1913～1982年）繼位。

二、宗教權力時代（1979～2004年）

卡立德國王執政七年便病逝，其任內重視教育、農、工、建築與衛生等方面的發展。其弟法合德繼位後，則致力於麥加禁寺的擴建，使之可容納一百五十萬人同時做禮拜，並興建世界最大的《古蘭經》印製中心。1981年法合德擔任王儲時曾經提出「沙烏地和平倡議」，以促成阿、以關係正常化，內容包含以色列撤出1967年占領的土地、巴勒斯坦建國，但此倡議遭以色列、埃及等國的反對而作罷。卡立德與法合德國王任內沙烏地阿拉伯幾乎呈現封閉狀態，外界無法真正了解其境內實際的狀況，因為瓦哈比宗教勢力達到顛峰。

1.麥加圍困事件

並非所有的「兄弟」參與「兄弟」之亂，許多「兄弟」仍然效忠艾卜杜・艾奇資，並參與薩比拉戰役討伐「兄弟」軍，但過去王室與「兄弟」的心結仍然揮之不去。

1979 年伊朗的伊斯蘭革命使得沙烏地東部的什葉派士氣大振，不滿紹德王室的人也蠢蠢欲動。該年 11 月 20 日適逢伊斯蘭曆十五世紀的第一天，亦即伊斯蘭曆 1400 年 1 月 1 日，沙烏地國家衛隊退役軍官朱海曼．烏泰比 (Juhaymān al-‘Utaybī) 起而策動顛覆紹德王室的行動。朱海曼出生在「希几剌」的「兄弟」家族，其父與薩比拉戰役中敵對艾卜杜．艾奇資國王的「兄弟」軍首領蘇勒覃私交甚篤。「朱海曼」的阿拉伯語意思是「皺著眉頭和額頭」，透露他家族背後的心態。他所服務的沙烏地國家衛隊又稱之為「白軍」，其成員來自效忠於王室的「兄弟」，因穿著傳統的白袍而得名。白軍每個單位都設部落「謝赫」教導士兵瓦哈比宗教思想，但已經不談「聖戰」。朱海曼個人對宗教特別熱中，見國家衛隊不再強調聖戰而退役。1970 年代他加入麥地那的宗教激進團體。

朱海曼和他的支持者此次行動的口號源自於一則聖訓：「阿拉在每一百年的第一天都會派遣宗教革新者來到這個烏瑪。」朱海曼聲稱他的小舅子穆罕默德．艾卜杜拉．格賀拓尼 (Muḥammad ‘Abdullāh al-Qaḥṭānī) 便是每一世紀初阿拉派來改革的「救世主」。這位穆罕默德外型英俊、嚴肅，是薩拉菲主義者。此人及其父親的名字，恰好與穆罕默德先知和他父親艾卜杜拉的名字相同，於是朱海曼便針對此點穿鑿附會，藉此號召群眾反叛紹德王室。穆罕默德的妹妹也聲稱她在夢中見到哥哥站在麥加克爾白天房旁邊接受禮拜者的祝賀。朱海曼甚至為此次行動而休妻，迎娶穆罕默德的妹妹。他們的行動策略是趁夜黑運送大批武器到禁寺，將武

圖 37：沙烏地阿拉伯士兵攻堅麥加禁寺

器藏在殮衣裡，佯稱要在禁寺為死者舉行殯禮。基於伊斯蘭教義對死者的尊重，順利躲過檢查，混進麥加禁寺。進入禁寺後，他們便脅持做禮拜的穆斯林，僅約兩百多名沙籍與外籍武裝青年，便迅速控制禁寺二十五個寺門及克爾白天房廣場，他們從禁寺尖塔上對沙國安全部隊開火。沙國軍警礙於教法規定，未敢在禁寺內殺人，因為《古蘭經》有言：「你們不要在禁寺跟他們戰鬥，除非他們在那裡攻擊你們。若他們攻擊你們，你們就殺他們，那是不信道者的報應。」(2:191) 唯獨此時在禁寺裡的肇事者都是穆斯林，而非如經文中所指的異教徒，烏拉馬經過審慎的商討後發布「法特瓦」宗教判決，決定給暴徒棄械投降的機會。此外，這位被暴徒稱為「救世主」的穆罕默德曾是這些烏拉馬的學生，而朱海曼本身也曾是當時宗教領袖伊本．巴資 (Ibn Bāz) 的學生。王室與烏拉馬雙方都試圖讓此事件和平落幕，因而給予叛變者很長的時間，以致於事態嚴重，最終沙國政府迫不得已引進巴基斯坦突擊隊及法國三名特種部隊成員援助才平息暴亂。偽「救世主」穆罕默德在對峙中還數度成功地回擲鎮暴軍丟擲的手榴彈，或許因此誤以為自己真是肉身不敗的救世主，但最終還是無法及時丟回手榴彈而喪生。整起行動過程中，「兄弟」暴徒棲身在禁寺的地下室，有些「兄弟」還帶著他們的妻小，而地窖的儲量足可供給他們數星期的生活。

朱海曼領導的麥加圍困事件除了是延續 1920 年代的「兄弟」之亂外，朱海曼所寫的「朱海曼信函」行動宣傳單在沙烏地的宗教極端分子圈中流傳。宣傳單內容強調紹德王室與西方基督徒合作，是一種腐化穆斯林社會的行為，並呼籲要由宗教人士統治國家。這些信函被製作成各種宣傳單，散播到半島各地，後來九一一事件的首腦賓拉登反叛沙國政府，其所持的理由也是大同小異。

沙烏地政府對東部什葉派居民通常採取懷柔政策，維持彼此和平相處。因為一旦波斯灣東側的伊朗與沙烏地起衝突或鬥爭時，這些什葉派居民處境就很艱難。這種政府與居民存有心結的惡性循環下，使這些什葉派居民與伊朗之間產生一種宗教情愫，也讓沙烏地政府難以凝聚他們的國家向心力，因此極少徵召他們從軍，甚至乾脆不徵召。1979 年麥加圍困事件以及伊朗的伊斯蘭革命，使得東部什葉派青年認為有機可趁，起而

圖 38：朱海曼．烏泰比被捕時照

組織反沙烏地政府的「阿拉伯半島伊斯蘭革命組織」，創始人是格堤弗人哈珊．沙法爾 (Ḥasan aṣ-Ṣaffār)，總部設在伊朗。1981 年將總部遷至敘利亞的大馬士革，再遷往倫敦，並在美國和英國都設立辦公室。1987 年成立軍事部，稱為「息加資真主黨」，與伊朗革命衛隊共同策畫在沙烏地的恐怖活動。然而，沙國王室一直以來都以懷柔政策對待，最終平息他們對政府的敵意。1990 年海灣戰爭危機時，他們反而選擇加入護衛沙烏地的陣營。戰爭結束後組織改名，轉向積極從事半島的人權改革運動。

麥加圍困事件落幕之後，最大的影響是宗教權力在 1980 年代至二十一世紀初達到巔峰，宗教警察與祕密警察監督百姓的現象司空見慣，所有娛樂都被禁止，媒體異常「純淨」，電視節目僅剩官方的新聞、宗教性和教育性節目，整個利雅德沒有一家電影院或娛樂場所，連女子美容院都不存在，相對開放的國際都市吉達也難倖免，顯然政府不願意國內治安再遭遇另一次的危機。

2. 揚善禁惡組織與宗教警察

宗教警察源自於《古蘭經》與聖訓提及的伊斯蘭核心教義——「揚善禁惡」，是伊斯蘭不分學派思想的基本原則。伊斯蘭沒有神在世間的代理人，只有所謂「烏拉馬」宗教學者，宗教學者稱志願命人向善、禁人作惡、不求報酬者是「穆赫塔西卜」，而穆赫塔西卜的任務則被稱作「息斯巴」，與「穆赫塔西卜」源自同詞根。

「息斯巴」的實踐，包含維護道路整潔、敦親睦鄰、善待動物、維護兩性品德、監督商業行為以杜絕詐欺，以及防堵毒品和酒品販賣等等。伊斯蘭史上第一位「穆赫塔西卜」是穆罕默德先知任命監督麥加的薩邑德．本．艾舍 (Sa‘īd bn al-‘Āṣ)。穆罕默德先知也曾任命女性薩姆剌 (Samrā’ bint Nahīk al-Asadīyah) 為「穆赫塔西卜」，她可以鞭打違反教義的商業行為人。歷任哈里發執行「息斯巴」尺度鬆緊因人而異，有些親身擔任「穆赫塔西卜」，在商場執鞭巡邏；有些任命專人執行。阿拔斯時期「穆赫塔西卜」職位制度化，並採有給制。有些時代「穆赫塔西卜」的權力甚至凌駕統治者和權貴。安達陸斯時期的阿米爾稱「息斯巴」為「商場法規」，執行法規者被稱為「商場主人」，每月領政府薪俸，職責與一般警察的權力範圍不同，形成一個猶如貿易部門的團體組織，專司社會商業行為的控管及對抗危害社會的思想行為。這部門成效斐然，為後來西班牙人所效仿。

沙烏地第一公國時期，伊本．艾卜杜．瓦哈比曾執掌「息斯巴」，但直到第二公國時期，沙烏地仍未設立專門機構或委任專人來執行「息斯巴」，而是採志願奉獻制。二十世紀初沙國每逢朝聖季節，盜賊四竄，許多大型駱駝商隊必須自行武裝或繳交保安費 (itāwah)。一般百姓前往麥加朝聖，常常因為治安問題而導致旅途困難重重，甚至在臨行前寫下遺囑、準備好裹屍白布，因而有俚語說：「去者逝，歸者生」。外國的朝聖團體往往需要派軍隊隨行以策安全。

艾卜杜．艾奇資國王建立行政體制後，正式聘任原本在利雅德義務執行「息斯巴」的謝赫家族艾卜杜．艾奇資．本．艾卜杜．拉堤弗 (‘Abd al-‘Azīz bn ‘Abd al-Laṭīf) 執掌「息斯巴」，成為沙國第一位「穆赫塔西卜」，但未擴及納几德所有地區。息加資併入領土後，在麥加設立「揚善禁惡組織」總部，並在息加資各大城市設立同樣的組織，由司法單位統轄。1952 年沙國有兩個「揚善禁惡組織」總部，其一在利雅德，管轄納几德、半島東部及北部；另一在麥加，管轄息加資、艾西爾及加贊地區，兩總部首長皆由謝赫家族擔任。兩年後兩總部合而為一，總部設在利雅德，隸屬總理，日後統籌經費則由組織總部管理。卡立德國王時期頒布命令，將組織總裁的位階提升為部長級，權力擴張。揚善禁惡組織成為沙國執行「息斯巴」的專責機構。其設立的初衷無疑在運用宗教力量淨化人心，擺脫國家統一之前混亂的社會現象。沙國治安的確在短期間內改觀， 文史學家雷罕尼 (ar-Rayḥānī) 便提及他曾在艾卜杜．艾奇資國王時期來往納几德南北地區，儘管身邊經常有貝都因圍繞，但他的錢袋卻分文未曾失竊。

1979 年的麥加圍困事件及 1987 年的麥加朝聖暴動事件之後，社會安全議題浮上檯面。「揚善禁惡組織」 在政府的需求之下，迅速發展成為具有公權力的國安單位，組織成員俗稱「宗教警察」，其權力包含可以對人民執行監視、盤查、拘捕，甚至於刑罰。男女的非法接觸是他們嚴加監督的重點，因為他們認為這種現象會導致姦淫、非法生子、家庭破碎等社會問題。沙國也自此時施行「監護人制度」，嚴格限制女性旅行、工作權，並對兩性施行隔離政策，宗教警察也會在商場、公共場所等男女可能相遇之處巡邏、監督。沙烏地社會的「監護人」意指女性的父親、丈夫、兄弟或兒子等家族中的男性。女子不論其年齡，許多行為，如結婚、旅行、求學、工作、居住、買賣、申辦證件、就醫等都受制於監護人。沙國女子不論是透過陸、海、空任一方式單獨旅行，在境管局都必須有監護人的同意，取得「黃頁」或電子許可。2012 年起，即使該女子與監護人同行，境管局都會以手機簡訊通知監護人有關其女眷的移動訊息。

1980 年之後根據「揚善禁惡組織」頒布的法規與施行細則，宗教警察的任務便很明確：組織有權薦舉教長、在禮拜時間監督清真寺教長、禁止人們在清真寺旁邊播放靡音干擾信徒、禁止褻瀆伊斯蘭的言行、禁止慶祝非伊斯蘭的節日、禁止迷信於某些異端所信仰的時間和地點、禁止巫術和靈媒等行為。對於生物的肖像一概禁止，因此早年沙國禁止照相，娛樂器材與設備若被發現一律沒收並銷毀，刊物中若有女子照片，其臉部或未遮羞部位會被塗黑處理。宗教警察有權舉報嫌疑犯接受調查，經主管確認後可執行包含鞭刑、驅逐、拘禁等刑罰。1980～1990 年代筆者居住在沙烏地期間，正值「揚善禁惡組織」權力高漲、監護人制度嚴格執行的時期，當時城市街道甚少人行走，人們大多開車定點處理事情，外籍勞工則坐公車。人群集中在商場、市場裡，人群聚集處便是宗教警察出沒處。尤其在齋月，宗教警察非常勤奮，他們的穿著很容易辨認，除了像一般人穿白色長衫與外袍外，他們會蓄鬍，在小白帽上面戴頭巾、不戴頭箍，很容易令人聯想到二十世紀初期的瓦哈比「兄弟」。

九一一事件之後，沙國政府開始思考宗教警察的定位及其對國家發展的影響，社會上出現許多不同的聲音。尤其在九一一事件發生後半年的 2002 年 3 月，麥加一所女子高中失火，此事反映出宗教警察問題的嚴重性。在沙國一般女校無論教師、學生、職員、勞工都是女性，她們會在進入學校後就把外袍與面紗脫掉，出校門前再穿戴上，而上課時間學校大門都深鎖著。這場女子高中大火發生時，許多女學生儘管穿著保守的校服奔出火場，卻被守在門口的宗教警察趕回火場，要求她們罩上艾巴亞外袍與面紗再出來。宗教警察更因消防人員都是男性，不得與未穿戴伊斯蘭服飾的女性見面，而阻止他們進入火場救援，並驅走前來關懷女眷的監護人，最終造成十五位女性死亡、五十多位女性被燒傷的慘劇。

事件發生後，沙國立即將「揚善禁惡組織」監督管理女子教育的權責轉予教育部。當時教育部長是具改革魄力的穆罕默德．剌序德 (Muḥammad ar-Rashīd)，他在女校的課綱中加入科技與體育的課程，促使沙國女子教育向前邁進一大步。然而，宗教人士卻認為穿著體育服裝會導致摒棄伊斯蘭服飾，而禁止女學生上體育課，並禁止女性進入足球場觀賞球賽，以維護法律上男女空間隔離的原則。國王在宗教人士激烈的抗議下，只好在 2005 年解除穆罕默德教育部長職位，宗教勢力的強大可見一斑。2009 年國王為維護女子教育的正常發展，任命沙國第一位女性副部長努剌．法伊資 (Nūrah al-Fā'iz) 負責女子教育（為方便處理女子事務，沙國各機關往往設置女性副手，代理首長之職，譬如大學各系所女性副主任等），努剌在拓展女子工作領域與就業機會成果斐然，被認為是沙烏地三十位最強女性之一，2011 年獲得「傑出阿拉伯女性獎」。

2016年4月，沙國政府終於重組「揚善禁惡組織」，不允許該組織成員執行警察權，將他們權力限縮在柔性勸導、提供予行政機關打擊毒品的紀錄等。今日伊斯蘭世界不僅沙烏地有宗教警察，伊朗、蘇丹、巴基斯坦、馬來西亞及突尼西亞都有或嚴苛或寬鬆的宗教警察監督伊斯蘭法的實踐。其名稱因地而異，譬如伊朗稱之為「指導與道德組織」。由於這些宗教警察組織在執行方式——尤其是針對女性行為特別嚴苛的執法方式上，有違今日全球提倡的自由人權，因此常被世界詬病。

三、改革運動與社會變遷（2005年～至今）

1.消弭宗教勢力與社會開放

二十一世紀是沙烏地企圖與世界主流文化密切接軌的時代，主導這種革新趨勢的是艾卜杜拉·本·艾卜杜·艾奇資（'Abdullāh bn 'Abd al-'Azīz，1924～2015年）國王以及繼任執政至今的薩勒曼·本·艾卜杜·艾奇資（Salmān bn 'Abd al-'Azīz，1935年～）國王。

長久以來沙烏地阿拉伯因為實踐瓦哈比主義，幾乎與主流文化隔絕，也與其他伊斯蘭國家有隔閡。最淺顯的例子是許多阿拉伯歷史上的重要紀念日都不是官方節日，因為依據聖訓記載，穆罕默德先知來到麥地那，看到人們一年中有兩個玩樂的日子，於是曾說：「阿拉給你們更好的兩個節日來代替這兩個日子：開齋節和宰牲節。」因此過去沙烏地阿拉伯僅慶祝這兩個伊斯蘭節日。艾卜杜拉國王登基後企圖給予人民娛樂空間，2006年在宗教人士的認可之下，將沙烏地國慶日 9 月 23 日設定為國家節日。此後每逢國慶日夜晚，沙烏地各大城市煙火徹夜不斷，街道擠滿帶著綠色國旗的車輛，許多民眾穿著綠色衣服或披著綠色圍巾慶祝。人民的國家意識與宗教意識逐步達到平衡。

近來穆罕默德．本．薩勒曼 (Muḥammad bn Salmān) 王儲一再挑戰傳統，嘗試消弭根深蒂固的宗教勢力，促使社會大幅開放，譬如制定法律允許頒發女人行車駕駛執照，藉此讓女性步入職場，成為社會經濟生產者，提升國家經濟力。又如開放禁止三十五年的電影院，男女可以共同觀賞而不需性別隔離。人民甚至開始慶祝以往被定義為異教徒節日的西方情人節，過去每逢此節日政府會發布禁止人們慶祝的公告，在情人節當天還會加強取締違法者、禁止商家陳列情人節相關商品或相關行為，擁有紅色汽車的人甚至避免瓜田李下之嫌，不敢在情人節這天開紅色車出門。如今利雅德商店已開始販售如紅玫瑰、紅色玩偶熊、情人節賀卡等情人節禮品。

2.國家建設與民生關懷

除了擴充麥加禁寺、解決朝聖人潮擁擠的問題之外，沙國進行許多大型公共建設，涵蓋醫療、金融、能源、住宅與交通等。譬如在麥加建設「艾卜杜拉國王醫學城」，提供人民全方位的醫藥服務，並透過網站聯繫，宅送藥物到全國各地病患家中，以免舟車勞頓；在利雅德建設全中東最大的經濟首府「艾卜杜拉國王金融中心」(KAFD)，區內包括大規模商業和住宅摩天大樓；建設「艾卜杜拉國王核能與再生能源城市」，由能源、工業暨礦產部主導核能研究計畫的發展。又如建築可以容納兩百萬人口的「艾卜杜拉國王城」，提供高品質的生活設施，並在全國各地蓋國民住宅，提高人民的銀行房屋貸款額度。

2011 年當阿拉伯之春如火如荼的從地中海南邊的突尼西亞蔓延到埃及、利比亞、敘利亞、葉門、巴林，造成政權的殞落或動盪時，沙烏地境內的示威運動大多屬於零星的數十人或數百人的理性訴求或境內什葉派居民一些不平的表達。阿布杜拉國王於同年 3 月宣布進行一連串的革新，如打擊貪腐、提高薪資、提供就業機會等。政府為補助失業者尋找工作，每人每月發予兩千沙幣，可領一年，並制定國民最低薪資為三千沙幣，當時幣值換算約新臺幣兩萬三千五百元。

圖 39：薩勒曼・本・艾卜杜・艾奇資國王（攝於 2020 年）

穆罕默德擔任王儲後提出「2020 轉型」經濟計畫，鼓勵外人投資，增加非石油收入。2016 年推出政治、經濟、社會、文化全面性的「2030 沙烏地願景」發展計畫，並與日本 Softbank 集團簽定備忘錄，設置新投資基金會，加強科技投資。2017 年再提出「新未來計畫」(NEOM)，一項聯合沙烏地、約旦、埃及三個紅海岸國家的特別區發展計畫，目標在發展人工智慧、機器人、無人機、數據中心及物聯網等高科技計畫。依據此計畫，特別區的國民所得將達至世界之冠。2017 年 11 月穆罕默德王儲發動肅貪行動，逮捕數百名親王、部長和企業家，從貪腐者身上索回上千億美元以充實國庫。

「2030 願景」經濟計畫包含開放觀光。2019 年沙國宣布對四十九個國家開放沙國史上首度施行的觀光旅遊簽證，其限制僅止於異教徒不能到麥加和麥地那觀光、服裝必須端莊以尊重沙國民情，但女性無須穿著艾巴亞黑袍，而女性穆斯林觀光客亦可單獨前往聖城做「小朝聖」('Umrah)。藉由開放觀光增加國家收入，開創工作機會，促進觀光相關產業的興起與建設，讓國家擺脫對石油的依賴。

在中東地區的外交策略上，強化沙國與埃及的關係，並聯合阿拉伯國家對抗什葉派的伊朗，攻擊伊朗支助的葉門胡夕(al-Ḥūthiyyūn) 武裝組織，藉此鞏固沙國的伊斯蘭領袖地位。2015 年穆罕默德王儲組織伊斯蘭聯盟，聯合四十四個伊斯蘭國家一同對抗恐怖組織。國際上，加強與美、英、法的關係、與美國發展國防軍事合作關係以打擊恐怖主義，並召開一系列的美國與伊斯蘭阿拉伯高峰會議。為此穆罕默德更重整國防部，設立沙烏地軍事工業公司。

在教育方面，自從鄂圖曼土耳其統治阿拉伯世界後，半島人們對所謂「學校」就逐漸陌生。半島最早稱得上學校的，或許是 1908 年設立在麥加和吉達的兩所學校，以後的學校幾乎都是建立在這兩所學校的基礎上。四年後科威特阿米爾穆巴剌柯設立「穆巴剌柯學校」，1920 年巴林也設立兩所學校，然而這些學校的教學都在教導學生識字、讀書、初級語法、算術、地理等基礎教育。當時清真寺的經堂教育都沿襲埃及阿資赫爾 (al-Azhar) 清真寺的模式，宗教學者學識非常普通，僵化且保守的部落傳統阻礙了思想的發展。

艾卜杜．艾奇資國王統治初期，沙烏地全國設立一百八十所男女私塾，礙於宗教人士的杯葛，教育方式都侷限在背誦而了無創新。宗教人士甚至抗議教學不應包含美術、外語或地球的運轉等知識。因為美術無異於繪製形象，伊斯蘭反對塑造形象；外語是傳播異教徒的思想與信仰的媒介；地球學則是宣揚希臘人對星球的理念，違反伊斯蘭思想。宗教勢力對教育的影響可見一斑。當時半島統治者大多傾向避免人民和國際社會有太多的接觸，以免影響思想，造成國家的混亂。因此，縱使伊斯蘭自古崇尚求知與知識的攝取，早年阿拉伯半島的宗教學者或部落酋長們其實並未真正投注心力於發展教育。

艾卜杜．艾奇資國王統一半島之後在息加資地區設立許多女子私塾，教育成年女子與女童了解《古蘭經》、聖訓、讀書、寫字。1959 年沙國成立「女子教育總署」，負責女子教育計畫、行政、監督等事務，女子教育從此成為政府的發展重點，2002 年女子教育總署併入教育部。隨著高等教育迅速發展，沙烏地政府每年派遣許多男女學生前往世界三十個先進國家的優良學府學習新科技，這些學生人數達二十五萬人，政府方面希望他們返國後可大展抱負、充實國力。另一方面增設國內大學，譬如研究高科技的「艾卜杜拉國王科技大學」，並實施大學行政自主、學術獨立政策。2021 年沙國已設立二十九所國立大學，大多數這些大學在二十二個阿拉伯國家大學中名列前茅。由於沙國幅員廣大，完全大學會在不同城市設立分校。此外，尚有數十所私立大專院校。各大專院校都收女學生，女子受教育的情形非常普遍。

3.提升女性政治與社會地位

艾卜杜拉國王自 2005 年開始，每四年舉行地方議會選舉。以伊曆計算，年滿十八歲的國民得有投票權，首先開啟民主的第一步。2011 年，他再宣布 2015 年起沙烏地女性可以擁有地方性的選舉權、可以成為沙烏地諮詢會議（Saudi Shura Council，相當於國會，提供立法的意見）委員。2013 年艾卜杜拉國王命令保障女性國會議員名額，沙烏地諮詢會議一百五十位委員中，女性必須占全體的 20%，因此目前國會議員中有三十位女性委員。

隨著沙烏地開放女性開車，一些沙國史上過去未曾有過的女性相關職業興起，例如女性駕訓教練、女性足球員、女性賽車手、飛行員等。公私立機關、機構、機場及海關、商會、私人協會、社福中心、公司、商店新增許多女性從業人員，職務包含外交官、電視主播、製作人、訪談節目主持人、商店經理、職員、公司業務員、收銀員等。這些都屬於新興的女性職業。然而，製造業、建築業、礦工、石油衍生工業等仍禁止聘用女性。這種無法突破的瓶頸來自於傳統的觀念：自古阿拉伯半島居民以畜牧為尊、商業為盛、製造業為卑。譬如貝都因即便可能窮困，但他們的身世若歸屬著名的部落，身分便尊貴，窮困與尊貴與否是兩回事。製造業者如木匠、鐵匠、染匠、工匠、紡織匠等往往沒有好的身世，

第九章 *Chapter 9*

紅海沿岸地區的勢力消長

第一節　息加資與外國勢力

一、鄂圖曼帝國的統治

息加資緊鄰紅海，由於地理位置靠近埃及，自古受埃及影響與牽制甚深，尤其在馬木路克王國時期。1516 年鄂圖曼帝國占領敘利亞，1517 年 1 月鄂圖曼帝國再占領開羅，馬木路克的哈里發被俘虜至伊斯坦堡。對聖城甚至整個息加資地區，鄂圖曼蘇丹不敢掉以輕心，因此立即指派軍職或文職的「麥加阿米爾」，同時從穆聖家族後裔中任命「麥加夏里弗」。麥加阿米爾擁有鄂圖曼政府授予的軍權與行政權，而麥加夏里弗充其量是管理貝都因事務，但鄂圖曼政府也常任命夏里弗同時兼任麥加阿米爾。

鄂圖曼帝國占領息加資後，麥加阿米爾帶著麥加夏里弗向鄂圖曼蘇丹薩立姆一世 (Salīm I) 履行效忠儀式，從此麥加夏里弗的地位便超越麥地那阿米爾，最後麥地那更隸屬於麥加夏里弗管轄。歷史上最著名的麥加夏里弗是穆罕默德．阿布．努麥（Muḥammad Abū Numayy，1506～1584 年），他自幼參與其父執政，退位後又參與其子治理麥加，實際執政七十餘年，他將管轄區擴充到涵蓋所有息加資地區。為方便管理息加資，他制定一套包含三十六條款的嚴苛法律，規定息加資人民對待夏里弗家族之道，稱之為「阿布．努麥法律」。內容譬如阿米爾職位由哈希米家族世襲、誰若摑掌夏里弗則受斬手之刑、殺夏里弗者須以其家族四人賠命等。

1910 年麥加夏里弗胡賽因．本．阿里開始拓展版圖，首先配合鄂圖曼政府攻擊納几德利雅德政權，所持理由是納几德要求息加資所管轄的烏泰巴 (‘Utaybah) 部落繳納宗教課捐。胡賽因並俘虜紹德家族艾卜杜．艾奇資的胞弟薩邑德 (Sa‘īd) 作為人質，逼迫艾卜杜．艾奇資達成和解後，才釋放人質，不過雙方關係也獲得改善。1911 年胡賽因受鄂圖曼之命平服半島西南部艾西爾「伊德里西亞公國」 (al-Imārah al-Idrīsīyah) 反抗鄂圖曼政府的革命，意圖趁機將勢力擴張到艾西爾，但過程並不順利。隔年伊德里西亞獲得義大利的協助對抗鄂圖曼，鄂圖曼再度要求胡賽因的支助，此次胡賽因派兒子費瑟出征無功而返。

鄂圖曼的統治下，息加資的宗教色彩淡化許多，他們打破許多宗教的禁忌，譬如吉達的猶太人能取得執照，經營包含酒肆、妓院等聲色場所，人們的價值觀與社會風氣大幅改變。這種狀況持續到胡賽因．本．阿里擔任麥加阿米爾才力圖改革，他派軍人搗毀酒肆，將一車車的酒倒入海裡，從此禁止酒、色相關行業。

二、阿拉伯大革命

1909 年鄂圖曼政府發生政變，艾卜杜．哈米德二世（‘Abd al-Ḥamīd ath-Thānī，1842～1918 年）蘇丹被罷黜。阿拉伯地區媒體發布許多聯合阿拉伯各地區推舉阿拉伯人的哈里發的消息。1911 年數百位阿拉伯學生在巴黎祕密成立「阿拉伯青年會」(al-Jam‘īyah al-‘Arabīyah al-Fatāh)，宣揚阿拉伯民族主義。1913 年 6 月該會於巴黎召開第一次大會，其決議是阿拉伯國家暫時維持在鄂圖曼帝國政權底下謀發展，但要求鄂圖曼政府改革，如給予阿拉伯人民實質的政治權利、成立阿拉伯自治政府、阿拉伯人服兵役應僅限於在阿拉伯本土等。大會並決議成立改革委員會，改革委員不得在鄂圖曼政府任職。

1914 年第一次世界大戰爆發後，鄂圖曼政府強迫阿拉伯地區人民從軍。同年胡賽因之子費瑟奉命到大馬士革會晤阿拉伯青年會會長，阿拉伯青年會交給費瑟一張阿拉伯國家邊界圖，請他依據此圖規劃阿拉伯國家獨立事宜。費瑟在伊斯坦堡與鄂圖曼政府談判時將此文件交給對方，稱之為「大馬士革文獻」。1915 年大敘利亞地區發生蝗災與饑荒，鄂圖曼駐敘利亞總督卻沒收敘利亞、黎巴嫩人民的財產和糧食供軍用，造成當地數十萬人死亡，屍橫遍野。此間協約國封鎖敘利亞與黎巴嫩海岸，使得物資無法進入；陸地上則有鄂圖曼帝國禁止糧食供應，讓大饑荒的慘況雪上加霜延續到 1918 年，這些天災人禍引發大規模阿拉伯民怨。此次阿拉伯大革命，除了因為鄂圖曼統治之下阿拉伯半島經濟蕭條、民不聊生，鄂圖曼政府更以統治者的高姿態對待被統治者，造成阿拉伯民族自信心嚴重受創之外，其深層原因尚有鄂圖曼統治時期為避免阿拉伯人不服從或暴動而採取愚民政策，息加資各大城市如麥加、麥地那、吉達、拓伊弗人民僅能受基礎教育，其他地區人民根本無法受教。即使是聖裔家族的胡賽因．本．阿里也僅受過基礎教育。此外，鄂圖曼政府更以土耳其語取代阿拉伯語成為官方語言，挑戰《古蘭經》語的「神聖性」。

胡賽因為了達成阿拉伯獨立目標，轉而選擇與英國人合作，加入第一次大戰的英法協約國陣營。當時息加資地區紅海岸的延布港便成為阿拉伯人與英軍合作對抗鄂圖曼帝國的軍事重地，英國駐埃及外交官亨利．麥克馬洪 (Sir Henry McMahon) 爵士更表示支持阿拉伯獨立，透過 1915 年的《麥克馬洪－胡賽因通訊》，承諾若阿拉伯人加入英國陣營，共同對抗鄂圖曼帝國政權，英國政府便願意支持阿拉伯人建立獨立的王國，範圍包含息加資、伊拉克、約旦、敘利亞等地區，並給予經濟和軍事上的協助。1916 年 5 月 16 日英、法、俄三國在俄羅斯聖彼得堡簽訂的《賽克斯－皮科協定》(*Sykes-Picot Agreement*) 卻暴露了英、法兩國想瓜分鄂圖曼帝國統治下的阿拉伯版圖。換言之，此次阿拉伯革命竟是在為英、法瓜分並殖民阿拉伯世界而鋪路。然而阿拉伯人卻在 1917 年才得悉《賽克斯－皮科協定》的存在，因此引發阿拉伯人大規模的反西方運動。鄂圖曼政府想藉機籠絡胡賽因，安撫阿拉伯人，但胡賽因仍選擇繼續和英、法合作，並接受他們的武器和專家的援助。

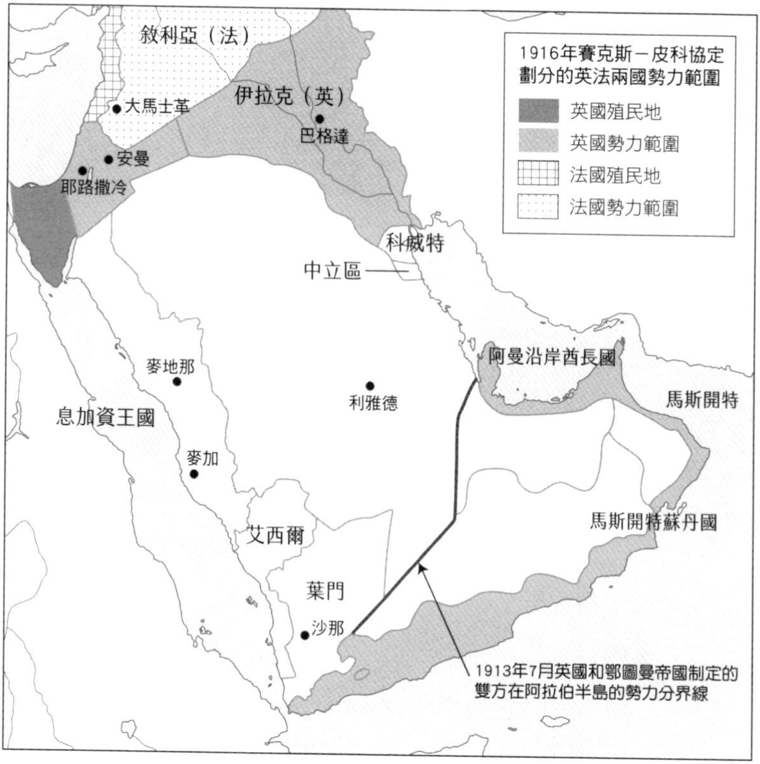

圖 40：1916 年《賽克斯－皮科協定》劃分的英法兩國勢力範圍

1916 年 6 月 10 日在胡賽因・本・阿里的領導之下，於麥加開第一槍，象徵「阿拉伯大革命」爆發，訴求的目標是脫離鄂圖曼政權獨立，建立從敘利亞北部哈拉卜 (Ḥalab) 到葉門南端亞丁 (‘Adan) 的一統阿拉伯國家。在宣布革命之前，胡賽因與英國有許多祕密的私人聯繫，半島沒有其他首領知情，甚至包含胡賽因的兒子們。這些信件揭露胡賽因私自規劃阿拉伯國家的版圖、邊界，以及準備建立屬於他的阿拉伯王國。

圖 41：阿拉伯的勞倫斯（攝於 1918 年）

烽火迅速延燒到息加資各大城市、敘利亞、伊拉克。革命期間阿拉伯軍隊將鄂圖曼軍隊趕出約旦東部和息加資地區，此時英軍已依照計畫把阿拉伯地區分割成三塊：東部區從敘利亞北部的哈拉卜到約旦南部紅海岸的阿卡巴港，由胡賽因之子費瑟管轄；西部區包含敘利亞和黎巴嫩的地中海海岸地區，劃歸法國管轄；南部區包含巴勒斯坦、東約旦和伊拉克，劃歸英國管轄。此間英國間諜「阿拉伯的勞倫斯」扮演重要的角色，他在革命期間曾協助引爆息加資火車軌道，將鄂圖曼軍隊驅逐出麥加、拓伊弗、麥地那以及約旦南部的阿卡巴，其他類似勞倫斯的外國小人物也在這段阿拉伯歷史中決定了阿拉伯地區日後被西方殖民的命運。然而，在西方的媒體宣揚之下，這些人蔚為英雄，更是阿拉伯和西方友誼的象徵。

革命持續延燒，終將鄂圖曼人趕出息加資，並直驅敘利亞、伊拉克。胡賽因之子費瑟繼胡賽因領導阿拉伯革命，獲得阿拉伯各部落及英軍支助，揮軍向敘利亞，得到軍事全面勝利。1918 年鄂圖曼人撤出大敘利亞地區。

三、息加資王國（1916～1925 年）

胡賽因因為領導阿拉伯大革命，1916 年建立「息加資王國」，成立內閣與長老會議。內閣分內政、外交、財政、戰爭、義產、郵電、衛生部；長老會議在執行宗教任務、監督行政部門並提供建議。隔年伊曆 1 月 22 日息加資各地派團前來行效忠儀式，因而將此日訂為國定日，每年同一時間慶祝。胡賽因頭銜為「阿拉伯人的國王」，引發其他阿拉伯地區的不滿，表明僅願意稱他為「息加資國王」。「阿拉伯人的國王」自古以來象徵統治者的尊榮，然而若非有外族的統治與控制，何來「阿拉伯人的」？此尊稱無非在反映該王所管轄的是無法自主的阿拉伯民眾，譬如波斯的馬納居剌附庸國國王，或羅馬皇帝稱阿拉伯附庸門居爾．本．哈里史亦稱為「阿拉伯人的國王」。無論如何，這稱謂反映當時外族在息加資施予胡賽因的壓力。

當阿拉伯人逐漸明白西方的意圖，尤其知道西方欲讓以色列人在巴勒斯坦定居時，許多人便主張與同是穆斯林的鄂圖曼政府合作，以免淪為西方附庸，其中最積極的便是胡賽因的兒子費瑟．胡賽因。1920 年 3 月費瑟．胡賽因奉命領導的革命軍將鄂圖曼軍趕出敘利亞，並於敘利亞宣布獨立，建立「敘利亞王國」，費瑟．胡賽因成為敘利亞王國第一位，也是最後一位國王。法軍於 7 月抵達敘利亞，按照西方原先的計畫占領敘利亞，費瑟．胡賽因被迫離開，敘利亞正式被法國託管。1921 年在英國的扶植下，費瑟．胡賽因成為伊拉克王國第一位國王。

胡賽因本人並無意與鄂圖曼合作，但對於英、法託管阿拉伯國家的計畫也無法苟同，因此儘管英國試圖分別在 1921 年以及 1923 年以擬好的條約備忘錄要求胡賽因簽字，內載英國託管中東以及以色列在巴勒斯坦的權利等，都被胡賽因拒絕。胡賽因所建立的息加資王國疆域東起納几德，西至紅海，北起阿卡巴，南到艾西爾群山。換言之，他理想中的「一統阿拉伯國家」與當時的現實差距甚遠，而與此同時在阿拉伯半島的納几德勢力又日漸強大，「兄弟」軍所向披靡，胡賽因此舉無異在刺激強鄰以及半島上的強大部落。

自十八世紀瓦哈比改革運動遍布阿拉伯半島以來，紹德家族與息加資的關係每況愈下。對於聖裔家族而言，他們始終被視為半島的精神領袖與麥加聖地的護衛者。瓦哈比運動強調去除迷信、墳塚、造作等，無疑侵犯到聖裔家族宗教領袖的地位。1772 年紹德家族派人出使息加資，要向麥加阿米爾解釋瓦哈比改革運動的宗旨與理念，他們帶著許多罕巴立思想的書籍，欲向麥加阿米爾證明瓦哈比改革運動——包含摧毀墳塚、禁止對「人」的祈禱等要求都符合罕巴立思想。

然而，自十八世紀中葉起，每當納几德向麥加阿米爾申請赴麥加朝聖，麥加方面總是聲稱兩者理念不同等原因加以拒絕。1789 年納几德再派遣使者到麥加，遭到麥加烏拉馬的杯葛，隨後麥加阿米爾對納几德發動攻擊。1846 年麥加阿米爾聯合鄂圖曼軍隊攻打納几德。麥加與利雅德政權雙方因為這些歷史情結，當阿拉伯大革命爆發時自然無法合作。1919 年胡賽因之子艾卜杜拉率兩萬五千人於雙方邊境爭議之地——土爾巴綠洲 (Wāḥah Turbah) 迎戰「兄弟」軍，艾卜杜拉大敗而返，其弟費瑟．胡賽因從敘利亞派兵支援時大勢已去。胡賽因唯恐「兄弟」軍趁勢攻打息加資王國，趕忙求助於英國。艾卜杜．艾奇資王修書予胡賽因表無意攻擊息加資，英國援軍才撤回。1920 年艾卜杜拉．胡賽因前往約旦，成為今日約旦王國的創國者。

息加資王國境內設立許多外國大使館與領事館，但王國的駐外單位僅限於開羅、羅馬及倫敦。建國後王國與納几德、伊拉克、東約旦之間的邊界問題浮上檯面，英國充當和事佬，建議四方在科威特舉行會談。會談前胡賽因提出許多條件，例如納几德須歸還哈伊勒、艾西爾，並聲明他會讓么兒翟德．胡賽因 (Zayd al-Ḥusayn) 代理出席，並要求艾卜杜．艾奇資也同樣委託一位兒子代理出席，此要求被艾卜杜．艾奇資拒絕。會議於 1923 年底召開，息加資方並未派人出席，伊拉克與東約旦則認為要等納几德與息加資取得共識後再談。

三個月後再度開會，胡賽因仍然了無音訊。原來這期間胡賽因忙著在息加資、約旦各地密謀登上哈里發位事宜。1924 年「兄弟」軍發兵攻打息加資，隔年滅息加資王國，胡賽因壯志未酬的前往賽普勒斯，直到過世前才到約旦與家人相聚。阿里．胡賽因則在簽署《吉達協定》之後，前往伊拉克投靠伊拉克費瑟．胡賽因國王。

息加資王國以銅、銀、金分別鑄造錢幣來區分幣值，並發行郵票。設立四家印刷廠，其中兩家在麥加，而吉達與麥地那各一家，主要在印製供朝聖者閱讀的刊物。另外創辦一家雜誌社與兩家報社，包含具重要性的息加資官方報《紀卜拉》(*Al-Qiblah*)，此報為後人留下許多當時半島的情況。

四、伊德里西亞公國（1908～1933 年）

艾西爾地區介於息加資與葉門之間，鄂圖曼統治時期隸屬於葉門省。十六世紀末艾西爾地方領袖曾領導革命對抗鄂圖曼，但十餘年之後，卻向鄂圖曼稱臣以對抗葉門翟德伊瑪目國的侵略。翟德伊瑪目國對抗鄂圖曼勝利後，便將艾西爾併入版圖。沙烏地第一公國曾占領艾西爾，埃及總督穆罕默德．阿里滅第一公國後，艾西爾由埃及總督指派當地穆吉圖 (Mughīṭ) 部族管轄。1834 年該部族在埃及的協助之下占領阿卜赫 (Abhā) 並繼續擴張勢力，占領今日沙烏地阿拉伯西南部的提赫馬，直抵葉門摩卡港。1869 年鄂圖曼勢力重返，穆吉圖族的勢力範圍僅剩阿卜赫。

伊德里西的祖先來自息加資，家世可溯源於阿里哈里發兒子哈珊後裔的一支，被稱為「蘇賴曼派夏里弗」(al-Ashrāf as-Sulaymānīyūn)。他們曾經因戰敗逃到摩洛哥，受柏柏人擁戴建立政權。二十世紀初定居在艾西爾南部的伊德里西家族首領穆罕默德．本．阿里．伊德里西（Muḥammad bn ‘Alī al-Idrīsī，1876～1920 年）在各部落的支持及義大利的軍援下以武力對抗鄂圖曼，在提赫馬和加贊地區建立「伊德里西亞公國」，首都沙卜亞 (Ṣabyā)，疆域從半島西海岸向南延伸到胡戴達港 (al-Ḥudaydah)。1912 年公國奪得紅海南端的法剌珊群島 (Farasān Islands)，並與英國公司合作獲得石油探勘權，但不久隨即在歐洲與沙烏地的角逐之下喪失權利。1915 年與英國簽約，獲得英國財力與軍力的援助，公國繁榮一時。1926 年葉門伊瑪目王國多次攻擊艾西爾，伊德里西亞公國統治者哈珊．本．阿里曾想與之和談被拒，轉而與沙烏地簽訂《麥加協定》，成為沙國的保護國。1932 年因圍攻沙烏地駐加贊的代理，遭到沙烏地舉兵討伐，促使沙烏地阿拉伯王國完成統一目標。1934 年沙烏地與當時已獨立的葉門翟德伊瑪目政權的和平協議《拓伊弗協定》中，沙烏地的條件即包含要求伊瑪目政權交出在葉門避難的伊德里西家族。隨後沙烏地將他們安置在麥加，伊德里西亞末代統治者哈珊．本．阿里最終卒於麥加。

第二節　葉門地區的糾結與分裂

葉門是阿拉伯半島五大區之一，依據傳統的定義，其範圍從東邊的阿曼灣到西邊的紅海，面積約占南阿拉伯的三分之二。自古在語言、文化上都與阿拉伯半島其他地區有明顯差異，其間發展的文明通常被稱為南阿拉伯文明。

葉門地區自古至今儘管農業發達，卻也是聚集數百個部落的地區，包含許多非常古老的部落。伊斯蘭教興起之前最著名的四個葉門部落聯盟是：哈底剌茅特的金達、葉門東部的馬茲息几、南部山區與中部高原區的息姆亞爾，以及薩巴俄王國的赫姆丹。這些部落聯盟無異於一個小邦國，其政治、經濟、社會、文化相關事務皆各自獨立。對於整個阿拉伯世界而言，葉門的部落與部落聯盟的影響力始終強大。

一、翟德伊瑪目國與鄂圖曼帝國的角逐

1516 年 6 月埃及馬木路克王國以當時的先進武器攻打葉門，一舉攻下撒比德、沙那、塔邑資等大城市。然而不久埃及傳出馬木路克王國被鄂圖曼帝國殲滅的訊息，導致在葉門的埃及軍隊內部發生暴動，駐紮在沙那的埃及將軍伊斯侃達爾 (Iskandar) 立即宣布自己為鄂圖曼政府派駐沙那的總督。沙那居民乃求助於葉門翟德伊瑪目亞賀亞．夏剌弗丁 （Yaḥyā Sharaf ad-Dīn ， 1473～1555 年)，亞賀亞奪得沙那、馬木路克駐軍撤出後，亞賀亞開始擴充勢力。

1538 年鄂圖曼軍隊攻下包含亞丁的幾個葉門城市，消滅葉門沙菲邑派的拓希里亞家族政權 (aṭ-Ṭāhirīyah)。緊接著攻下隸屬於翟德伊瑪目國的撒比德，1586 年埃及總督將翟德伊瑪目國遺族逮捕到伊斯坦堡。然而，翟德派仍持續與鄂圖曼派駐葉門的總督抗戰，許多總督因此喪生。

1634 年葉門人收復撒比德以及其他葉門領土，並要求鄂圖曼和平撤出摩卡港，葉門史上稱此時期為「格西姆國」。十七世紀後半葉伊斯馬邑勒．本．格西姆 (Ismā‘īl bn Qāsim) 伊瑪目時期，翟德派的疆域擴充到哈底剌茅特、序賀爾等地區，是格西姆國的巔峰時期。此後，因為伊瑪目權位之爭，伊瑪目一旦掌權便任用親信，造成國家分裂成各自為政的小勢力，但這些獨立的小勢力仍能發展繁榮的貿易。十八世紀末翟德政權飽受納几德的威脅，屢

屢求助於鄂圖曼政府，直到沙烏地第一公國被埃及總督消滅為止。十九世紀中葉葉門出現數個伊瑪目，彼此鬥爭，甚至求助於鄂圖曼政府，但鄂圖曼軍隊最終都因為遭遇當地居民強硬抵抗而撤軍。

二、穆塔瓦齊勒國（1918～1962 年）

十九世紀下半葉到二十世紀初，葉門陷入鄂圖曼政府與翟德伊瑪目政權的爭鬥，1911 年雙方簽訂和平協定，內載明鄂圖曼承認翟德伊瑪目權力，在鄂圖曼蘇丹認可下，伊瑪目有權任命翟德派的法官等官職。1918 年亞賀亞．穆罕默德．哈米德丁（Yaḥyā Muḥammad Ḥamīd ad-Dīn，1869～1948 年）伊瑪目進入沙那，建立「穆塔瓦齊勒王國」(al-Mamlakah al-Mutawakkilīyah)，宣布葉門獨立，鄂圖曼結束他們的總督府。亞賀亞著手建立行政體制、軍隊，並統一葉門。

然而獨立並沒有使葉門脫離舊式威權，葉門社會對伊瑪目政權下的經濟發展甚為不滿，亞丁港始終無法擺脫英國的殖民，港口的商業利益也都落入英人之手。1939 年葉門旱災造成饑荒和瘟疫蔓延，經濟蕭條，加上內政遭逢反對團體的壓力，葉門危機四伏。

三、1948 年葉門憲政革命

1930 年代葉門內部逐漸出現反對伊瑪目政權的團體，反對者幾乎不分宗派與職業，集體要求政權進行改革。1944 年阿賀馬德．努厄曼 (Aḥmad Nu‘mān) 及學者詩人穆罕默德．茹拜里 (Muḥammad az-Zubayrī) 在亞丁組織「葉門自由人」反對黨（亦即後來的「葉門兄弟會」）並發行《半島青年報》，他們的主要訴求有免除窮人稅收、杜絕未審便判的腐敗司法、拯救飢民等。亞賀亞伊瑪目之子伊卜剌希姆 (Sayf al-Islām Ibrāhīm) 加入後使該會更加活躍，還得到埃及穆斯林兄弟會的支持。由於英國禁止該黨活動，1946 年穆罕默德．茹拜里與阿賀馬德．努厄曼再創「大葉門協會」，並於該年 10 月發行《葉門之聲報》為反抗政府提供發聲之地。

亞賀亞．穆罕默德．哈米德丁伊瑪目的政權在他個人的獨裁、親信叛離、各團體維護自身利益、經濟蕭條、外國勢力介入等因素下岌岌可危，反對人士眼見示威抗議等行動已經無法達致目標，開始打算另尋出路。1948 年沙那軍人與部落首領發動政變，亞賀亞伊瑪目和他兩個兒子、一個孫子、首相及其護衛被殺，艾卜杜拉．瓦奇爾（'Abdullāh al-Wazīr，1885～1948 年）在「葉門自由人」組織的擁護下繼任伊瑪目，但沙烏地政府方面不予承認。阿拉伯國家聯盟派遣調查團介入，最後改立亞賀亞之子阿賀馬德為伊瑪目。

1960 年阿賀馬德伊瑪目試圖籠絡勢力強大的部落首領，卻無法與之達致共識，加上旱災造成經濟困難、軍人薪餉拖延給付，致使葉門政局非常不穩定。此時阿賀馬德竟決定增加稅收，導致葉門各階層民眾群起反抗伊瑪目政權，各地恐怖行動不斷，阿賀馬德伊瑪目更慘遭暗殺身受重傷，於 1962 年過世。穆罕默德．巴德爾（Muḥammad al-Badr，1926～1996 年）繼位，宣誓改革，如大赦政治犯、實踐公平正義、提高軍警薪餉等人民所訴求的願望，但繼位數日便又改稱將遵循過去的政策，他也成為穆塔瓦齊勒國最後一位伊瑪目。

四、葉門內戰

埃及人稱葉門這場漫長的內戰為「埃及的越戰」。名為內戰，但實際上有許多外國勢力介入鬥爭。對立雙方分別是葉門伊瑪目家族勢力結合沙烏地阿拉伯和英國；另一方則是葉門的反抗群眾與埃及。

1961 年葉門「自由軍官」祕密組織成立，許多大城市的中產階級軍警加入。隔年「自由軍官」廣發宣傳單，控訴穆罕默德．巴德爾違背要改革的諾言、與約旦軍事合作、收受兩千萬美元讓美國在塔邑資及沙那建設軍事基地。1962 年 9 月 26 日沙那軍事學院學生及數百位武裝士兵包圍王宮，要求穆罕默德．巴德爾投降被拒，雙方交火至隔日早晨。在宮廷侍衛長艾卜杜拉．薩拉勒 (‘Abdullāh as-Sallāl) 投入反抗伊瑪目陣營後， 伊瑪目從王宮密道逃往北方，尋求沙烏地阿拉伯的支助。此事件稱為「九月革命」，自此孕育出葉門各新世代的革命種子。

革命指揮部隨即發表宣言，建立「葉門共和國」，實踐社會公平正義、逮捕前朝官員，並由艾卜杜拉．薩拉勒組成「革命指導委員會」。1963 年頒布臨時憲法，並組成領導會議及行政會議，成立由各部落首長組成的中央會議。埃及在同年年底派軍進駐葉門，支持新政府對抗東北部受到沙烏地阿拉伯、約旦和英國協助的 「王國支持軍」。此時葉門已成為各懷鬼胎的外國勢力角逐之地，儘管聯合國與阿拉伯國家聯盟曾經斡旋協調，都勞而無功。

葉門共和國任命曾留學埃及、思想傾向穆斯林兄弟會並活躍於埃及知識圈的學者詩人穆罕默德．茹拜里為教育部長及兼任副閣揆。然而「九月革命」不如預期的有組織、有計畫或有願景。穆罕默德．茹拜里有感於葉門落入外人之手，無論共和國派或王國派都已失去葉門的國魂，他認為唯有建立伊斯蘭政權才能拯救葉門，故於 1963 年創立「真主黨」(Ḥizb Allāh)，恢復發行《葉門之聲報》，並於 1964 年辭去官位。1965 年 4 月穆罕默德．茹拜里遭暗殺身亡，許多葉門人因此哀傷不已。1967 年第三次以阿戰爭爆發，力挺葉門共和國派的埃及在以阿戰爭挫敗後，於該年 10 月撤出葉門。此時葉門王國派分裂為三：挺舊王室、另立新王室、建立伊斯蘭國。王國派在得知埃及將撤出葉門後，態度轉為強硬，決意以武力對抗共和國派。此後兩年沙烏地阿拉伯所支持的舊王國派和南葉門的保守派聯合，兩者與社會主義的南葉門衝突不斷。

五、對外關係

二十世紀初翟德派伊瑪目政權面臨的強敵有亞丁的英國勢力、納几德的瓦哈比勢力、艾西爾的伊德里西亞勢力。1934 年沙烏地與葉門簽訂《拓伊弗協定》，彼此承認政權的獨立性，沙烏地歸還葉門土地。兩年之後劃定雙方邊界，沙烏地保留加贊地區的領土，納几嵐則由兩國平分，翟德派伊瑪目國加入伊拉克與沙烏地的阿拉伯兄弟協定。

最難纏的是英國人，1918 年英國艦隊占領葉門的胡戴達，隔年英國派遣到沙那的團體被沙漠阿拉伯人擄獲，並將他們強制遣返胡戴達，英國於是將胡戴達送給伊瑪目的強敵伊德里西亞公國作為對葉門的報復。此舉使葉門一分為二，亦即山區的翟德派政權與提赫馬沿海地區的伊德里西亞的相互對立。葉門的經濟和社會因此大受影響，因為山區土地肥沃，是葉門的農業區，而沿海是貿易繁榮區，原本兩者是經濟互補關係。伊瑪目因此強烈攻擊英國保護區，並奪得拜大俄 (al-Bayḍā')。1921 年起英國開始遣使到翟德伊瑪目國協商，卻數度失敗。雙方陷入持續交戰狀態，英國挑起翟德派與夏菲邑派 (ash-Shāfi'ī) 之間的仇視，籠絡分離主義的部落首領，並空襲葉門城市，但卻始終未能消除伊瑪目勢力。1934 年雙方訂定協定，內載明英國承認亞賀亞是獨立國家的領袖、雙方建立友好關係、以協商方式解決雙方問題、劃定邊界。1951 年再度簽約，然而邊界仍紛爭不斷。除了英國之外，伊瑪目政權對外關係相對順利，如於 1927 年與義大利簽署十年條約，內載明義大利承認葉門是獨立的國家，義大利承諾外銷義國工業產品到葉門。雙方再續約後，義大利更開始提供武器與飛機。此後伊瑪目政權陸續與歐美、蘇俄、東非簽署貿易協定。

六、南北葉門

亞丁位於紅海連接印度洋的咽喉處，自古便是世界級的商業港，由於地理位置形同獨立的半島，連接埃及與印度兩個古文明中心，千年來既是香料集散地，也是各民族的交流地。公元前八世紀亞丁隸屬於薩巴俄王國，三世紀時被息姆亞爾王國占領，七世紀時隸屬於波斯薩珊帝國。伊斯蘭傳入後，亞丁成為阿拉伯各哈里發時期的領地。

1538 年鄂圖曼統治亞丁，其目的僅為了防堵葡萄牙人占領亞丁港，卻未曾發展亞丁，導致亞丁的重要性一落千丈，人口遽減至數百人。十八世紀阿拉伯半島南部在法國、英國和葡萄牙的競爭中逐漸形成法國控制葉門、英國控制亞丁和半島南海岸的形勢。十八世紀末法國在英國的擴張下漸趨式微，遂將目標轉向埃及。

1802 年英國與當地首領簽約，取得英國船隻與貨物使用亞丁港、英國僑民受保護的權利。十九世紀初美國的觸角伸入葉門，目的在控制摩卡咖啡豆的貿易，並企圖奪取整個葉門的商業利益，因此與英國利益相衝突。1839 年英國人占領亞丁之後施行東印度公司的治理模式，重新活絡此港的商業活動，亞丁開始供應船隻燃料、汽船用水。蘇伊士運河開通後，亞丁成為繁忙的世界船隻燃料供應港，各國商賈紛紛來此做貿易，亞丁恢復其重要性。英國對亞丁區域的部落首領採取籠絡政策，給予行政保護與薪資，不干涉其內政，並將亞丁灣的小島都納入亞丁行政區。另一方面英國將亞丁港發展成控制紅海出入口的軍事基地，藉以牽制當時的勁敵——法國。

法國在阿拉伯半島南部海岸的挫敗，迫使它轉往亞丁灣對岸的索馬利亞發展。然而，亞丁灣的非洲海岸同樣是英國計畫的勢力範圍，無論是法國或義大利的勢力在此區域的拓展都是犯了英國的忌諱。1906 年英國東印度公司第一次開航到紅海和亞丁，並在摩卡港成立貿易代理，控制阿拉伯半島南部海運。二十世紀中葉亞丁躍升為世界港口，除了是世界最大的天然海港，也是僅次於紐約的船舶燃料港。1937 年亞丁正式成為大不列顛帝國殖民地，直到 1967 年南葉門獨立為止。

1955 年南葉門成立「國家聯合陣線」，所有政黨都併入該陣營，呼籲英國軍隊撤出葉門、剷除伊瑪目勢力，並建立統一的葉門國。隔年南葉門各城市發動工人罷工示威，學生呼應，英國以武力鎮壓造成七人死亡。此後數年南葉門出現社會復興黨及阿拉伯民族運動，主旨為反對英國殖民與獨裁統治，同時呼籲統一葉門的聲音越來越高昂。1959 年英國將南葉門保護區改名為「南阿拉伯公國聯邦」，1962 年並與聯邦簽約，將亞丁併入聯邦，民眾再度走上街頭。

伊瑪目政權的垮臺對於葉門南部而言是一大幸事與啟發，南葉門立即組成社會主義黨以呼應北葉門新成立的葉門共和國。北葉門的九月革命中，有數千名南葉門人自願參與，但事後這些人都遭英國逮捕入獄。南葉門的狀況與北葉門的差別無非是大帝國的專制與小國王獨裁之別罷了。1963 年南葉門組成「民族解放陣線」，並發行《解放報》宣揚革命理念，目標在以武力解決南葉門問題，南葉門許多組織都紛紛加入，成員包含工人、學生及知識分子。同年從北葉門返回的一些部落人與英國發生武裝衝突，很快地蔓延到南葉門各地，甚至鄉村。南葉門政黨將獨立訴求提至聯合國及阿拉伯國家聯盟，1964 年英國代表宣布英國決議在 1968 年讓亞丁及南阿拉伯聯邦獨立。1967 年以阿戰爭爆發，始終扶植以色列的英國在阿拉伯世界已毫無信用可言，主動將南葉門獨立的時間表提前到 1967 年 ， 該年 11 月英國外長宣布自 11 月 30 日起南葉門獨立，英國撤出亞丁。

葉門自「九月革命」之後，動亂不曾停止，北葉門百姓期盼建立公平、公正的共和國，而南葉門百姓則期盼英國殖民徹底結束。

1967 年施行馬克思主義的「南葉門人民共和國」建國後，格賀覃．夏厄比（Qaḥṭān ash-Sha‘bī，1923～1981 年）獲得埃及釋放返國，旋即被選為南葉門第一任總統，將首都設在亞丁。同年的以阿「六日戰爭」造成蘇伊士運河關閉長達八年之久，東西航道改道東非，許多新商業港取代亞丁的地位，使南葉門頓時陷入經濟困境。

南葉門建國後將英國各領域專家逐出，對曾經與英國合作的部落首領處以無期徒刑，並因美國支持以色列的立場而與美斷交，甚至與沙烏地阿拉伯交惡。另一方面則與社會主義國家，尤其是蘇聯以及阿拉伯各激進組織建立緊密的關係。蘇聯提供南葉門經濟技術援助，並創辦馬克思主義學院，出版許多列寧馬克思主義書籍、刊物，是阿拉伯國家前所未見的現象。1970 年南葉門頒布憲法，正式訂定國名為「葉門民主人民共和國」。

1970 年初南北葉門的情勢幾乎已經明確，北葉門阿拉伯共和國與南葉門民主人民共和國分別是傾向西方資本主義及傾向共產主義的政權，它們的背後分別代表著美國與蘇聯。南北雙方的緊張情勢自建國之始便持續不斷，如南葉門控訴北葉門政府鼓動南葉門邊境民眾反抗政府。1972 年 9 月阿拉伯國家聯盟開始介入調解糾紛，然而月底南北葉門邊境發生武裝衝突，10 月中旬阿拉伯國家聯盟調解委員會抵達葉門，強烈要求雙方停火，雙方閣揆隨即在開羅簽訂「葉門阿拉伯共和國與葉門民主人民共和國統一葉門的原則與基礎」計畫未來南北葉門走向統一。

第三節　葉門阿拉伯共和國（1990 年～至今）

1990 年南北葉門統一，葉門經濟能力顯著成長，石油和天然氣的生產促進工商業的進步。1999 年亞丁設立葉門貨櫃站，使其不僅是國際貿易轉運站同時也是船舶燃料供應站，亞丁港再度恢復它世界商港的地位。

南北葉門統一後不久又爆發內戰分裂，數月後再度統一。1999 年阿里・艾卜杜拉・沙立賀（‘Alī ‘Abdullāh Ṣāliḥ，1947～2017 年）當選總統，七年後連任。然而統一後的葉門依然非常混亂，內鬥與恐怖主義行動不斷。

一、胡夕武裝運動

葉門統一之後，北葉門翟德派宗教學者巴德爾丁・胡夕 (Badr ad-Dīn al-Ḥūthī) 等人在沙厄德成立「真理黨」(Ḥizb al-Ḥaqq)。巴德爾丁之子胡賽因・巴德爾丁 (Ḥusayn Badr ad-Dīn) 於 1992 年創立「虔信青年團」(Jamā‘ah ash-Shabāb)，後來稱之為「阿拉虔信者團」(Jamā‘ah Anṣār Allāh)，奉行巴德爾丁的宗教理念，主張一國的領袖可以是任何人擔任，但伊斯蘭伊瑪目必須是穆罕默德先知家族後裔。「阿拉虔信者團」即所謂的「胡夕運動」。

圖 42：巴德爾丁・胡夕

此派反對阿里總統的親美與親遜尼派沙烏地阿拉伯等國的政策，因此策動許多反政府的武裝行動，造成葉門動盪不安至今。此團體被一些國家列為恐怖組織。

二、葉門阿拉伯之春

葉門境內宗派錯縱複雜，自古翟德派在此深根，約占葉門人口一半，大多數居住在葉門北部。另外尚有什葉派的伊斯馬邑勒支派、卡瓦里几派、遜尼夏菲邑派都曾居住於葉門。葉門人在上千年的什葉派政權實踐下，比起其他阿拉伯國家的什葉派人民都理解什葉派教義與文化。今日葉門的新一代統治者，試圖與盛行於其他伊斯蘭國家，如伊朗的什葉派原教旨主義達成共識。

九月革命之後，葉門始終處在一連串的暴動與不安的政治氛圍下，外國勢力糾結不清，包含沙烏地阿拉伯與伊朗在教派與民族勢力的爭奪戰。葉門社會興起三個主要潮流：瓦哈比主義、葉門部落酋長、穆斯林兄弟會，對抗南部的馬克思社會主義以及民族主義。2011 年 1 月阿拉伯之春蔓延到葉門，民眾因為葉門總統阿里・艾卜杜拉・沙立賀在憲法修正案中取消總統任期限制而起來抗爭。在面對各城市大規模的示威遊行時，總統竟說：「葉門不是突尼西亞。」事件越演越烈，政府採取武裝鎮壓群眾，導致民眾死傷數百人。過程中總統釋出許多承諾，如其子不會繼任總統、撤換一些省分的安全局長等。參與阿拉伯之春的團體除了與伊朗、黎巴嫩什葉派關係緊密並與沙烏地阿拉伯敵對的胡夕運動，尚有已經轉型為文化色彩的什葉派青年、葉門民間組織、少數的伊斯馬邑勒派、蘇菲主義以及一些政黨。革命持續至 2011 年 11 月，葉門總統被迫在利雅德簽下協議，承諾政權轉移並於九十天內舉行總統大選。

新總統職位由原副總統艾卜杜．剌比．哈迪 (‘Abd Rabbih Hādī) 接任。2014 年胡夕運動占領沙那，隔年哈迪將首都遷到亞丁。2015 年起以沙烏地為首的阿拉伯國家，包含科威特、卡達、巴林、聯合大公國、蘇丹都介入與胡夕叛軍的戰爭，摩洛哥、埃及與約旦也紛紛提供援助。2020 年哈迪政府與分離主義的「南部過度委員會」組成聯合政府，繼續與胡夕運動組織抗爭。葉門如同許多阿拉伯國家一樣進入「阿拉伯之冬」，然而革命並沒有帶給人民更安全與更自由的生活環境，內戰延續至今，政局仍舊動盪不安。

三、葉門社會文化現象

葉門是阿拉伯半島最早孕育文明的地區，也是阿拉伯人最早的居住地。許多古老的地區如沙那、茹拜德、哈底剌茅特，以及古老建築都被聯合國科教文組織列入世界遺產中，譬如布滿泥磚建築的序巴姆 (Shibām) 城，其建築史可推溯到一千七百多年前，被認為是世界最早的摩天樓。

圖 43：以泥磚建造的序巴姆城

然而，十八世紀之後葉門已成為非常落後的地區，北部社會階級分明，分為統治階層、部落首領、歸屬部落的人民、不歸屬部落的農民以及奴隸階層。南部居民大多數是遜尼夏菲邑派，與北部的翟德派不同，社會階級也不同，最高階層是穆聖子孫階層，其次才是部落酋長階層、擁有攜帶武器權利的部落民及不屬於部落的商賈和製造業民，社會最底層是服務業的侍僕、舞妓、歌妓、奴隸。在哈底剌茅特的木工、水工無法享有受教權、攜帶武器權，更不被允許與部落民通婚。

葉門在王國時代，伊瑪目手握行政、立法、司法、軍隊大權，一人獨大。亞賀亞伊瑪目甚至是翟德派的精神領袖，被尊為「眾信士之阿米爾」，如同中世紀哈里發的稱號，他給予高官無限的行政權，搜刮民脂民膏，使得葉門長久處於混亂與落後的狀態，難以振興。社會上存在許多經濟所衍生的問題，譬如國民所得低微、失業、貧窮、疾病、婚齡過早、拒絕受教育等問題。二十一世紀初期葉門的赤貧家庭超過四分之一，文盲幾占全國總人口數的一半。

居民職業與半島其他國家一樣分成公務員、工商業的城市民、占人口多數的務農畜牧的鄉村民、極少數的游牧貝都因，以及紅海、阿拉伯海各離島以漁業、商業、畜牧業維生的居民。大多數葉門人的生計依靠農業，農業是葉門的主要經濟型態。但由於生產量仍無法自給自足，因此在統一之後葉門政府致力於農業改革。然而，水源不足、建築地吞占農地，以及葉門人傳統種植「格特」(qāt)以滿足口腹之慾的習慣等問題根深蒂固仍無法改變，造成葉門農業改革發展的障礙。二十一世紀後工業成長較多的是石油工業、食鹽工業、海產業、紡織皮革業，就業人口有明顯增加的跡象。

九月革命以前葉門人民受教權被剝奪，因此社會充斥著無知與文盲，直到共和國階段教育狀況才逐漸改善。目前教育權不分性別與出身，但仍有一些傳統的障礙存留在許多家庭中，尤其是偏遠地區、窮困家庭與性別仍是阻礙教育普及最主要的因素。媒體的力量以電視為首，葉門第一家電視臺創建於 1964 年亞丁城，沙那到 1975 年才設立電視臺。對於葉門伊斯蘭傳統社會而言，新世代的媒體一直在挑戰固有價值，因此直到 1995 年才有衛星電視，科技各方面的發展非常緩慢。

第十章 | Chapter 10

波斯灣沿海及離島的勢力消長

第一節　外國勢力

地理上連接歐、印的傳統通道有二：其一是經由紅海與埃及；另一則是經由波斯灣和大敘利亞國家。這兩條商業道路都必須經過阿拉伯半島，陸地上的安全保障與高昂的稅金都會使貿易利益大幅縮減。

一、歐　洲

十五到十六世紀間葡萄牙幾乎建立了一個所向無敵的海上帝國。大凡非洲的黃金、亞洲的香料、奴隸買賣等商業利益都被他們壟斷，不久便吸引其他的歐洲勢力進入阿拉伯半島的海域。十六世紀末，英國與荷蘭在阿拉伯半島發展出與鄂圖曼帝國相抗衡的勢力，波斯薩法維帝國（Safavid Empire，1501～1736 年）勢力也滲入半島東部沿海及離島地區。換言之，十六世紀起，中東與西方開始在阿拉伯半島彼此較勁，半島各公國與部落只能依附強大勢力生存，壯大或消殞任憑外來勢力決定。

1580 年葡萄牙與西班牙王室聯姻，葡萄牙被併入西班牙長達六十年，海上帝國的威望逐漸沒落。1600 年英國成立東印度公司，作為英國在東方各殖民地的行政中心，其運作維持三世紀之久。1617 年東印度公司派代理出使波斯拓展商務，以英國毛料換取波斯絲。波斯王一方面樂見商業利益，另一方面得以藉此牽制葡萄牙勢力，故給予英國不少貿易優惠，英國與波斯協商時，要求波斯王將霍姆茲城堡贈予英國，並免除英國關稅。荷蘭於 1602 年也成立東印度公司，但二十年後才在波斯與英國的協助下進入波斯灣。荷蘭在波斯灣的貿易更勝於英國，而波斯王對荷蘭、英國同樣都釋出善意，並給予貿易優惠，荷蘭更與巴林達成採珠與珍珠買賣的合作協定，然而 1652 年歐洲的戰爭讓荷蘭無力繼續在波斯灣拓展。1664 年法國也在波斯灣成立東印度公司，在巴舍剌城設立貿易代表，但僅限於貿易利潤。十八世紀初期英國與波斯的關係開始緊張，加上鄂圖曼勢力深入紅海與埃及，牽制歐洲的交通，使得英國急忙在阿拉伯海灣各地設立貿易中心，以確保障經濟利益。波斯灣自此沒有任何歐洲勢力得以與英國東印度公司匹敵。

1798 年法國拿破崙大砲打進埃及亞歷山卓港，英國趁鄂圖曼帝國忙著對抗法國之際，開始拓展它在阿拉伯半島的勢力。首先占領連接紅海和亞丁灣的巴卜．曼達卜 (Bāb al-Mandab) 灣的小島，當鄂圖曼的埃及總督穆罕默德．阿里在對抗沙烏地第一公國、

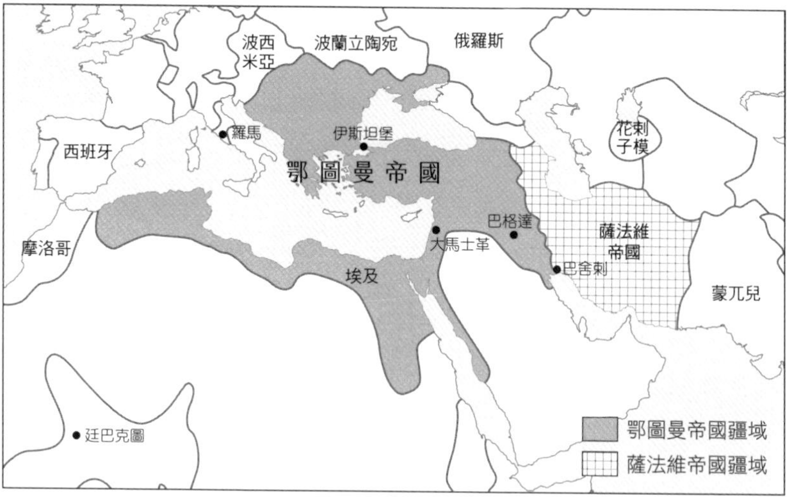

圖 44：十六世紀的鄂圖曼帝國與薩法維帝國

占領紅海岸數個港口時，英國深怕鄂圖曼勢力再次擴大，便以英國商船被盜為由，建設英國港口據點，並占領亞丁。十九世紀初英國迫使阿拉伯海灣各地區首領分別與英國簽訂一連串的和平條約，使阿拉伯海灣地區盡入英國的手中，這些合約讓英國在日後石油時代獲利匪淺。石油發現後，英國的政策是在卡達、巴林、科威特大額投資，建煉油廠，在各個港口建倉儲，使阿拉伯半島的所有大小商場都充斥著英國商品。

除了東部沿海地區之外，英國趁 1877 年土俄戰爭，發動大規模的陸地戰爭，至此阿拉伯半島南部除了葉門仍受鄂圖曼控制之外，幾乎都成為英國的勢力範圍。他們的手段是贈送部落酋長錢財、禮物、支薪、賜予頭銜等，倘若這些方法無效便以武力征服，緊接著便是以簽訂協議來保障英國權利。這些被英國吞食的地區有亞丁地區的陸、海基地，東部的哈底剌茅特及島嶼地區，西部保護區包含二十個據點。直到1920年英國還致力於加強對馬斯開特和巴林的影響力。

二、中　東

鄂圖曼帝國統治阿拉伯世界後，將阿拉伯半島陸地的發展重點放在息加資地區，因此與葡萄牙在紅海的海權競爭很順利，但在波斯灣的競爭就顯得力不從心。十七世紀鄂圖曼以伊拉克的巴舍剌做基地，試圖取代葡萄牙在波斯灣的地位。1623年波斯拿下巴格達，鄂圖曼的巴舍剌總督唯恐波斯侵襲巴舍剌而求助於葡萄牙，葡萄牙船隻協助巴舍剌抵禦波斯。巴舍剌雖隸屬鄂圖曼，但總督府與當地家族始終隔閡甚深。1689年巴舍剌發生瘟疫，倖存者紛紛移居他地，鄂圖曼在此地區的勢力漸微。至於鄂圖曼在阿賀薩俄的權力，也因為當地的阿拉伯部族掌權而名存實亡。納几德地區則始終不受鄂圖曼政府的重視，1665年又遭逢持續兩年的大旱災，因此許多部落紛紛移居到波斯灣地區以求發展。

波斯薩法維帝國的建立是伊斯蘭史上的大事件，原本奉行遜尼夏菲邑派和哈納菲派的波斯人民，因薩法維開國者信奉什葉派，轉而信奉什葉的十二伊瑪目派，無法轉信者紛紛移民他鄉。基於信仰派別的差異，波斯和信奉遜尼派的鄂圖曼之間的鬥爭自十六世紀開始便甚為激烈。十七世紀初葡萄牙勢力衰微時，波斯與歐洲合作甚密，彼此建立貿易互惠關係。然而薩法維帝國因內部動盪而於十八世紀初便腐敗，阿拉伯半島逐漸在後起的英國勢力掌控之下。

第二節　波斯灣沿海各國

十八世紀初烏土卜盟族 (al-'Utūb) 移居到波斯灣沿岸地區。al-'Utūb 一詞來自動詞 'ataba ya'tibu，意為「從一個地方遷徙到另一個地方」，因為他們都遷徙自納几德而得名。烏土卜盟族可溯源自阿拉伯半島的艾尼撒大部族，艾尼撒遠自十二萬五千年前便從非洲遷徙出去，經由紅海抵達阿拉伯半島，分支部落散布在阿拉伯半島、伊拉克及大敘利亞各地，在納几德崛起的紹德家族、科威特的沙巴賀家族、巴林的卡立法家族都屬於艾尼撒族。

一、科威特

古時候科威特是兩河流域及波斯到阿拉伯半島的駱駝商隊補給站，也是印度洋到波斯灣的商船停泊站。十七世紀初納几德地區大批移民到此區域，才有「科威特」的名稱。「科威特」(al-Kuwayt) 一詞是伊拉克及納几德人們的語言 al-kūt 的示小詞，kūt 的意思是「蓋在河邊或海邊的避難所或城堡」，該名稱溯源於統治阿賀薩俄地區的卡立德族在波斯灣海岸建儲倉，儲存船隻航行所需的燃料和必需品。科威特離巴舍剌商業大城甚近，享有地理優勢，自古盛產珍珠海蚌，居民以潛水採珠以及海上貿易維生。他們用雙手製造非常堅固的船隻，可以航行到東印度群島、非洲及孟加拉等地做貿易，人民的潛水採珠技術精熟，十八世紀中葉便以擁有大

圖 45：波斯灣的採珠人（攝於二十世紀初）

量的手工船隻及大批熟練的潛水夫而聲名遠播，這種生活型態一直維持到 1930 年代發掘石油為止。

1.沙巴賀家族執政

沙巴賀與卡立法家族在納几德與其親族不和睦，被迫離開納几德。他們遷徙的歷程從 1671 年到 1783 年。1701 年烏土卜盟族從卡達搭乘一百五十艘武裝船隻抵達科威特，建立科威特城。當時波斯灣地區隸屬於阿賀薩俄卡立德族管轄範圍。烏土卜盟族在科威特取得統轄權後，便劃分權力：沙巴賀家族沙巴賀・本・加比爾（Ṣabāḥ bn Jābir，1700～1762 年）掌行政權；卡立法家族掌貿易、財務權；加拉希馬 (al-Jalāhimah) 家族掌海上航權，所得利益三家族平分。隨後三角聯盟建立「科威特酋長國」，推舉沙巴賀・本・加比爾為科威特第一位統治者。沙巴賀家族開始在科威特大興土木，在此之前科威特幾乎是蠻荒之地。後來沙巴賀家族迫使另外兩個家族離開科威特，直至今日沙巴賀家族仍統治著科威特。

沙巴賀．本．加比爾為求政權永續，首先以哀兵政策使鄂圖曼駐巴格達總督賦予他在科威特的行政權力，另一方面他對英國東印度公司釋出善意，求得夾縫中發展，然而科威特的經濟一直到他兒子艾卜杜拉．沙巴賀（‘Abdullāh I aṣ-Ṣabāḥ，1740～1814年）執政時期才開始起步。

1783 年科威特在剌格 (ar-Raqqah) 戰役中擊敗當時以戰艦稱霸波斯灣的克厄卜族 (Banū Ka‘b)，奠定科威特在波斯灣海域的基礎。此戰役起因於克厄卜族酋長想迎娶艾卜杜拉．沙巴賀的女兒，被艾卜杜拉拒絕，克厄卜族酋長覺得尊嚴受損因而興起海上戰爭。科威特在此役中，利用熟悉當地潮汐狀況與海底地形，而能以弱敵強，克厄卜族的船隻則在退潮時擱淺在海上動彈不得。克厄卜族酋長在戰敗後企圖再次開戰，引發族人不滿招致殺身之禍。

1793 年沙烏地第一公國為傳播瓦哈比思想攻打科威特，儘管軍事上勝利，卻受制於當時在科威特的英國勢力，僅帶走價值匪淺的戰利品。為了避免再受攻擊，沙巴賀家族開始建築堅固的城牆。

艾卜杜拉的兒子加比爾（Jābir I，1772～1859 年）以慷慨著稱，因曾在宮廷旁救濟窮人，人民稱他為「米糧」(al-‘Aysh)。在他任內，科威特是鄂圖曼帝國和英國兩大勢力的角逐地。加比爾在位四十六年間，首先與鄂圖曼帝國建立聯盟關係，提供帝國軍事援助，譬如援助巴舍剌攻打克厄卜族、讓埃及商隊及船隻取道科威特等，但英國隨即於 1838 年派代理進駐科威特。

艾卜杜拉二世（‘Abdullāh II，1814～1892 年）在位時，科威特協助鄂圖曼攻打阿賀薩俄，其弟穆罕默德繼位後一如其兄與鄂圖曼聯盟，並與其弟加剌賀 (Jarrāḥ) 共同治理朝政，惹火另一位弟弟穆巴剌柯．沙巴賀，即後來繼位的阿米爾。1896 年穆巴剌柯弒二兄奪得政權，死者妻的兄弟為復仇，求救於阿賀薩俄和哈伊勒公國。1901 年科威特在沙里弗戰役失敗後，鄂圖曼帝國駐巴舍剌總督派人到科威特，向穆巴剌柯提出請他赴伊斯坦堡擔任領薪資的國會議員等條件。穆巴剌柯趕忙根據保護協定求助於英國，鄂圖曼為避免與英國衝突而命使者返回巴舍剌。

科威特在西方與鄂圖曼的角逐中尚能保持相對獨立自主，譬如拒絕德國鐵路經過科威特，免受德國牽制。科威特也深知如何趨吉避凶，陸續於 1899 年、1900 年、1904 年與英國簽訂協定，內載明科威特涉外事務皆須跟隨英國立場、科威特受英國保護、英國不干涉科威特內政等。往後的幾年，鄂圖曼不得不認清科、英關係友好的現實，開始和科威特維持表面關係，直到 1913 年放棄科威特為止。1914 年英國承認科威特在英國保護下得以自主。

內政上，科威特自十八世紀由沙巴賀家族掌政以來，始終持守與人民協商國事的優良傳統，給予人民甚大的自由空間。對科威特人民而言，執政者更像是大家族的家長。

2.科威特國（1961 年～至今）

科威特位於阿拉伯半島的東北部，南部與沙烏地阿拉伯為鄰，北部、西部與伊拉克為鄰，東臨波斯灣，領土尚包含九個離島，總人口四百多萬，面積一萬七千多平方公里。

1961 年科威特脫離英國六十餘年的保護獨立，同年 7 月加入阿拉伯國家聯盟，年底便舉行大選，選出二十位制憲委員。1962 年年底頒布憲法，隔年舉辦國會選舉。根據憲法，科威特採沙巴賀家族世襲制度，領袖稱「阿米爾」，立法、行政與司法三權分立，由阿米爾管轄，無政黨組織法。行政組織分成十六個部會，總理由阿米爾任命，部長由總理任命。立法權由科威特國會執掌，國會議員皆透過直接選舉選出。獨立之後許多表達輿論的政治性報章雜誌紛紛創立。這些民主根基都在科威特阿米爾艾卜杜拉．薩立姆（‘Abdullāh as-Sālim，1895～1965 年）任內完成，他堪稱科威特現代化的推手。

艾卜杜拉．薩立姆的繼任者沙巴賀．薩立姆（Ṣabāḥ Sālim，1913～1977 年）極力發展國家工業化，並重視民生建設，廣設學校、醫院和住宅，並於 1966 年創立科威特大學。加比爾．阿賀馬德（Jābir Aḥmad，1926～2006 年）任內運用石油收益，成立新世代儲備基金會，讓未來即使石油用罄，科威特的新世代仍能受益。他並致力於學術、體育與觀光的發展，譬如成立「科威特學術中心」、支助「阿米爾足球盃」、成立「觀光計畫公司」等。1999 年規劃給予女性政治權，並於 2005 年任用第一位女性部長馬厄舒馬．穆巴剌柯 (Ma‘ṣūmah al-Mubārak) 掌管計畫發展部。沙巴賀．阿賀馬德（Ṣabāḥ Aḥmad，1929～2020 年）阿米爾任內實施許多大型經濟發展計畫，譬如利用高科技引水道到沙漠，於 2016 年完成「沙巴賀．阿賀馬德海上城市」的建設，以及建設科威特北部的「穆巴剌柯大港」。

圖 46：沙巴賀・阿賀馬德海上城市

⑴科威特對外關係

1963 年科威特加入聯合國及各類國際組織，與各大國及阿拉伯國家建交。沙巴賀．薩立姆時期重視與阿拉伯國家的關係，提供周邊國家許多實質的協助。加比爾．阿賀馬德阿米爾在兩伊戰爭中，因選擇支持同為阿拉伯國家的伊拉克而遭暗殺未遂。他任內提出成立阿拉伯海灣合作會的構想，1981 年 5 月除了葉門之外的阿拉伯半島各國：沙烏地阿拉伯、阿曼、聯合大公國、科威特、巴林、卡達結盟為「海灣阿拉伯國家合作委員會」(Gulf Cooperation Council, GCC)。該委員會的成員國經濟型態非常相似：靠海的地區發展漁業與採珠業，沙漠發展畜牧業，村落發展農業，城市則發展商業、服務業與工業。它們在政治、社會、文化上也具有許多共同點，因此能藉該組織彼此合作無間、互惠互助。這些國家為了現代化，都積極於淡化海水，引海水灌溉，在沙漠中發展農業後，緊接著發展工業與科技，獎勵出國學習、延攬國外人才，並朝向重建伊斯蘭人文價值邁進。

1983～1988 年間科威特境內發生許多恐怖攻擊事件，譬如美

圖 47：科威特油井大火

國大使館、阿米爾座車、傳統咖啡館、工廠等爆炸案及科威特航空公司劫機案。其主要原因是科威特在兩伊戰爭中採取支持伊拉克的政治立場，造成支持伊朗的「伊拉克伊斯蘭宣教黨」等組織的極端報復。

1990 年 8 月 2 日伊拉克大舉入侵科威特，並對外宣稱科威特為伊拉克的第十九省，引發 1991 年初的第二次海灣戰爭。伊拉克於 1991 年 2 月底摧毀科威特境內一千多座油井，縱火焚燒七百多口油井，造成附近國家嚴重的環境汙染。這場大火直到以美國為首的三十二國聯軍擊潰伊拉克，並解除科威特滅國危機之後，於 1991 年 11 月才熄滅最後一座油井火源，共耗資二十二億美元。此次危機期間沙烏地阿拉伯除了提供予聯軍軍事基地，更提供科威特王室與百姓的一切協助。基於此次戰爭凸顯阿拉伯國家內部團結出現嚴重的問題，1991 年 3 月 6 日海灣阿拉伯國家合作委員會成員國以及埃及、敘利亞共八國簽署《大馬士革宣言》，目的在加強彼此之間在政治、安全與經濟的團結與合作。加比爾·阿賀馬德並向聯合國提出釋放科威特俘虜回國、成立處理俘虜與殉難者撫卹事宜的辦事處，並免除科威特百姓的債務。

⑵科威特社會文化

科威特文化除了具有阿拉伯、伊斯蘭文化特色之外，也包含了阿拉伯半島海灣文化。自古科威特人甚少受教育，文人、思想家與學術活動都很貧乏，民間習俗與觀念都傳承自部落。因此加比爾·阿賀馬德致力於發展人文，設立許多機構鼓勵學術、發展文學、藝術和傳統文化，譬如「科威特學術中心」、「國家文化藝術文學委員會」，另外沙巴賀·阿賀馬德也推出許多文化建設方案。

在科威特國會組成之前，民間便有許多代表科威特民主的「迪萬尼亞」(ad-dīwānīyah)。迪萬尼亞是科威特百姓在私人住宅騰出的獨立房間或帳篷，內部四周是坐椅圍繞，每星期會對外開放一、兩次，男人們尤其是親朋好友們在此討論時事，包含政治、經濟、社會、文化各種議題，並達成共識。直至 2017 年全科威特約有五千多個迪萬尼亞，相當於小型國會，反映了科威特的民意及輿論。科威特緊鄰海洋，故與外界接觸頻繁，民風較沙漠深處區域自由開放，發展民主也順理成章。

由於境內石油豐沛、人民富裕，而以消費力強大聞名於世。全球化的影響下，阿拉伯海灣各國的家庭觀念都在逐漸改變中，傳統道德與價值日趨薄弱，但傳統家庭結構與家庭觀念猶存，祖孫三代的大家庭仍存在。家庭成員關係受新潮流影響產生很大變化，女性就業率高漲、自我意識抬頭，同時離婚率也大幅升高。新世代人追求時尚，消費行為改變，衣著都已西化，但是許多年長者仍然喜好傳統，尤其在正式場合中仍以端莊合乎伊斯蘭禮儀為重。

科威特除了慶祝開齋節和宰牲節外，還會慶祝其他伊斯蘭節日，尤其是納舍夫節。納舍夫節的典故起源於穆罕默德先知在「雙朝向清真寺」帶領做禮拜的穆斯林，將朝拜方向從耶路撒冷轉向麥加，這一天便稱之為「納舍夫」(an-Nāṣfūh)，伊曆 8 月 14 日黃昏至隔日 8 月 15 日黎明便稱之為「納舍夫夜」，是幾個伊斯蘭神聖夜之一。穆斯林相信，這一夜除了多神教徒以及在兄弟之間挑起仇恨的人之外，阿拉會寬恕其他所有人的罪。傳說中，天使們會慶祝兩個夜晚——納舍夫夜和蓋德爾夜，就如同穆斯林慶祝開齋節和宰牲節一樣。科威特成年人會在納舍夫這一天做禮拜、唸《古蘭經》，女人們還會塗抹指甲花粉液慶祝。這更是屬於兒童的節日，小孩會挨戶討糖果，有些人給串門的孩子糖果時，還會丟錢討孩子歡喜。

二、卡達（1762 年～至今）

1.卡立法家族

卡立法家族的故鄉在納几德突威各群山西邊的瓦夏姆村，他們遷出瓦夏姆後，居住在納几德南方的賈卜霖 (Jabrīn) 綠洲。科威特阿米爾艾卜杜拉．沙巴賀時期，烏土卜三角聯盟破局，卡立法與加拉希馬家族先後離開科威特，聚集在茹巴剌城。之後加拉希馬家族協助卡立法家族奪得巴林，卻因 1826 年向卡立法家族要求政治權利被拒，而與卡立法家族反目選擇離開巴林，並定居在茹巴剌北部。

卡立法家族離開科威特的原因，除了對利益的分配不滿之外，1766 年卡立法族長穆罕默德．本．卡立法（Muḥammad bn Khalīfah，？～1776 年）載著椰棗的船隻停泊在伊朗時遭到搶奪一事，則是壓垮駱駝的最後一根草。在對抗搶匪的過程中，穆罕默德．本．卡立法的兒子殺死一位克厄卜族人，因此克厄卜族族長要求血債血還，但穆罕默德表示願意繳交殺人償金，不願意交出兒子。艾卜杜拉．沙巴賀阿米爾基於科威特無能力對抗這號強敵，而要求穆罕默德帶著兒子去談判，穆罕默德認為克厄卜族搶奪行為在先、兒子殺人有理，遂堅持以賠償金代替，最後穆罕默德被迫帶著族人遷出科威特。

卡立法家族離開科威特抵達巴林時，巴林隸屬於波斯南部布夏合爾 (Būshahr) 省，管轄巴林的波斯附庸馬茲庫爾 (Madhkūr) 族拒絕讓卡立法家族船隻停泊，卡立法家族只得再前往卡達。他們抵達卡達西北部靠近巴林水源的茹巴剌 (az-Zubārah)，1766 年建立「茹巴剌公國」。「茹巴剌」一詞在半島居民語言中意為「小山丘」，因為此地有山丘而得名。穆罕默德．本．卡立法為避免與當地卡立德族的舊有勢力衝突，1768 年建造穆雷爾城堡 (Qal‘ah Murayr) 防止敵人入侵。這座城堡由三座塔組成，有飲水系統，茹巴剌南北各築城牆，具有防衛船隻作用。1775 年波斯占領巴舍剌，許多富商、文人遷到茹巴剌定居，加速茹巴剌公國的繁榮發

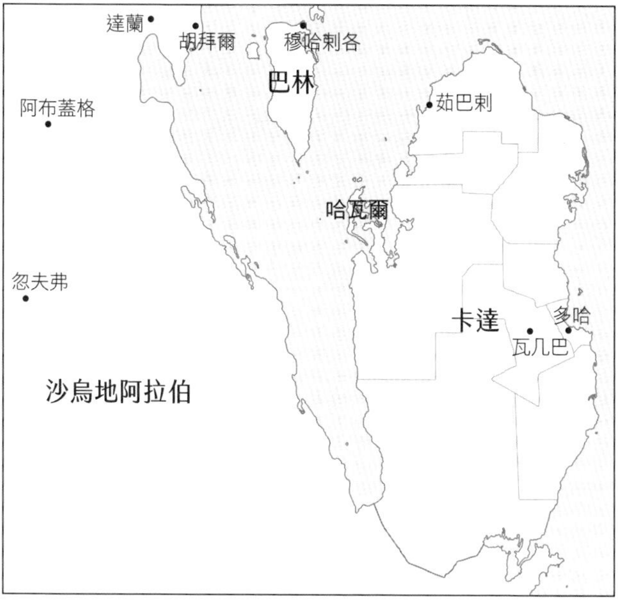

圖 48：巴林、卡達與沙烏地阿拉伯相對位置

展。卡立法家族透過免除商人關稅、廣造船隻等政策，經濟迅速發展，使卡達不僅是珍珠集散地，更是印度商品的貿易中心。卡立法家族同時與當地各部落結盟、通婚，以求社會安定。此時因統治納几德地區的紹德家族和統治阿賀薩俄地區的卡立德族之間戰亂不斷，納几德地區再度遭逢旱災等因素，許多納几德及阿賀薩俄地區的居民也紛紛移民到卡達。

開疆拓土的穆罕默德．本．卡立法過世後，其子卡立法．本．穆罕默德（Khalīfah bn Muḥammad，1708～1783 年）繼位。卡立法積極創辦學校、發展教育，推動人文的發展，卡達國力雄厚後便不再向當地勢力繳稅，向外擴張的首要目標是他們熟悉的鄰居巴林。

波斯布夏合爾省與烏土卜三角聯盟原本關係緊密，甚至免收他們的採珠稅。如今目睹卡達的進步、忌憚卡達的威脅，自 1777 年起馬茲庫爾家族便不斷的派兵攻打卡達，卻始終未能如願。

2.茹巴剌戰役

海灣地區的部落非常忌憚烏土卜盟族勢力的崛起，1782 年阿拉伯海灣部落攻擊前往與印度貿易的烏土卜盟族船隻，引發烏土卜盟族的科威特和茹巴剌於該年 9 月攻打巴林島。此時波斯命馬茲庫爾族集結軍隊反擊，馬茲庫爾族派出戰艇及戰士圍困茹巴剌。即便當時有許多部落試圖斡旋，馬茲庫爾族戰意堅定。由於圍城時間很長，使得卡立法家族阿賀馬德．本．穆罕默德（Aḥmad bn Muḥammad，？～1795 年）得以縝密計畫，他將女人、小孩安置在安全地，命年長者守護，並吩咐若不幸戰敗就殺掉家眷，以免落入敵人手中受辱，此破釜沉舟的決心激勵了阿拉伯部落紛紛參戰。卡立法家族陣營在激烈的戰火下迫使敵人撤軍，馬茲庫爾族首領則在戰場上陣亡。1783 年卡立法家族從波斯人手中奪得巴林。此役決定了卡立法家族成為巴林統治者，其勝利除了有決心之外，尚歸功於他們抵達卡達之初便為防禦卡立德族而建築固若金湯的穆雷爾城堡。

卡立法家族進入巴林時，海灣地區的國際與區域情勢非常混亂，加以波斯內亂不斷，馬茲庫爾族欲振無力，掌管阿賀薩俄的卡立德族需要藉助於卡立法家族，凡此都促使卡立法家族在海灣地區能迅速地生根並擴展勢力。征服巴林之後，穆罕默德．本．

卡立法之子亦即「巴林開拓者」阿賀馬德．本．穆罕默德將兩個兒子派到巴林管轄，自己則冬天在卡達、夏天在巴林往返兩地。阿賀馬德．本．穆罕默德過世後，薩勒曼．本．阿賀馬德（Salmān bn Aḥmad，？～1821 年）繼位，整個卡立法家族便遷到巴林，許多他們的支持者、製造業主都帶著資金、技術從茹巴剌移民到巴林。巴林自此改稱為「巴林公國」，至今巴林仍由卡立法家族統治。

1788 年起，卡達與巴林的卡立法家族面臨的最大勁敵便是沙烏地第一公國的侵襲。1796 年第一公國舉兵攻打卡達、圍困城堡，造成卡達人紛紛移民到巴林，卡達成為第一公國的領土。1809 年第一公國再攻打巴林，使瓦哈比思想開始在卡達與巴林傳播。此間卡立法家族沉潛在巴林的穆哈剌各 (al-Muḥarraq) 小島上，並趁瓦哈比軍忙於與埃及作戰時收復巴林群島。

3. 山尼家族與卡達國（1825 年～至今）

卡達這個政治實體名稱直到十九世紀才見諸於世。卡立法家族從科威特移居卡達時，卡達當地的大家族山尼 (Thānī) 居住在巴德艾地區 (al-Bad‘ah)，其部落可追溯到半島的塔米姆部落。1825 年卡達落入山尼家族手中直至今日，然而當時卡立法家族仍是卡達最具影響力的家族。由於山尼家族與沙烏地公國關係密切，英國認為必須讓巴林獨立於卡達之外，以免受到沙烏地公國的牽制。

1864 年山尼家族族長穆罕默德．本．山尼（Muḥammad bn Thānī，約 1788～1878 年）之子加西姆．本．穆罕默德（Jāsim bn Muḥammad，1825～1913 年）驅走巴林在卡達的代理，巴林遂舉兵攻打卡達，造成卡達的革命，最後因沙烏地第二公國費瑟．本．土爾齊介入，促使加西姆拜訪巴林首領講和，但卻遭巴林逮捕。卡達人為拯救加西姆而攻打巴林不克，最後擄走巴林首領的親戚，作為交換加西姆的籌碼。

加西姆是「卡達公國」開國者。他在英國與鄂圖曼兩大勢力相互較勁的環境下，得以團結當地部落力圖獨立，並拓展採珠業，興建港口發展海上貿易，且積極建設卡達，使得移居卡達的人口激增。然而，鄂圖曼帝國為了遏止英國在卡達及巴林的勢力擴張，因此下令阿賀薩俄的總督負責任命此二地區的代理，並設置關稅藉以宣示鄂圖曼的主權。加西姆因受鄂圖曼的正式指派而無法自主，立場備受英國質疑。1893 年加西姆因弟弟阿賀馬德被鄂圖曼駐巴舍剌總督逮捕，號召卡達人攻打鄂圖曼軍，並在多哈附近的瓦几巴 (al-Wajbah) 村擊敗鄂圖曼軍隊，造成巴舍剌總督被鄂圖曼政府撤換，寫下卡達歷史光榮的一頁。

1913 年沙烏地征服東部富庶的阿賀薩俄，導致卡達與沙烏地之間關係出現緊張氣氛。為此英國數度警告沙烏地，聲明卡達是山尼家族統治的獨立公國。卡達與沙烏地向來關係友好，尤其是當第二公國被剌序德家族滅國，艾卜杜．剌賀曼舉家遷往卡達居住兩個月時，卡達盡地主之誼予以各種協助。艾卜杜．艾奇資收復利雅德後，卡達甚至從中斡旋，呼籲鄂圖曼政府承認艾卜杜．艾奇資的政權。

1913 年英國首先與名義上的半島統治者鄂圖曼帝國簽約，劃定半島東部海灣地區的邊界，也是鄂圖曼勢力的界線。從阿賀薩俄東南的無人小島撒可納維亞 (az-Zakhnawīyah) 到東經 20 度的沙漠作為卡達和納几德的邊界。鄂圖曼放棄在卡達的所有權利，英國並宣告巴林不得侵犯卡達。1915 年英國與沙烏地簽署的《格堤弗條約》便明載沙烏地不得侵犯卡達領土。英國更與卡達簽約，使卡達成為英國保護國。英國駐卡達的政治官員還負責處理卡達外交事務，包含卡達的外僑事務。

繼任的艾卜杜拉．本．加西姆（'Abdullāh bn Jāsim，1880～1957 年）與英國關係更加密切。他因支持瓦哈比主義而與沙烏地保持友好關係。1939 年卡達發現石油後，社會與經濟開始轉型。1949 年艾卜杜拉．本．加西姆禪位給他的兒子阿里 （'Alī bn 'Abdullāh，1895～1974 年），王室內部因石油收益的分配以及王儲人選紛爭不斷 。 1956 年埃及民族主義浪潮席捲阿拉伯海灣地區，海灣人民起而示威，訴求石油利益分配的公平性、社會福利及工作機會等。

1960 年阿里禪位給兒子阿賀馬德 （Aḥmad bn 'Alī， 1920～1977 年），卡達重組行政機關，撤除懸缺的英國顧問職位。1962 年卡達工人集體罷工，要求享有石油利益及政治權。1964 年卡達設立包含副統治者及十五位王室成員的顧問委員會，協助阿米爾處理政務。卡達並開始參與國際事務，譬如 1961 年加入 OPEC、1971 年加入阿拉伯國家聯盟及聯合國等組織；對內則積極於提升教育、衛生、發展石油工業、頒布《國籍法》等。1970 年頒布《臨時憲法》，內載卡達政權領袖由山尼家族世襲產生；支持阿拉伯國家立場，尤其在巴勒斯坦問題上；給予人民自由、平等、公正；規定權利、義務、公權力、選舉權、諮詢委員會的產生等，在 1999 年給予女性投票權。諮詢委員會往後不停擴充，成為卡達的立法機關。卡達法律混合伊斯蘭法和《市民法》，譬如二十一世紀的許多法律案件包含對穆斯林同性戀、叛教犯執行死刑；對姦淫罪犯和飲酒犯執行鞭刑。特別的是，雖然穆斯林禁止食用豬肉和酒，但卡達航空公司轄下的卡達分銷公司可以進口並在境內販賣酒與豬肉。

1971 年卡達宣布獨立，與英國簽訂新的合約，英國軍隊撤出卡達，不再是卡達保護國，卡達統治者自此稱為「阿米爾」。阿米爾是軍隊總指揮，可任命王儲及各部部長。1989 年成立「計畫最高委員會」，負責卡達的經濟和社會規劃，卡達經濟逐漸依賴天然氣收入。1992 年卡達內閣改組，共成立十七個部會。

4.卡達對外關係

1981 年卡立法．本．哈馬德 （Khalīfah bn Ḥamad， 1932～2016 年） 阿米爾與沙烏地阿拉伯簽訂《雙邊防禦條約》，並加入海灣合作委員會。儘管同為海灣合作委員會成員國，但自二十世紀後半葉，成員國之間都存在邊界的問題，譬如卡達和巴林之間的茹巴剌與哈瓦爾 (Ḥawār) 群島的隸屬問題、卡達和阿布達比的浩爾．烏戴德 (Khawr al-‘Udayd) 的隸屬問題。茹巴剌與哈瓦爾群島的主權與衍生出的石油利益、水源問題，致使卡達於 1991 年建議以和平方式交由荷蘭國際法庭裁決，2001 年國際法庭判決哈瓦爾群島大多數島嶼歸屬巴林，但巴林須以其他群島交換，而茹巴剌歸屬卡達。

1995 年哈馬德．本．卡立法（Ḥamad bn Khalīfah，1952 年～）發動不流血革命執政後，對外關係尋求自主，加強與美國的關係。美軍在卡達建立全中東最大的軍事基地，卡達更參與美國對伊拉克及阿富汗的戰爭行動。哈馬德也和以色列保持友善關係，2007 年與以色列外長在紐約進行會談，但隨即因以色列攻擊巴勒斯坦迦薩，在 2009 年便與之斷交。2015 年 3 月卡達曾加入以沙烏地為首的阿拉伯陣營，執行「果斷風暴行動」對抗葉門的胡夕運動組織。

卡達與海灣合作委員會成員國交惡一事，或許要追溯到卡達自二十世紀末積極發展軟實力，創辦「半島電視臺」，透過此媒體發布許多批評阿拉伯領袖階層的言論。阿拉伯之春中，卡達的立場更偏向支持各地的革命分子，甚至給予經濟支援，因此也有西方國家指控卡達支助恐怖組織。2013 年哈馬德．本．卡立法禪位給其子塔米姆．本．哈馬德（Tamīm bn Ḥamad，1980 年～）執政至今。2014 年沙烏地阿拉伯、阿拉伯聯合大公國及巴林撤出它們駐卡達的大使館，認為卡達未遵守海灣合作委員會的協定，但遭卡達否認。2017 年沙烏地為首的九個國家，包含巴林、聯合大公國、埃及、葉門、葛摩、馬爾地夫、茅利塔尼亞及約旦指稱卡達支持恐怖主義活動，因而與卡達斷交或降低外交層級。2019 年卡達退出石油輸出國組織 (OPEC)。2021 年 1 月在科威特阿米爾的斡旋下，卡達與其他海灣合作委員會成員國領袖、埃及外長、阿拉伯國家聯盟祕書長、伊斯蘭合作組織秘書長及美國總統顧問於沙烏地阿拉伯的烏拉 (al-‘Ulā) 省召開海灣合作委員會高峰會議，達成和解協議，結束與卡達的外交危機。

5.卡達社會文化

卡達在進入石油時代以前，部落價值是一切的準則，這種價值包含世系、名聲、榮譽、勇氣、血親等，「部落」是一個獨立的政治、經濟與社會體。部落人會根據身世、影響力、財力與能力產生他們的酋長，該部落人一旦成為酋長，他便會擔負起統領族人以及部落一切事務的責任，與族人榮辱與共。酋長身邊有供諮詢、達致決議的長老會議，他們的決策通常根據《古蘭經》、聖訓以及部落傳統進行。早年卡達的移民來自阿拉伯半島、伊拉克、伊朗和東非，這些移民到卡達的部落會以他們的祖先或以故鄉為新居地的部落名稱。年代一久，就無法追溯他們真正所屬的部落，換言之，都成為卡達的部落。然而來自相同部族的人到了卡達仍居住在同樣的社區，有些貝都因會改行從事漁業，成為定居民，彼此通婚。

卡達社會發展從潛水採珠海洋時期到石油時期，居民結構與生活型態變化極大。十九世紀末葉卡達人口不及萬人，在採珠盛期時人口約有三萬餘人，其中八分之一是貝都因，卡達人甚至調侃自己不分老少都侍奉一位主人——「珍珠」。1920～1940 年代，珍珠業受到日本養珠業崛起影響，昂貴的天然珍珠無法與之競爭，導致採珠業日漸蕭條。第二次世界大戰前後，卡達的經濟狀況不佳，人民紛紛往鄰近地區移民，頓時人口銳減。

1950 年代卡達經濟轉型為石油外銷型態，1970 年代英法石油公司分別與卡達訂定協議，從探勘、生產到外銷的利潤分配等，石油成為國家收入的主要來源，至此經濟開始突飛猛進，公共建設、不動產買賣、國際貿易、投資計畫等逐漸活躍。石油工業帶動人口快速成長，2020 年總人口已達兩百八十八萬人，外來人口逐年增長，使卡達變成多元文化的社會。外來族群大多數是來自伊朗、印度、巴基斯坦、孟加拉、斯里蘭卡、菲律賓、中國等亞洲國家的青壯年。隨著人口結構的改變，社會階層逐漸明顯。二十世紀中葉以後出現的富人階層，除了統治階層之外，往往是擁有房地產、大企業的本地人或移民來的阿拉伯人、印度人、伊朗人；中產階級包含商人、軍公教人員等，多數是來自大敘利亞地區的阿拉伯知識分子，他們提升了石油時代的社會與教育水準；勞工階層的居民大多數是來自亞洲國家的勞工，居住在新興的地區。

今日卡達成為世界最富有的國家之一，社會開放但仍維護傳統價值，傳統與現代化並存，人民享有高品質的生活環境。卡達的航空網是世界成長最快的航空網之一。1975 年卡達外交部成立卡達新聞社 (QNA)，1996 年設立阿拉伯世界首屈一指的「半島電視臺」，其自由言論一直讓獨裁者心驚膽跳。

卡達在波斯灣沿海國家以教育發展為著，二十世紀初期卡達山尼家族艾卜杜拉．本．加西姆執政時延攬阿拉伯教育專家，創辦「阿夕里亞」(al-Athīrīyah) 以及「多哈」兩所學校。發現石油後，教育也隨即有足夠的經費跟著發展，1950 年代卡達陸續創辦多所正規小學與初中，並遣送學生到國外接受大學教育。1954 年創辦第一所女子學校，1960 年代開始創辦師範專校培養師資，1970 年代創辦師範學院。1963 年卡達教育部設「留學與雙邊關係司」處理留學生事宜，同年開放女學生留學，絕大多數選擇前往黎巴嫩貝魯特大學就讀或接受通訊教育。1973 年創辦卡達大學。1982 年卡達限定女留學生只能到沙烏地阿拉伯、科威特和約旦就讀醫學或自然科學，而碩博士班女留學生則需要家長保證學習期間有至親伴隨居住。1986 年開始出現大學女生大幅多於男生的現象，因為大多數男生傾向出國讀大學，而女生則願意留在國內。此後教育快速發展，今日卡達設立十餘所大專院校，更有不少西方大學在卡達設立分校。

四、巴　林

1.英國保護國時期

巴林自十六世紀初便名聲遠揚，各港口船隻載滿阿拉伯馬和高檔的珍珠駛向印度，許多海盜都不禁躍躍欲試想大撈一筆。陸地上也充滿來自世界各地的珍珠商，人人都想在原產地購買高級珍珠，藉此轉賣以獲取高利潤。除了海底資源外，巴林有地下水源可生產農畜產品，阿拉伯半島許多人遷徙到巴林追求舒適的生活，城市呈現繁榮景象。

1521 年葡萄牙攻打巴林，雙方死傷慘重，但葡萄牙仍繼續統治巴林至十六世紀末。1602 年波斯薩法維帝國成功擊敗葡萄牙奪得巴林，直到十八世紀初馬斯開特打敗波斯，二十年後波斯再奪回巴林，但未直接統治，而是任命阿拉伯家族管轄。茹巴剌戰役後卡立法家族成為巴林的統治者。1802 年阿曼以卡立法家族船隻路經馬斯開特未繳稅為由，出兵奪得巴林，並管轄巴林到 1808 年，卡立法家族轉而與沙烏地第一公國結盟。第一公國打敗馬斯開特軍，卻立即統治巴林，反而俘虜卡立法家族到迪爾邑亞當人質。

如此反覆受攻擊，卡立法家族的政策是：若遭阿曼人攻擊就求助沙烏地，若被沙烏地人攻擊則求助於阿曼。1818 年穆罕默德．阿里滅沙烏地第一公國的目標尚在占領整個阿拉伯半島、伊拉克和大敘利亞地區。英國急忙與鄂圖曼政府簽約，以防埃及繼續擴張，另一方面與穆罕默德．阿里協商，讓他放棄波斯灣沿岸地區。巴林卡立法家族目睹埃及消滅第一公國並殘殺紹德家族，急忙對英國祭出《阿曼和解海岸條約》尋求英國的保護，英國卻因在印度的利益不想另興干戈，拒絕提供巴林軍事援助。1839 年巴林轉與埃及簽訂合約，以保障巴林的安全。英國得知後，立即要求巴林廢止與埃及的合約，並承諾給予巴林軍事保護、減免關稅等優惠。1861 年英國和巴林簽署保護協定，派遣艦隊到巴林「保護」。此協定中，巴林承認過去與英國簽訂的所有協定的合法性，保證杜絕海盜行為，承認英國有權管轄巴林的英國僑民、巴林接受英國的保護等。

1867 年阿里．本．卡立法 (‘Alī bn Khalīfah) 在兄弟鬩牆之後取得巴林政權。阿里對內必須平息鬥爭，對外則需面對已經征服馬斯開特及剌俄斯．愷馬的英國。1869 年阿里在內亂中被殺，英國平定內亂後立年僅二十一歲的阿里長子邑薩．本．阿里（‘Īsā bn ‘Alī，1848～1932 年）為巴林領袖，統治巴林五十餘年。自此巴林正式淪為英國保護國，直到 1971 年獨立為止。另一方面，英國於 1869 年與波斯簽署備忘錄，形同波斯放棄巴林主權。

1870 年鄂圖曼政府駐倫敦大使對英國提出抗議，譴責英國軍事介入巴林：「這些舉動代表的是英國介入屬於鄂圖曼的土地。」顯然巴林早已經在英國控制下。

邑薩在任期間，英國對他提出許多強制性的警告，包含不得與其他國家簽約、不得有其他國家的代表駐巴林、不得允許其他國家在巴林設立船隻補給中心。為此更於 1892 年與巴林簽訂新約。1898 年鄂圖曼帝國協助卡達攻打巴林，英國出兵協助巴林，獲勝後逼迫卡達簽訂和平協定，並趁機干預巴林內政，進行包含制定關稅的改革。1903 年因邑薩的姪兒虐待德國僕人，英方介入處理，逼迫邑薩放逐他的姪兒，更要求日後大凡外國事務都交由英國人處理，英國人並任命一位波斯人擔任麥納瑪市長。1920 年代巴林在英國的引領下，進行一連串的改革運動，雖是源自十九世紀英巴的各項條約，但也奠定巴林日後國力的根基。當時巴林社會勞工階層的什葉派椰棗農和採珠潛水夫都並非巴林人，他們遭受猶如奴隸般的待遇，時有抗爭。1921 年起，巴林政壇分成改革派與反改革派。邑薩的長子哈馬德 (Ḥamad) 屬於改革派，邑薩本人則是反改革者，他的支持者包含幼子艾卜杜拉 (‘Abdullāh)、各部落長老、採珠商人與既得利益者。反改革派的部落人士求助於沙烏地以對抗改革派。另一方面，什葉派的伊朗發動媒體攻擊英國無視人道與階級歧視，逼使英國立場轉向支持改革派。

1923 年巴林的佃農與潛水夫起而抗爭，其主要訴求有：舉行國會選舉、拒絕英國干預巴林內政、設立審理潛水相關問題的法庭等。暴動持續三天，英國在此事件發生後，罷黜邑薩，並改扶植支持改革的邑薩長子哈馬德為阿米爾，而邑薩則避居在穆哈剌各小島直到去世。1923 年土耳其政府簽訂《洛桑條約》確定土耳其疆域後，正式放棄巴林。

2. 巴林王國（1971 年～至今）

1971 年巴林領袖邑薩．本．薩勒曼（‘Īsā bn Salmān，1933～1999 年）宣布獨立，並立即組內閣、加入阿拉伯國家聯盟和聯合國。隔年制定憲法，採行政、立法、司法三權分立。1973 年頒布《國會選舉法》，由人民直接選舉。此後分別成立工業發展部、海灣石化公司、石油最高委員會。1970～1980 年代巴林致力於社會、文化與教育革新，包含設立歷史文物中心、研究中心、專科學院及巴林大學。1992 年成立諮詢委員會，成員達四十位。1996 年頒布轄區法規，第一個設立的省分是麥納瑪首都省。邑薩．本．薩勒曼過世時，巴林已是一個現代化的國家。

現任國王哈馬德．本．邑薩（Ḥamad bn ‘Īsā，1950 年～）於 1999 年繼任阿米爾，2002 年改稱「國王」。二十一世紀巴林實施許多全面、現代化的改革計畫，成為一個自由民主的國家。人民、媒體除非牴觸國家利益或禮教的禁忌，否則都享有充分的言論自由，巴林思想家、學者在媒體發表個人言論非常稀鬆平常。政府為落實政策，設置「人權委員會」。2001 年大赦國內外巴林政治、思想犯，讓他們回到各自的工作崗位，撤除「國家安全法庭」，改以憲政法庭代替。國王並廣開言路，舉辦許多論壇與研討會，聽取民意以改革法規。2002 年經過公投，頒布《國家行動憲章》，內載政治、經濟、社會、文化政策的基本原則，譬如財務監督機關與司法機關的獨立、女性政治權的保障。經過國王與人民的同意，依據此憲章，憲法便得以修正，國王並宣布自此巴林是憲政王國。

2011 年「阿拉伯之春」從突尼西亞延燒到巴林，2 月 14 日巴林人民發起和平抗爭，然而國安人員卻以催淚瓦斯和槍彈回應，造成三十多位示威者受傷、一人死亡。隔日在示威死者的喪禮中，國安人員再度開火，造成二十餘人死傷，當日數千民眾加入示威遊行，在麥納瑪「珍珠圓環」搭起帳篷抗議。隔天國安人員控制圓環，武裝警察介入，造成三百多人受傷。緊張情勢越演越烈，2 月參與示威的群眾高達六十萬人，占巴林總人口的四成。3 月巴林政府求助於鄰國，海灣合作委員會派軍警協助鎮壓。

巴林人民反對政府的原因，追根究柢是什葉派與遜尼派之爭，也是針對遜尼派沙烏地阿拉伯控制巴林政治與社會的反彈。自古許多文獻記載，大多數巴林人是什葉十二伊瑪目派的信仰者，巴林宗教學者赴伊拉克什葉派聖地學習宗教學，並據以教育巴林人。巴林執政的卡立法家族則是來自納几德的遜尼派，隨著時代的演進，巴林遜尼人口逐漸增加，幾乎占總人口數一半。什葉派人民與遜尼派政府之間，和平底下隱藏的是自古便無法根除的教派分歧。1979 年伊朗的伊斯蘭革命，鼓舞半島上的什葉派為自己爭取權利，巴林許多什葉派團體運動被認為是受伊朗政府的鼓動，而遭巴林政府逮捕或放逐。在什葉派百姓們的眼裡，許多巴林政府的問題都歸咎於對什葉派人民的壓迫。他們認為沙烏地自公國時期便計畫性的讓遜尼派卡立法家族入主巴林，以少數統治多數，資源被少數人壟斷，認為政府放逐思想犯與政治犯、讓許多外國人入籍，便是想改變巴林教派比例。1994 年巴林人民發起抗爭運動，爭取憲政權利，包含抗議 1975 年的選舉違憲，訴求重選國會議員、釋放政治犯與迎回放逐的思想犯、給予女性政治與公民權、公平對待國民、進行經濟改革等。此運動延續到哈馬德．邑薩繼任國王及推動《國家行動憲章》為止。

相較於其他阿拉伯地區的阿拉伯之春運動，巴林群眾是和平的示威抗爭者，但政府卻使用武器、利用外援武力對付人民，恐怕是巴林阿拉伯之春延續到 2014 年中才結束的原因。阿拉伯之春運動至今已歷十年，社會平靜了，但數千人因此失去工作或被捕，這些陰影至今猶存。

3.巴林社會文化

巴林人自古以海維生，與多民族接觸，因此視野開闊、社會開放、民族性寬容溫和。即便多數人的宗教派別與鄰國不同，但人民承襲祖先的慷慨、謙遜、重視家庭、愛好和平、積極求知。僅管巴林政府給予人民各層面的自由，但巴林人對傳統文化的珍惜到處可見，包含對伊斯蘭服飾的愛好、伊斯蘭建築的普遍。此外，因巴林境內居民來自世界各地，宗教文化多元，往昔的潛水夫文化融入巴林文化中，巴林採珍珠時代雇用的潛水夫是來自非洲的奴隸，他們帶來的非洲文化諸如音樂、舞蹈成為巴林文化的特色，許多巴林音樂家也溯源於非洲。憲政改革之後，巴林政府廣建住宅、提高人民生活品質與福利，人口持續增加，但外國人力仍占大多數。

2006 年巴林為與世界接軌，仿效許多其他阿拉伯國家將原本星期四、五的周休日，改為星期五、六。2022 年沙烏地阿拉伯是半島最後一個改周休日為星期五、六的國家。巴林除了慶祝、紀念許多伊斯蘭與國家節日，如開齋節、宰牲節、艾書剌俄、穆罕默德先知誕辰、伊曆新年、國慶日、國王（哈馬德．本．邑薩）登基日之外，也將國際節日陽曆新年與勞工節訂為國定假日。

第三節　阿曼海岸地區國家

一、阿　曼

根據二十世紀出土的古墓遺跡顯示，阿曼早在公元前 3000 年便有群聚的人類社會。阿曼位於阿拉伯半島東南邊，東臨阿拉伯海，西邊與沙烏地阿拉伯為界，北邊是波斯灣。由於海洋貿易發達，曾與許多古文明接觸，如兩河流域、印度、中國、尼羅河、地中海東岸等。

阿曼人在伊斯蘭教興起時便參與許多護衛伊斯蘭、開疆拓土的戰爭，譬如對抗叛逆部落的系列戰爭 (Ḥurūb ar-Riddah)、征服伊拉克、波斯、印度的戰爭等。他們透過海洋貿易將伊斯蘭信仰傳布到中國與東非。由於對外接觸頻繁，使阿曼人民族性寬容、溫和，但在歷代遜尼哈里發的執政史上，他們卻常扮演分離主義的角色、堅持伊斯蘭的哈里發理應是推選制而非世襲制，因此自阿拔斯時期他們便致力於阿曼獨立。他們推選的「伊瑪目」必須接受人民的建言、規劃國家的未來、負起保護穆斯林之責，沒有絕對的權力。

1.外族勢力

1506 年葡萄牙人占領阿曼南海的哈拉尼亞特 (al-Ḥallānīyāt) 群島後，緊接著攻擊馬斯開特，並在當地大肆焚燒建築與船隻，俘虜許多阿曼人，更挖去他們的眼睛、削去他們的鼻子、割掉他們的耳朵。鄂圖曼帝國為了奪取阿曼海域，1546 年先奪得伊拉克巴舍剌港，成為製造船隻的港口，並以此為據點於 1558 年占領馬斯開特，但不久又被葡萄牙人收復。雙方如此相爭至十六世紀末，鄂圖曼與葡萄牙的海軍力量逐漸衰微。

十七世紀初，鄂圖曼聯合葡萄牙對抗波斯，波斯則聯合荷蘭和英國。波斯藉著與英國的聯盟，最終將鄂圖曼勢力趕出波斯領土，並以港口優惠與雙邊貿易優惠作為英國協助的回饋。1622 年英國與波斯的聯盟軍攻下霍姆茲，結束了葡萄牙一百多年的統治，使葡萄牙在波斯灣勢力僅存阿曼沿海。1645 年阿曼與英國東印度公司簽約，同意英國使用阿曼的西卜 (as-Sīb) 和舒哈爾 (Ṣuḥār) 港口。1650 年阿曼終於將葡萄牙人趕出馬斯開特。十八世紀初阿曼更從波斯人手裡奪得巴林以及波斯許多海港。

2.亞厄魯卜國（1624～1742 年）

十六世紀初，穆罕默德．本．伊斯馬邑勒 (Muḥammad bn Ismā‘īl) 手刃納卜含族荒淫無道的蘇賴曼．納卜赫尼 (Sulaymān an-Nabhānī)，旋即繼任阿曼首領。然而，阿曼因此內部陷入長期混亂，納卜含族與伊巴弟亞派信徒無時無刻都在企圖恢復政權。阿曼外部則有霍姆茲王國與朱布爾部族爭相控制阿曼。1624 年阿曼人擁立納席爾．本．穆爾序德（Nāṣir bn Murshid，1595～1649年）為伊瑪目，建立亞厄魯卜國 (The Ya'rubid Dynasty)，首都魯斯塔各 (ar-Rustāq)，正式結束納卜含族將近五百年的統治。

納席爾上任之後力圖整頓內政、建立強大的海上艦隊以對抗葡萄牙，之後更陸續戰勝葡萄牙人，奪得剌俄斯．愷馬、舒哈爾、馬斯開特等大城，版圖擴張至東非及部分波斯。內政上納席爾實踐伊巴弟亞派理念，伊巴弟亞思想自此深入阿曼人心。納席爾身後無子，由其堂兄弟蘇勒覃．本．賽弗（Sulṭān bn Sayf，？～1679年）繼位，蘇勒覃繼續與葡萄牙人作戰，並將他們徹底趕出阿曼陸地與海岸。亞厄魯卜國的版圖不斷擴充，涵蓋今日的「阿曼蘇丹國」及「阿拉伯聯合大公國」。

1720年代亞厄魯卜國陷入宮廷鬥爭，過程中求助波斯人鬥自己人的情況不斷，二十餘年的鬥爭導致提前終結國家的壽命。

3.薩邑德家族與阿曼蘇丹國（1744年～至今）

薩邑德家族在阿曼歷史上建立輝煌的阿曼帝國，十九世紀上半葉其疆域包括東非、印度洋，幾乎與英、法並駕齊驅，並統一分崩離析的舊阿曼，為現代阿曼奠定穩固的基礎。直至今日薩邑德家族仍統治著阿曼。

1741年一位派駐在舒哈爾地區、曾是伊瑪目顧問的商人阿賀馬德．本．薩邑德（Aḥmad bn Sa'īd，1694～1783年），他因擊退波斯、對抗法國的占領、與英國結盟以對抗崛起的沙烏地第一公國，成功的終結部落惡鬥與內部戰爭。1744年阿賀馬德被選為伊瑪目，在位期間將波斯勢力逐出阿曼沿海、建立強大的海上艦隊，並援助巴舍剌擺脫波斯的控制。阿賀馬德的貢獻尤其在他為民謀福利，建立團結、平等、法治觀念，並運用阿曼海岸的優勢建立強大的海洋商隊，穩健的發展農、工、商各層面的經濟實力。

阿賀馬德兒子薩邑德．本．阿賀馬德（Sa'īd bn Aḥmad，？～1810 年）執政時期，納几德的瓦哈比軍隊不斷來襲，控制了卡達的茹巴剌，幾乎擴張到馬斯開特。阿賀馬德的孫子哈馬德（Ḥamad，？～1792 年）雖未被尊為伊瑪目，但實際統治馬斯開特，阿曼從此便建都在馬斯開特。蘇勒覃．本．阿賀馬德（Sulṭān bn Aḥmad，？～1804 年）在位期間，阿曼海上勢力大增，占領包含霍姆茲幾個海港。1798 年與英國簽約，允許英國代表進駐馬斯開特，此後阿曼政府依賴英國的協助。

薩邑德．本．蘇勒覃（Sa'īd bn Sulṭān，1791～1856 年）任內阿曼海岸盡入版圖，經濟繁榮。然而，阿曼在英國、波斯與瓦哈比錯縱複雜的關係與壓力下，領土的分割或得或失、條約的簽訂等等都成為國家反覆的命運。薩邑德．本．蘇勒覃因喜愛離印度與東非都很近的贊基巴爾 (Zanjibār) 的自然景觀，將此島設為王國首都，阿曼人紛紛移居到此地。薩邑德去世後其子紛爭不斷，國家分裂為二：東威尼．本．薩邑德（Thuwaynī bn Sa'īd，1821～1866 年）統治的「阿曼暨馬斯開特蘇丹國」以及馬基德．本．薩邑德（Mājid bn Sa'īd，1834～1870 年）統治的「贊基巴爾蘇丹國」（1856～1964 年）。十九世紀末贊基巴爾蘇丹國成為英國保護國。1920 年兩蘇丹國簽訂協議，確定各自管轄區。1964 年贊基巴爾革命後脫離阿曼的統治，與東非的坦干伊加 (Tanganyika) 合併為坦尚尼亞共和國。

1913 年阿曼內陸綠山山脈區伊巴弟亞派建立「阿曼伊瑪目國」，推選薩立姆．本．剌序德 (Sālim bn Rāshid) 為伊瑪目，首都設在馬斯開特西南方的尼日瓦 (Nizwā)。1954 年佳立卜．本．阿里 (Ghālib bn ‘Alī) 伊瑪目試圖擴張勢力、獨立於薩邑德家族的統治之外，卻於 1957 年不敵英國與薩邑德政權的聯手而滅亡，佳立卜及部落酋長們逃往沙烏地，有些則前往埃及和敘利亞。

1965 年阿曼南部發生蘇聯與南葉門共產主義支助的如法爾 (Ẓufār) 革命，敵對薩邑德家族政府與英國殖民，訴求趕走英國、建立獨立的如法爾共和國。革命分子占領阿曼南部四分之三的領土，直到 1975 年才被平定。

薩邑德．本．泰穆爾（Sa‘īd bn Taymūr，1910～1972 年）蘇丹執政期間的阿曼混亂不堪，人民對政府的專制和保守、經濟與社會的落後、英國的跋扈非常反感，許多阿曼人紛紛移民到鄰近國家。1970 年薩邑德蘇丹之子格布斯．本．薩邑德（Qābūs bn Sa‘īd，1940～2020 年）發動不流血政變，取代其父之位。薩邑德遠走倫敦直到去世。如法爾革命期間，格布斯蘇丹曾求助於擁有先進武器的伊朗，並簽署軍事協定，伊朗軍隊於 1973 年進駐阿曼。

1964 年阿曼發現石油，格布斯蘇丹登基後積極於石油開採與輸出，藉石油收益將阿曼從傳統部落社會逐漸改變為民主進步社會。由於阿曼是阿拉伯半島的東部門戶，控制波斯灣、忽爾穆茲海峽的石油運輸與國際貿易的航運，容易發展經濟。格布斯任內為了振興農、工、商、漁業，將國家發展計畫以每五年為一進程，不斷向上提升國家競爭力，大興現代化建設，且重視教育與衛生。他對外手段溫和，執政後立即加入阿拉伯國家聯盟，積極參與阿拉伯與國際事務。格布斯對傳統文化的維護也不遺餘力，在位期間推展培育阿曼純種馬計畫，設立學校教導馬術與箭術，並鼓勵研究與阿曼息息相關的古絲路以及境內動物生態。格布斯過世後其堂弟海山．本．拓里各（Haytham bn Ṭāriq，1955 年～）繼位，即今日的阿曼蘇丹。

4.阿曼社會文化

相較於阿拉伯半島其他地區，阿曼比較像葉門，自古除了海洋漁業與貿易之外，也發展農業。綠山是阿曼最高峰，因水源較豐富，吸引許多人定居。阿曼的畜牧業自古便名聞遐邇，凡駱駝、牛、羊的肉質、奶酪都屬上品，並以出產俊美、快速的單峰駱駝為名，這種駱駝被稱之為「阿曼妞」(al-'Umānīyāt)。阿曼的馬因餵食阿曼椰棗、乾苜蓿而跑得快、外型健碩，是上等阿拉伯馬。陸地野生動物有野兔、狼、狐狸、蛇，少有猛獸。

阿曼是一個古文明國度，最值得驕傲的是它的遠洋貿易，當波斯帝國將文明傳播到西方時，阿曼人則是扮演兩河流域與印度文明的使者，他們對航海路線與海洋季節的了解尤超越波斯人。過去阿曼在薩邑德家族的統治下，曾建立西起

圖 49：「阿曼妞」駱駝

圖 50：巴爾艾舞

東非、東到印度洋的海洋帝國，因此阿曼人自古便具有保護海洋生物的素養。譬如不允許在夜間使用閃光燈照海龜、不得驚擾海龜棲息處、不准人們用矛捕魚、取得允許才得用魚鉤釣魚、某些海域不得進行漁獵活動等，以保護自然環境等先進的海洋保護措施。同時他們也維護傳統價值，譬如觀光法規中禁止穿著泳衣離開海岸、觀光客對人拍照要取得允許、駕駛船隻必須要有執照、參訪古堡需有觀光與遺產部的許可等。

阿曼境內有許多聯合國教科文組織所認定的物質文化與非物質文化遺產，包含比絲路還早的乳香路、古墓、古堡、古城牆。最令人矚目的非物質文化遺產是阿曼南部傳統的巴爾艾舞(bar‘ah)，該舞蹈是由兩位穿著傳統白長袍、繫腰帶，右手持短刃的男士高舉短刃，前後和諧的跳躍。跳此舞時需伴隨歌唱與奏樂，樂器以各種大鼓、手鼓、鈴鼓、古琴為主，歌詞主題多為情歌。

今日巴爾艾舞已經不限定兩位男士，樂器也增加了如小提琴等的西洋樂器。

二、阿拉伯聯合大公國

阿曼沿岸有許多獨立的小酋長國，其中包含今日的阿拉伯聯合大公國，自古被稱為「阿曼沿海區」，隸屬於「阿曼地區」。

1.阿曼沿岸酋長國

七世紀伊斯蘭宣教時期，阿曼沿海居民便信奉伊斯蘭，在伊斯蘭各時期都以發展與印度、非洲的海洋貿易為重。葡萄牙人繞過非洲好望角征服印度洋與阿拉伯海灣地區，十六世紀初便控制阿曼海岸區及霍姆茲島，並駐足此區域達二世紀之久。亞厄魯卜國統治阿曼地區期間，阿曼沿海區也在它的轄區內。十七世紀荷蘭人打敗葡萄牙人獲得香料貿易的利益，緊接著英國人基於戰略、商業利益積極與當地望族格瓦西姆家族 (al-Qawāsim) 合作。阿拉伯海灣各部落除了彼此爭奪地盤之外，也相互結盟以對抗敵人。

英國與格瓦西姆家族自十八世紀末開始交惡，1819 年英國聯合馬斯開特蘇丹國攻打格瓦西姆家族，燒毀他們的艦隊，摧毀剌俄斯．愷馬、巫姆．蓋威恩 (Umm al-Qaywayn)、艾几曼 (‘Ajmān)，連杜拜也無法倖免。1820 年雙方簽定《阿曼和解海岸條約》，此後並數度簽約，保證一百五十年雙方和平共處。因此，這條海岸被稱為「阿曼和解海岸」，海岸各酋長國被稱為「和解國」。換言之，阿拉伯人喪失在波斯灣的主導權，凡國防、外交權力都掌控在英國人手中，此情況持續到 1971 年聯合大公國成立為止。英國在此建設軍事與民用機場防衛阿曼海岸安全，英國代表進駐夏里格 (ash-Shāriqah)，直到 1954 年才遷到杜拜。

格瓦西姆家族精於航海，英國人將他們視為海盜，實際上他們是幫忙阿拉伯人防衛阿曼海岸，並試圖將英國勢力逐出。1803 年該家族蘇勒覃．本．沙各爾 (Sulṭān bn Ṣaqr) 成為夏里格的領袖，統治該地六十餘年，並逐漸擴張勢力到其他阿曼海岸區。格瓦西姆家族擁有十艘艦隊，包含六十三艘大船及八百艘小船，每艘艦隊有二萬名水手。許多酋長國都曾經附屬於夏里格，因此夏里格首長地位與馬斯開特蘇丹及沙烏地公國伊瑪目平起平坐。蘇勒覃重要的政績是強迫馬斯開特蘇丹國承認夏里格是獨立國，並劃定兩國邊界。1866 年蘇勒覃過世後，他所統治的海灣各酋長地區便分解。

與格瓦西姆家族先後崛起於此海岸地區的是亞斯族。1761 年他們在阿布達比發現地下水源，便定居下來，人口迅速成長。十九世紀初亞斯族的一支馬柯土姆家族 (Maktūm) 遷往杜拜，建立杜拜公國。

1930 年代，阿拉伯海灣成為英、美石油利益角逐的地區。1937 年英國石油公司奪得阿布達比為期七十五年的石油權。但英美雙方在布雷米綠洲的石油開採權一直僵持不下，最後達成英國公司擁有北部、美國公司擁有南部的協議。1956 年英、法、以三角侵略埃及的以阿戰爭發生時，阿拉伯海灣地區同仇敵愾支持埃及，因而掀起反殖民浪潮。民眾抗議惡劣的油井環境、低廉的工資、高昂的物價，訴求石油利益的公平性，英方卻拒絕讓阿拉伯國家聯盟前往大公國查訪。1964 年阿拉伯國家聯盟達致決議，主張阿拉伯海灣地區有權完全獨立。1965 年夏里格拒絕與英國續簽軍事基地的租借協定，英國因此逮捕夏里格酋長，並將他放逐到巴林。各公國發起團結運動，英國與大公國雙方的關係緊繃。事後英國想盡辦法挽回局勢，包含承諾改變、給予各首領利益、更換不合作的首領等，但都無法平息民怨。1968 年英國宣布 1971 年撤出波斯灣七個阿拉伯公國。

2.阿拉伯聯合大公國（1971 年～至今）

1958 年大公國地區出土的石頭城堡壁上的圖案包含人像、駱駝、植物等，此遺跡年代可追溯到公元前 2300 年，因此考古學家們判斷，阿拉伯半島最晚在當時便開始人工飼養駱駝。該廢墟中也發現許多印度、中國、波斯及巴比倫的器皿，可見當時此地已經進行國際貿易。阿拉伯聯合大公國在歷史文獻上隸屬於阿曼，稱為「阿曼海岸酋長國」，建立於十八、十九世紀。這七個公國分別是：

⑴阿布達比

1761 年納合顏 (Nahyān) 家族所建，原本隸屬於夏里格，十九世紀初夏里格酋長蘇勒覃．本．沙各爾任命馬柯土姆．本．布堤 (Maktūm bn Buṭṭī) 擔任阿布達比的酋長，阿布達比便與夏里格分離。阿布達比面積占聯合大公國 86.7%，外加兩百個小島，是大公國的政治和經濟中心，海岸線長達七百公里。

⑵杜拜

1833 年馬柯土姆家族所建，馬柯土姆．本．布堤任內，杜拜與阿布達比分離。二十世紀初馬柯土姆之子薩邑德被任命為杜拜首領。杜拜古名是「世界珠寶」、「海灣珍珠」，面積僅占大公國的5%，人口卻與阿布達比相當，目前列為全球都市，是世界貿易與航空中心。杜拜境內有世界最高建築哈里發塔、世界第二高旅館，是聯合大公國的商業、金融與觀光重地。

(3)夏里格

1868 年格瓦西姆家族所建，面積占大公國的 3.3%，1921 年夏里格與刺俄斯．愷馬分離。轄區包含阿布．穆薩 (Abū Mūsā) 及席爾．布努艾爾 (Ṣīr Bū Nu‘ayr) 兩座小島。夏里格境內建築許多具有伊斯蘭特色的傳統式市集。阿布．穆薩島位於霍姆茲海峽出口處，盛產各種礦物、水源豐富，深具經濟與戰略重要性，自古是兵家必爭之地，曾被伊朗與英國統治與殖民，發現石油後伊朗與英國在此之爭有增無減。

(4)刺俄斯．愷馬

1727 年格瓦西姆家族所建，面積占大公國的 2.2%。刺俄斯．愷馬阿拉伯語意為「帳篷頭」，因為當地建築許多瞭望塔，監督波斯灣海上情況，其形狀類似貝都因帳篷頂而得名。

(5)夫賈刺

1876 年夏爾紀家族 (ash-Sharqī) 所建，面積占大公國的 1.5%。

(6)巫姆．蓋威恩

1775 年穆艾拉 (al-Mu‘allā) 家族所建，面積占大公國的 1%。

(7)艾儿曼

1775 年納邑姆 (an-Na‘īm) 家族所建，面積占大公國的 0.3%，是聯合大公國面積最小的公國，周圍並無任何小島，但因擁有山脈而具特色。

1966 年撒業德．本．蘇勒覃（Zāyid bn Sulṭān，1918～2004 年）擔任阿布達比領袖，也是阿布達比復興的開始。撒業德統一各公國，創立阿拉伯聯合大公國，阿布達比成為阿拉伯聯合大公國的首都。杜拜阿米爾剌序德．本．薩邑德．本．馬柯土姆（Rāshid bn Sa'īd bn Maktūm，1912～1990 年）擔任大公國副總統，剌序德的兒子擔任聯合大公國總理。此後馬柯土姆家族繼續擔任副總統與總理的職位。撒業德過世後，其長子卡立法（Khalīfah bn Zāyid，1948～2022 年）被聯合大公國最高委員會選為總統。卡立法任內完成以其名命名、高八百二十八公尺的世界最高建築「哈里發塔」(Burj Khalīfah)，使得聯合大公國成為世界觀光勝地。卡立法過世後，最高委員會選其弟穆罕默德（Muḥammad bn Zāyid，1961 年～）擔任總統。

1967 年七個公國為達致彼此實質的合作與發展，成立「和解公國領袖理事會」，總部設在杜拜，輪流擔任理事會主席。海灣七公國曾邀請巴林和卡達商議組織聯邦，並組織憲法研究委員會，然而會談失敗，巴林和卡達決定各自獨立為兩個國家，其餘七個公國於 1971 年年底組成「阿拉伯聯合大公國」。七公國首長組成聯合大公國「最高委員會」。「最高委員會」為國家最高權力機關，成員為七個公國的首長，是國家最高行政與立法組織，每年集會四次，規劃國家政策、決定國家法律以便頒布。阿布達比和杜拜兩公國在最高委員會中擁有否決權。聯合大公國的總統權力僅次於最高委員會，經由「最高委員會」從七個公國的首長中選出，任期五年得連任。總統對內、對外代表國家，得任命總理、頒布法律、召集「最高委員會」會議。總理及其行政委員會成員由總統任命，掌理國家內政與外交行政權力，有權提出法規建議、規劃國家總預算、監督法律的施行等。國會有四十席，其中一半席位是七個公國推出，另一半席位由人民選舉出任。他們的職責在審理法案、國家總預算，並給予建議。對於國際條約與協定也適時給予意見。司法權分最高法院與地方法院，司法完全獨立，不受干預。

撒業德任內致力於國家的現代化，建立人民權利與義務的觀念，格外重視國安、人民福祉、環境保護、提升女權、實施宗教寬容政策，人民稱他為「國父」。他對外雖溫和卻堅持阿拉伯立場，是最早與沙烏地費瑟國王聯手實施石油禁運政策以對抗西方、維護巴勒斯坦權利的領袖。1974 年與費瑟國王簽約劃定兩國邊界。

1971 年聯合大公國成為阿拉伯國家聯盟及聯合國的會員國。隨之加入世界貿易組織、石油輸出國組織。1981 年與其他五個波斯灣阿拉伯國家組成「海灣阿拉伯國家合作委員會」。聯合大公國在履行這些團體成員的義務上不遺餘力，包含在 1973 年 10 月以阿戰爭時，參與阿拉伯陣營對抗以色列；伊拉克入侵科威特的第二次海灣戰爭時，支持同為海灣阿拉伯國家合作委員會成員國的科威特，參與國際聯軍對抗伊拉克。

3.聯合大公國社會文化

聯合大公國在發現石油之後社會狀況變化甚鉅；大批外來人

口湧入，包含東南亞、中亞、南亞勞工、世界各地的科技與商業人士。這些外來人口除為追求石油帶來的財富與利益之外，也貢獻他們的智慧、專業，促進聯合大公國的現代化與經濟發展。聯合大公國本地人口占總人口不到五分之一。這種依賴外國人的現象除了促進整體經濟的進步外，也造成社會文化的改變；幾乎每個家庭都依賴娸姆、傭人照顧孩童和處理家務，依賴司機或工人做粗重工作。原本純阿拉伯式的生活與價值，如今摻和著亞洲或其他第三世界的文化和思想。本地人在職場上因與員工或合夥人的接觸和合作，逐漸受影響而西化或資本主義化。於是來自世界各地的語言、宗教、風俗習慣等與本地傳統文化融合，自然也不乏劇變與衝突。對千餘年守護的伊斯蘭價值或部落價值而言，護衛傳統者與社會新興一代之間思想價值的衝突與矛盾成為此地區的隱憂。

後　記

近現代少數西方的東方學者在研究中世紀的阿拉伯歷史與宗教時，提出某些偏執的理論，有些論點甚至蔚為風潮，其原因往往出自其取材與佐證的方法、對古籍的理解程度，以及彼此之間宗教信仰的衝突。基於此，本書在陳述半島中古史時格外重視以原始資料為依據，期待能更貼近史實。

此書的撰寫過程耗時三年餘，筆者在篇章安排上曾幾度躊躇並變更，最後考慮半島人文與地緣特殊性而底定，或許因此能更便於閱讀?! 在原始資料取材上，尤其是阿拉伯古代編年史與傳記史的取捨上也曾令筆者耗費心力求證，筆者信任中世紀權威性文史學家的記載，自然捨棄一些無法立足的論點。由於本書列為「國別史叢書」的著作，為配合三民書局系列叢書的一致性規格，本書不附註腳。對於三民書局編輯團隊為出版此書所付出的努力，謹於此致誠摯的謝忱。

鄭慧慈

附　錄

大事年表

公元前

約 2300 年	阿拉伯半島開始飼養駱駝。
約前 1200～公元 275 年	薩巴俄王國。
約十二世紀	半島開始使用駱駝運輸。
約十世紀～九世紀	葉門發展出「穆斯納德文字」或「息姆亞爾文字」系統。
853 年	最早提到「阿拉伯人」一詞的遺址出現在敘利亞格爾古爾鄉村。
前 550～前 330 年	波斯阿契美尼德王朝。
前 169～公元 106 年	納巴特王國，建都於今日約旦南部貝特拉城。
約前 115～公元 525 年	息姆亞爾王國。

公元後

328 年	最早的阿拉伯文字碑文出現在敘利亞古城納馬剌。
330 年	羅馬帝國東部建立。
約 450～約 550 年	金達王國。
519 年	門居爾．本．馬俄．薩馬俄出兵攻打羅馬邊境，俘虜兩位羅馬將領。
544 年	佳薩西納國與馬納居剌國戰爭，佳薩西納落敗。馬納居剌國王門居爾俘虜佳薩西納國王

	哈里史一子，將之獻祭烏撒神。
554 年	「哈立馬戰役」，馬納居剌國王門居爾戰死。
563 年	佳薩西納國王哈里史．本．加巴拉前往君士坦丁堡與羅馬商談繼位問題。
570 年	「象年」：阿比西尼亞人攻打麥加。
	穆罕默德誕生。
580 年	門居爾．本．哈里史訪君士坦丁堡，羅馬皇帝授予他皇冠，羅馬歷史稱他為「阿拉伯人的國王門居爾」。
619 年	穆罕默德先知元配卡迪加．賓特．乎威立德過世。
622 年	聖遷。
	伊斯蘭曆元年。
624 年	巴德爾戰役：穆斯林打敗麥加多神教徒。
628 年	《里底萬效忠誓言》，又稱《樹的效忠誓言》。
630 年	麥加之役：穆斯林征服麥加。
630～631 年	代表團年。
632 年	告別朝聖。
	穆罕默德先知辭世。
634 年	穆斯林軍隊在大馬士革南部打敗羅馬人。
636 年	亞爾穆克戰役：穆斯林擊敗羅馬。
	格迪西亞戰役：穆斯林大勝波斯。
639 年	耶路撒冷附近鄉村爆發瘟疫，擴散到敘利亞與半島北部地區，數萬人死亡。
644 年	正統哈里發烏馬爾被波斯人刺殺身亡。

656 年	正統哈里發烏史曼遭殺害。 駱駝之役：艾伊夏陣營征討阿里。
657 年	席分戰役：阿里與穆艾維亞長達九天的慘烈戰役。
658 年	納合剌萬戰役：阿里與卡瓦里几派戰爭，阿里獲全勝。
661 年	正統哈里發阿里．本．阿比．拓立卜遭卡瓦里几派刺殺身亡。
680 年	克爾巴拉俄慘案，阿里之子胡賽因被殺。該年陰曆 1 月 10 日為「艾書剌俄」伊斯蘭國殤日。
692 年	艾卜杜拉．本．茹拜爾類哈里發政權被奧米雅家族滅，兩聖城政治地位喪失。
750～1258 年	阿拔斯時期。
751 年	薩法賀哈里發派軍攻打阿曼，朱蘭達伊瑪目被殺。
786 年	法可戰役：什葉派對抗阿拔斯哈里發赫迪軍隊。
818～1016 年	葉門奇亞德國。
898～1962 年	葉門翟德伊瑪目國。
899～1077 年	格剌米拓運動。
909～1171 年	法提馬王國。
929 年	格剌米拓奪走黑石，後於 951 年歸還。
1012～1158 年	葉門納加賀國。
1229～1454 年	葉門剌蘇勒國。

1250～1517 年	馬木路克王國。
1258 年	阿拔斯家族政權終結於蒙古人之手。
1477 年	霍姆茲國王求助於貝都因部落朱布爾族，自願割讓巴林作為交換條件。
1501～1736 年	波斯薩法維帝國。
1506 年	葡萄牙人占領阿曼南海的哈拉尼亞特群島後攻擊馬斯開特。
1516 年	鄂圖曼土耳其占領敘利亞。
1517 年	1 月鄂圖曼土耳其占領埃及，馬木路克王國哈里發被俘至伊斯坦堡。
1521 年	葡萄牙攻打巴林，統治巴林至十六世紀末。
1538 年	鄂圖曼軍隊消滅葉門拓希里亞政權。
1600 年	英國成立東印度公司，其運作維持三世紀之久。
1602 年	荷蘭於成立東印度公司，二十年後進入波斯灣。
	波斯薩法維帝國擊敗葡萄牙奪得巴林。
1622 年	英國與波斯的聯盟攻下霍姆茲，結束了葡萄牙一百多年的統治。
1624～1742 年	阿曼亞厄魯卜國。
1634 年	葉門人要求鄂圖曼和平撤出摩卡港，開啟葉門「格西姆國」。
1645 年	阿曼與英國東印度公司簽約，同意英國使用阿曼的西卜和舒哈爾港口。
1665 年	納几德遭逢持續兩年的大旱災，許多部落移

	居到波斯灣地區以求發展。
1689 年	伊拉克巴舍剌發生瘟疫，倖存者紛紛移居他地，鄂圖曼在此地區的勢力漸微。
1744～1818 年	沙烏地第一公國或迪爾邑亞公國。
1744 年～迄今	阿曼薩邑德家族執政。
1764 年	哈伊爾戰役：納几嵐對紹德家族之戰。
1766 年	卡立法家族在卡達建立「茹巴剌公國」。
1768 年	卡立法家族在茹巴剌建造穆雷爾城堡。
1773 年	利雅德併入迪爾邑亞公國。
1775 年	波斯占領巴舍剌，許多富商、文人遷到茹巴剌定居。
1782 年	9 月茹巴剌戰役：烏土卜盟族敵對波斯附庸馬茲庫爾族。
1783 年	科威特在剌格戰役擊敗克厄卜族，奠定科威特在波斯灣海權基礎。 卡立法家族從波斯人手中奪得巴林。
1793 年	沙烏地第一公國攻打科威特。
1796 年	第一公國攻打卡達 ， 卡達成為第一公國的領土。
1798 年	法國拿破崙大砲打進埃及亞歷山卓港。 阿曼與英國簽約，英國代表進駐馬斯開特。
1802 年	阿曼出兵奪得巴林，管轄巴林到 1808 年。
1805 年	息加資併入迪爾邑亞公國，公國仍請聖裔家族繼續擔任麥加阿米爾。
1809 年	沙烏地第一公國攻打巴林，瓦哈比思想開始

	實踐在卡達與巴林。
1818 年	埃及總督穆罕默德．阿里之子伊卜剌希姆帕夏滅迪爾邑亞公國。
1819 年	英國聯合馬斯開特蘇丹國攻打格瓦西姆家族，摧毀阿拉伯海灣數個酋長國。
1820 年	英國與海灣各國簽定《阿曼和解海岸條約》，此後並數度簽約，保證一百五十年雙方和平共處。
1824～1891 年	沙烏地第二公國。
1825 年	山尼家族統治卡達直至今日。
1826 年	加拉希馬家族與卡立法家族反目而離開巴林，定居在茹巴剌北部。
1830 年	費瑟．本．土爾齊戰勝卡立德族，奪得阿賀薩俄。
1834 年	土爾齊．本．艾卜杜拉被其外甥馬夏里．本．艾卜杜．剌賀曼遣僕人殺害。
1834～1921 年	哈伊勒公國。
1836 年	穆罕默德．阿里派兵攻打哈伊勒，阿里家族趁機奪得哈伊勒的阿米爾職位。
1838 年	剌序德家族重拾哈伊勒阿米爾的地位。
	英國派代理進駐科威特。
1839 年	伊斯馬邑勒帕夏將費瑟．本．土爾齊及其家人俘虜到埃及。
	英國人占領亞丁，活絡此港的商業活動。
1841 年	沙烏地第二公國艾卜杜拉．本．東乃顏奪得

	利雅德。
1843 年	沙烏地第二公國費瑟・本・土爾齊從埃及回到利雅德奪回政權，二度執政。
1846 年	麥加阿米爾聯合鄂圖曼土耳其軍隊攻打納几德。
1861 年	英國和巴林簽署保護協定。
1869 年	巴林正式淪為英國保護國，直到 1971 年獨立為止。
1871 年	沙烏地第二公國蘇烏德・本・費瑟奪得政權。
1872 年	穆罕默德・本・艾卜杜拉殺死姪兒奪得哈伊勒政權。
1876 年	艾卜杜・剌賀曼・本・費瑟還政給艾卜杜拉・本・費瑟。
1891 年	哈伊勒公國滅沙烏地第二公國。
1892 年	艾卜杜・剌賀曼・本・費瑟舉家遷往科威特
1896 年	科威特穆巴剌柯弒二兄奪得政權。
1898 年	鄂圖曼土耳其協助卡達攻打巴林，英國出兵協助巴林，並逼卡達簽訂和平協定。
1899 年	科威特成為英國的保護國。
1901 年	沙里弗戰役：科威特討伐哈伊勒公國，哈伊勒公國獲勝。
1902 年	沙烏地阿拉伯王國開國者艾卜杜・艾奇資成功突襲利雅德。
1906 年	英國東印度公司第一次開航到紅海和亞丁，

	在摩卡港成立貿易代理，控制阿拉伯半島南部海運。
1908 年	麥加和吉達設立兩所學校，奠定阿拉伯半島學校的基礎。
1908～1933 年	伊德里西亞公國。
1909 年	鄂圖曼土耳其發生政變，艾卜杜．哈米德二世蘇丹被罷黜。
1911 年	沙烏地建造第一個貝都因村落「希几剌」。
	數百位阿拉伯學生在巴黎祕密成立「阿拉伯青年會」，宣揚阿拉伯民族主義。
1912 年	伊德里西亞公國奪得紅海南端的法剌珊群島。
1913 年	沙烏地將納几德、阿賀薩俄和東部沿海地區納入版圖。
	英國與鄂圖曼土耳其簽約，劃定半島東部海灣地區的邊界，也是鄂圖曼勢力的界線。
	鄂圖曼土耳其放棄科威特的主權。
	阿曼綠山山脈區伊巴弟亞派建立「阿曼伊瑪目國」。
1914 年	第一次世界大戰爆發，鄂圖曼政府強迫阿拉伯地區人民從軍。
	英國承認科威特在英國保護下得以自主。
1915 年	大敘利亞地區發生蝗災與饑荒。
	《麥克馬洪－胡賽因通訊》英國承諾支持阿拉伯人建立獨立的王國。

	12 月 26 日英國與沙烏地簽署《格堤弗條約》。
1916 年	5 月 16 日英、法、俄三國在俄羅斯聖彼得堡簽訂的《賽克斯一皮科協定》，英、法瓜分鄂圖曼土耳其統治下的阿拉伯版圖。
	6 月 10 日胡賽因．本．阿里領導阿拉伯大革命。
1916～1925 年	胡賽因．本．阿里建立息加資王國。
1918～1962 年	葉門穆塔瓦齊勒國。
1918 年	鄂圖曼土耳其人撤出大敘利亞地區。
1919 年	息加資王國艾卜杜拉．胡賽因於土爾巴綠洲迎戰「兄弟」軍，艾卜杜拉大敗。
1920 年	3 月費瑟．胡賽因於敘利亞宣布獨立，建立「敘利亞王國」。
	艾卜杜拉．胡賽因前往約旦，成為今日約旦王國的創國者。
	「阿曼暨馬斯開特蘇丹國」及「贊基巴爾蘇丹國」兩蘇丹國簽訂協議，確定各自管轄區。
1921 年	沙烏地阿拉伯滅哈伊勒公國。
	英國扶植費瑟．胡賽因成為伊拉克王國第一位國王。
1922 年	沙烏地併吞艾西爾。
1923 年	巴林的佃農與潛水夫革命，訴求舉行國會選舉、拒絕英國干預巴林內政。
	土耳其政府簽訂《洛桑條約》確定土耳其疆

	域後，正式放棄巴林。
1924 年	息加資王國在吉達組「息加資國家黨」。
1926 年	沙烏地滅息加資王國。
	天房換罩事件：沙烏地「兄弟」軍與埃及朝聖團武裝衝突。
	伊德里西亞公國與沙烏地簽訂《麥加協定》，成為沙國的保護國。
1927 年	沙烏地與英國簽訂《吉達協定》，英國承認「息加資、納几德及其附屬王國」獨立。
1929 年	艾卜杜．艾奇資平定「兄弟」之亂。
1932 年	沙烏地阿拉伯王國獨立。
	美孚石油公司 (Standard Oil of California Co.) 負責沙烏地石油的開採。
1934 年	沙烏地與葉門翟德伊瑪目政權簽訂《拓伊弗協定》，彼此承認政權的獨立性。
1937 年	亞丁正式成為大不列顛帝國殖民地直到 1967 年。
	英國石油公司奪得阿布達比為期七十五年的石油權。
1939 年	卡達發現石油，社會與經濟開始轉型。
	葉門旱災造成饑荒和瘟疫蔓延。
1944 年	阿賀馬德．努厄曼及穆罕默德．茹拜里在亞丁組織「葉門自由人」反對黨，發行《半島青年報》。
1946 年	穆罕默德．茹拜里與阿賀馬德．努厄曼創

	「大葉門協會」，於該年 10 月發行《葉門之聲報》，對抗政府的官報。
1948 年	沙那軍人與部落首領發動政變，亞賀亞伊瑪目和他兩個兒子以及首相、護衛被殺。
1949 年	沙國史上第一場廣播由當時的費瑟親王在吉達的「麥加廣播電臺」播出。
1950 年	沙烏地開始向阿美石油公司徵稅。
1955 年	南葉門成立「國家聯合陣線」，所有政黨都併入該陣營。
1956 年	英、法、以三角侵略埃及，阿拉伯海灣地區同仇敵愾支持埃及。
1957 年	沙烏地創辦阿拉伯半島第一所大學——紹德國王大學。
1959 年	沙國成立「女子教育總署」，負責女子教育計畫、行政、監督等事務。
	英國將南葉門保護區改名為「南阿拉伯公國聯邦」。
1961 年	科威特脫離英國六十餘年的保護獨立。
	葉門「自由軍官」祕密組織成立。
1962 年 9 月 26 日	葉門九月革命，建立「葉門共和國」。
1963 年	葉門共和國穆罕默德 · 茹拜里創立葉門「真主黨」。
	南葉門組成「民族解放陣線」，發行《解放報》宣揚革命理念。
1964 年	葉門第一家電視臺創建於亞丁城。

	阿拉伯國家聯盟達致決議，主張阿拉伯海灣地區有權完全獨立。
	贊基巴爾蘇丹國與東非的坦干伊加合併為坦尚尼亞共和國。
	阿曼發現石油。
1965 年	沙烏地開始在利雅德和吉達兩電視臺播放黑白影像節目。
1965～1975 年	阿曼南部如法爾革命，敵對薩邑德家族政府與英國殖民。
1967 年	第三次以阿戰爭爆發。
	11 月 30 日南葉門人民共和國獨立，英國撤出亞丁。
1968 年	英國宣布 1971 年撤出波斯灣七個阿拉伯公國。
1970 年	南葉門人民共和國改名為「葉門民主人民共和國」。
	阿曼政變：格布斯．本．薩邑德發動不流血政變，取代其父之蘇丹位。
1971 年	聯合大公國建國。
	卡達宣布獨立，卡達統治者自此稱為「阿米爾」。
	巴林宣布獨立。
	阿拉伯聯合大公國建國。
1973 年	10 月第四次以阿戰爭期間，美國、荷蘭等西方國家支持以色列。

	10 月 19 日美國尼克森總統要求美國國會提供以色列二十二億美元的援助。
	美國國務卿季辛吉訪沙烏地。
1974 年	阿拉伯聯合大公國與沙烏地阿拉伯簽約劃定兩國邊界。
1975 年	3 月 25 日沙烏地費瑟國王被姪子槍殺。
1976 年	沙烏地電視臺開始播放彩色影像節目。
1977 年	沙烏地設立現代化工廠負責編織天房外罩。
1979 年	伊朗伊斯蘭革命。
	11 月麥加圍困事件。
	沙烏地東部什葉派青年組織反沙烏地政府的「阿拉伯半島伊斯蘭革命組織」。
1981 年	5 月除了葉門之外的阿拉伯半島各國：沙烏地阿拉伯、阿曼、聯合大公國、科威特、巴林、卡達結盟為「海灣阿拉伯國家合作委員會」(GCC)。
	卡達與沙烏地阿拉伯簽訂《雙邊防禦條約》。
	法合德擔任王儲時提出「沙烏地和平倡議」，以促成阿以關係正常化。
1984 年	聯合大公國支助葉門重建馬俄里卜大水壩。
1987 年	沙烏地「阿拉伯半島伊斯蘭革命組織」成立軍事部，稱為「息加資真主黨」，與伊朗革命衛隊共同策畫在沙烏地的恐怖活動。
	麥加朝聖暴動事件。
1990 年	南北葉門統一。

	8 月 2 日伊拉克入侵科威特並宣布科威特為伊拉克的第十九省。
1991 年	第二次海灣戰爭爆發。
	3 月 6 日海灣阿拉伯國家合作委員會成員國、埃及、敘利亞八國簽署《大馬士革宣言》。
1992 年	沙烏地憲法《治國基本法》實施。
	胡賽因．巴德爾丁創立「虔信青年團」，後來稱之為「阿拉虔信者團」，即所謂的「胡夕運動」。
1995 年	卡達哈馬德．本．卡立法發動不流血革命執政。
1996 年	卡達設立「半島電視臺」。
1998 年	沙烏地阿美石油公司在大沙漠的北邊靠近邊界開鑿 Shaybah 油井。
1999 年	科威特規劃給予女性政治權。
2001 年	國際法庭判決哈瓦爾島歸屬巴林，茹巴剌歸屬卡達。
	巴林大赦國內外政治、思想犯，撤除「國家安全法庭」，改以憲政法庭代替。
2002 年	巴林「阿米爾」改稱「國王」。
	3 月麥加女子高中失火事件。
2005 年	沙烏地開始每四年舉行地方議會選舉。
	科威特任用第一位女性部長掌管計畫發展部。
2006 年	沙烏地國慶日 9 月 23 日設定為國家節日。
	巴林為原本星期四、五的周休日，改為星期

	五、六。
2007 年	卡達與以色列建交。
2009 年	卡達與以色列斷交。
	沙烏地第一位部長級女性努剌．法伊資負責女子教育。
2010 年	巴林歸還沙烏地第二公國創國者土爾齊．本．艾卜杜拉的手工劍。
2011 年	阿拉伯之春從突尼西亞蔓延到埃及、利比亞、敘利亞、葉門、巴林，造成政權的殞落或動盪。
2013 年	沙烏地艾卜杜拉國王命令保障女性國會委員必須占全體的 20%。
2014 年	胡夕運動占領沙那，隔年葉門將首都遷到亞丁。
2015 年	沙烏地穆罕默德王儲組織伊斯蘭聯盟，聯合四十四個伊斯蘭國家一同對抗恐怖組織。
2016 年	4 月沙國政府重組「揚善禁惡組織」。
2017 年	沙烏地、巴林、聯合大公國、埃及、葉門、葛摩、馬爾地夫、茅利塔尼亞及約旦宣布卡達支持恐怖主義活動，而與卡達斷交或降低外交層級。
2019 年	沙國宣布對四十九個國家開放觀光旅遊簽證。
2020 年	葉門哈迪政府與分離主義的「南部過度委員會」組成聯合政府。
2021 年	1 月海灣阿拉伯國家合作委員會成員國領

	袖、埃及外長、阿拉伯國家聯盟祕書長、伊斯蘭合作組織秘書長及美國總統顧問於沙烏地阿拉伯的烏拉省召開海灣阿拉伯國家合作委員會高峰會議，達成和解協議，結束與卡達的外交危機。
2022 年	沙烏地阿拉伯將星期四、五週休日改為星期五、六，是阿拉伯半島最後更改週休日的國家。

參考書目與文獻

1. ‘Abd al-Ghanī, Muḥammad Ilyās, *Al-Masājid al-Atharīyah fī al-Madīnah al-Munawwarah*, Medina: Maṭābi‘ ar-Rashīd, 1999.
2. ‘Abdullāh, Muḥammad & al-‘Ābidīn, Bashīr, *Tārīkh al-Baḥrayn al-Ḥadīth (1500–2002)*, Manama: University of Bahrain, 2009.
3. Abū ‘Aliyah, ‘Abd al-Fattāḥ, *Tārīkh ad-Dawlah as-Su‘ūdīyah ath-Thāniyah 1840–1891*, Riyadh: Dār al-Murīkh, 1991.
4. Abū Dāwūd, al-Ḥāfiẓ, *Sunan Abī Dāwūd*, Beirut: Dār al-Kutub al-‘Ilmīyah, 1996.
5. al-Ahjurī, ‘Abd al-Ghanī, *ad-Dawlah ar-Rasūlīyah bil-Yaman Dawlah Turkīyah Saljūqīyah wa Faḍā’ilhā ‘alā al-Yaman Tanẓīman wa ‘Ilman wa ‘Imrānan*, https://www.academia.edu
6. Aḥmad, Ḥasan Khuḍayrī, *Qiyām ad-Dawlah az-Zaydīyah fī al-Yaman*, Cairo: Maktabah Madbūlī, 1996.
7. Aḥmad, Yūsuf, *Al-Maḥmal wa al-Ḥajj*, Cairo: Maṭba‘ah Ḥijāzī, 2016.
8. ‘Āqil, Nabīh, *Tārīkh al-‘Arab al-Qadīm wa ‘Aṣr ar-Rasūl*, Damascus: Dār al-Fikr, 1983.
9. al-Aṣfahānī, Abū al-Farj, *Kitāb al-Aghānī*, Beirut: Mu’assasah Jamāl li-ṭ-Ṭibā‘ah wa an-Nashr (n.d.).
10. al-‘Awfī, Salmī, *Al-Ḥisbah fī al-Andalus*, Doctoral Dissertation, al-Maktabah al-Markazīyah, 1421H.

11. al-Baḥr, Muḥammad (trans.), *Tārīkh al-Yaman al-Mu'āṣir*, Muḥammad Aḥmad 'Alī (ed.), Cairo: Maktabah Madbūlī, 1990.
12. Bashmī, Ibrāhīm, *Mamlakah Hurmuz al-Faqqā'ah adh-Dhahabīyah*, al-Manāmah: Mu'assasah al-Ayyām (n.d.).
13. al-Bukhārī, Muḥammad Ismā'īl bn Ibrāhīm, *Ṣaḥīḥ al-Bukhārī*, Beirut: Dār al-Kutub al-'Ilmīyah, 1992.
14. Dāwūd, Jarjas, *Adyān al-'Arab Qabl al-Islām wa Wajhuhā al-Ḥaḍārī wa al-Ijtimā'ī*, Riyadh: Mu'assasah al-Jāmi'īyah lin-Nashr wa at-Tawzī' (n.d.).
15. Ḍayf, Shawqī, *Al-'Aṣr al-'Abbāsī al-Awwal*, Cairo: Dār al-Ma'ārif, 1976.
16. Ḍayf, Shawqī, *Al-'Aṣr al-Islāmī*, Cairo: Dār al-Ma'ārif, 1963.
17. Ḍayf, Shawqī, *Al-'Aṣr al-Jāhilī*, Cairo: Dār al-Ma'ārif, 1960.
18. Fātiḥī, Sayyid Ḥasan, Dirāsah ad-Dawr al-Ḥaḍārī li-l-Mar'ah al-Andalusīyah wa Naqd Kayfīyah Inki'āsih fī al-Maqāmāt, *Majallah Āfāq al-Ḥaḍārah al-Islāmīyah*, Year 17; Issue 2; Fall-Winter 1436H.
19. Gharāyibah, 'Abd al-Karīm, *Muqaddimah Tārīkh al-'Arab al-Ḥadīth 1500–1918*, Damascus: Damascus University, 1960.
20. al-Ḥamdānī, Ḥasan, *Ṣifah Jazīrah al-'Arab*, Muḥammad bn 'Alī (ed.), Riyadh: Dār al-Yamāmah li-l-Baḥth wa at-Tarjamah, 1974.
21. al-Ḥarbī, Dalāl bint Mukhallad, *Al-Mar'ah fī Najd Waḍ'uhā wa Dawruhā*, Riyadh: Dārah al-Malik 'Abd al-'Azīz, 1432H.
22. al-Hilābī, 'Abd al-'Azīz, *Al-Jazīrah al-'Arabīyah fī 'Aṣr al-Umawī*, Riyadh: King Saud University (n.d.).
23. Ibn 'Abd al-'Azīz, Fayṣal bn Mash'al bn Su'ūd, *Mukhtaṣar Tārīkh ad-Dawlah as-Su'ūdīyah*, Riyadh, 2010.

24. Ibn ‘Abd Rabbih al-Andalusī, Aḥmad bn Muḥammad, *Al-‘Iqd al-Farīd*, Beirut: Dār al-Kitāb al-‘Arabī, 1986.

25. Ibn al-Athīr al-Jazarī, Abū al-Ḥasan ‘Alī bn Muḥammad, *Al-Kāmil fī at-Tārīkh*, Abū al-Fidā’ al-Qāḍī (ed.), Beirut: Dār al-Kutub al-‘Ilmīyah, 1987.

26. Ibn al-Athīr, al-Mubārak bn Muḥammad, *Jāmi‘ al-Usūl fī Aḥādīth ar-Rasūl*, ‘Abd al-Qādir al-Arnā’ūṭ (ed.), Cairo: Maktabah Dār al-Bayān, 1972.

27. Ibn Baṭṭāl, *Sharḥ al-Bukhārī*, http://islamport.com/d/1/srh/1/32/744.html?zoom_highlightsub=%E5%CF%ED%C9

28. Ibn al-Ḥajjāj, Muslim, *Ṣaḥīḥ Muslim*, Riyadh: Bayt al-Afkār ad-Dawlīyah, 1998.

29. Ibn Ḥanbal ash-Shaybānī, Aḥmad, *Al-Musnad*, Cairo, 1313AH.

30. Ibn Hishām, Abū Muḥammad ‘Abd al-Malik, *Sīrah an-Nabī*, Majdī Fatḥī as-Sayyid (ed.), Ṭanṭā: Dār aṣ-Ṣaḥābah li-t-Turāth, 1995.

31. Ibn al-Jawzī, Abū al-Farj ‘Abd ar-Raḥmān bn ‘Alī, *Al-Muntaẓam fī Tārīkh al-Umam wa al-Mulūk*, Muḥammad ‘Abd al-Qādir (ed.), Beirut: Dār al-Kutub al-‘Ilmīyah, 1987.

32. Ibn al-Jawzī, Abū al-Farj ‘Abd ar-Raḥmān bn ‘Alī, *Al-Qarāmiṭah*, Muḥammad aṣ-Ṣabbāgh (ed.), Beirut: al-Maktabah al-Islāmī, 1981.

33. Ibn Kathīr, Ismā‘īl, *Al-Bidāyah wa an-Nihāyah*, Riyadh: Bayt al-Afkār ad-Dawlīyah (n.d.).

34. Ibn Kathīr, Ismā‘īl, *Tafsīr al-Qur’ān al-‘Aẓīm*, Beirut: Dār al-Ma‘rifah, 1969.

35. Ibn Khaldūn, ‘Abd ar-Raḥmān, *Muqaddimah Ibn Khaldūn*, Beirut: Dār

Maktabah al-Hilāl, 1986.

36. Ibn Khaldūn, ‘Abd ar-Raḥmān, *Tārīkh Ibn Khaldūn*, Beirut: Mu’assasah al-A‘lamī, 1971.

37. Ibn Mājah, Abū ‘Abdullāh Muḥammad, *Sunan Ibn Mājah*, http://islamweb.net/fatwa/index.php?page=showfatwa&Option=FatwaId&Id=182673

38. Ibn Manẓūr, Jamāl ad-Dīn Muḥammad, *Lisān al-‘Arab*, Beirut: Dār Ṣādir (n.d.).

39. Ibn Qutaybah, Abū Muḥammad ‘Abdullāh bn Muslim ad-Dīnawarī, *Al-Imāmah wa as-Siyāsah*, Cairo: Maṭba‘ah al-Futūḥ al-Adabīyah (n.d.)

40. Ibn Qutaybah, Abū Muḥammad ‘Abdullāh bn Muslim ad-Dīnawarī, *Al -Ma‘ārif*, Beirut: Dār al-Kutub al-‘Ilmīyah, 1987.

41. Ibn Taymīyah, Aḥmad bn ‘Abd al-Ḥalīm, *Tārīkh Ahl as-Ṣuffah*, Majdī Fatḥī as-Sayyid (ed.), Ṭanṭā: Dār aṣ-Ṣaḥābah lit-Turāth, 1990.

42. Isḥāq, Ḥassān (trans.), *Al-Mu‘aḍallāt al-Ijtimā‘īyah al-Iqtiṣādīyah li-l-Buldān an-Nāmiyah-al-Imārāt al-‘Aarabīyah al-Muttaḥidah*, Dār Maysal, 1979.

43. al-Jazā’irī, Abū Bakr Jābir, *Minhāj al-Muslim*, Casablanca: Dār aṭ-Ṭibā‘ah al-Ḥadīthah, 1977.

44. Khāzin, Nasīb, *Min as-Sāmīyīn ilā al-‘Arab*, Beirut: Dār Maktabah al-‘Ilm li-l-Malāyīn, 1984.

45. Lacey, Robert, *Al-Mamlakah min ad-Dākhil-Tārīkh as-Su‘ūdīyah al-Ḥadīth*, Khālid al-‘Iwaḍ (trans.), Dubai: Al Mesbar Studies & Research Centre, 2011.

46. Mahrān, Muḥammad Bayyūmī, *Dirāsāt fī Tārīkh al-‘Arab al-Qadīm*,

Riyadh: Imam University Press, 1980.

47. al-Mas'ūdī, 'Alī bn al-Ḥusayn, *Murūj adh-Dhahab wa-Ma'ādin al-Jawhar*, Kamāl Ḥasan (ed.), Beirut: al-Maktabah al-'Aṣrīyah, 2005.

48. al-Mukhtār, Muḥammad, *Sharḥ Sunan an-Nassā'ī*, Riyadh: Maktabah al-Malik Fahd al-Waṭanīyah, 1425H.

49. al-Mukhtār, Ṣalāḥ ad-Dīn, *Tārīkh al-Mamlakah al-'Arabīyah as-Su'ūdīyah fī Māḍīhā wa Ḥāḍirihā*, Beirut: Dār Maktabah al-Ḥayāh (n.d.).

50. Naṣīf, Muḥammad Ḥusayn, *Tārīkh al-Ḥijāz*, Jiddah, 1900.

51. Qaddūrah, Zāhirah, *Tārīkh al-'Arab al-Ḥadīth*, Beirut: Dār al-Nahḍah al-'Arabīyah, 1985.

52. al-Qaḥṭānī, Muḥammad Sa'd, *Ālihah al-Yaman al-Qadīm ar-Ra'īsah wa Rumūzuhā ḥatā al-Qarn al-Mīlādī*, Phd thesis of Sana'a university, 1997.

53. Al-Qālī, Abū 'Alī Ismā'īl, *Al-Amālī*, Beirut: Dār al-Kitāb al-'Arabī (n.d.).

54. ar-Rashīd, 'Abd al-'Azīz, *Tārīkh al-Kuwayt*, Beirut: Dār Maktabah al-Ḥayāh, 1978.

55. ar-Rayḥānī, Amīn, *Tārīkh Najd al-Ḥadīth wa Mulḥaqātih*, Beirut: al-Maktabah al-'Ilmīyah, 1928.

56. Ṣāliḥ, 'Abd al-'Azīz, *Tārīkh Shibh al-Jazīrah fī 'Uṣūrihā al-Qadīmah*, Cairo: Maktabah al-Anjalū al-Miṣrīyah, 2010.

57. Sālim, as-Sayyid 'Abd al-'Azīz, *Tārīkh al-'Arab fī 'Aṣr al-Jāhilīyah*, Beirut: Dār an-Nahḍah al-'Arabīyah (n.d.).

58. as-Sam'ānī, 'Abd al-Karīm bn Manṣūr, *Al-Ansāb*, Beirut: Dār al-Jinān,

1988.

59. Ṣanītān, Muḥammad, *As-Su'ūdīyah ad-Dawlah wa al-Mujtama'*, Beirut: ash-Shabakah al-'Arabīyah lil-Abḥāth wa an-Nashr, 2008.

60. as-Sayyābī, Sālim bn Ḥamūd, *'Umān 'Abr at-Tārīkh*, Masqat: Wizārah at-Turāth wa ath-Thaqāfah, 2001.

61. Sayyid, Ayman Fu'ād, *Ad-Dawlah al-Fāṭimīyah fī Miṣr-Tafsīr Jadīd*, Dār al-Miṣrīyah al-Lubnānīyah, 1992.

62. Shubbar, Ṣalāḥ Jawād, *Thawrāt ar-Rabī' al-'Arabī*, Dār Rawāfid (n.d.).

63. as-Suwaydī, Abū al-Fawz, *Sabā'ik adh-Dhahab fī Qabā'il al-'Arab*, Beirut: Dār al-Kutub al-'Ilmīyah, 1986.

64. as-Suyūṭī, Jamāl ad-Dīn 'Abd ar-Raḥmān, *Al-Muzhir fī 'Ulūm al-Lughah wa Anwā'ihā*, Beirut: Dār al-Fikr (n.d.).

65. aṭ-Ṭabarī, Abū Ja'far Muḥammad bn Jarīr, *Tafsīr aṭ-Ṭabarī*, Cairo: Maktabah Muṣṭafā al-Bābī al-Ḥalabī wa Awlādih, 1968.

66. aṭ-Ṭabarī, Abū Ja'far Muḥammad bn Jarīr, *Tārīkh al-Umam wa al-Mulūk*, Beirut: Dār al-Kutub al-'Ilmīyah, 1997.

67. at-Tabrīzī, al-Khaṭīb, *Sharḥ al-Qaṣā'id al-'Ashr*, Muḥammad ad-Dimashqī (ed.), al-Maṭba'ah al-Munīrīyah, 1352H.

68. aṭ-Ṭā'ī, 'Abdullāh bn Muḥammad, *Tārīkh 'Umān as-Siyāsī*, Kuwait: Maktabah ar-Rubay'ān, 2008.

69. Ṭals, Muḥammad As'ad, *Tārīkh al-'Arab*, Beirut: Dār al-Andalus, 1979.

70. at-Tirmidhī, Abū 'Īsā Muḥammad bn 'Īsā, *Al-Jāmi' al-Kabīr*, Bashshār Ma'rūf (ed.), Beirut: Dār al-Gharb al-Islāmī, 1996.

71. 'Uḍaymah, Muḥammad, *Dirāsāt li-Uslūb al-Qur'ān al-Karīm*, Cairo:

Dār al-Ḥadīth, 1972.

72. al-‘Uthaymīn, ‘Abdullāh aṣ-Ṣāliḥ, *Tārīkh al-Mamlakah al-‘Arabīyah as-Su‘ūdīyah*, Riyadh: Maktabah al-‘Ubaykān, 2005.

73. al-‘Uthaymīn, ‘Abdullāh aṣ-Ṣāliḥ, *Nash’ah Imārah Āl Rashīd*, Riyadh: ‘Imādah Shu’ūn al-Maktabāt, Riyadh University, 1981.

74. Wahbah, Ḥāfiẓ, *Jazīrah al-‘Arab fī al-Qarn al-‘Ishrīn*, Cairo: Lajnah at-Ta’līf wa at-Tarjamah wa an-Nashr, 1935.

75. Yāqūt al-Ḥamawī, *Mu‘jam al-Buldān*, Beirut: Dār Iḥyā’ at-Turāth al-‘Arabī (n.d.).

76. az-Zaydī, Mufīd, *Tārīkh Qaṭar al-Mu‘āṣir*, Amman: Dār al-Manāhij, 2010.

77. az-Zayn, Ḥasan Muḥammad, *Ar-Rabī‘ al-‘Aarabī*, Beirut: Dār al-Qalam al-Jadīd, 2013.

78. az-Ziriklī, Khayr ad-Dīn, *Al-A‘lām*, Beirut: Dār al-‘Ilm li-l-Malāyīn, 1984.

79. az-Ziriklī, Khayr ad-Dīn, *Shibh al-Jazīrah fī ‘Ahd al-Malik ‘Abd al-‘Azīz*, Beirut: Dār al-‘Ilm li-l-Malāyīn, 1992.

80. az-Zubayrī, Abū ‘Abd Allāh, *Nasab Quraysh*, Cairo: Dār al-Ma‘ārif (n.d.).

81. 沙烏地阿拉伯王國朝覲義產部，《中文譯解古蘭經》，麥地那：法赫德國王古蘭經印製廠，1407AH。

82. https://www.almrsal.com/post/305626

83. https://www.albayan.ae/2011-01-25-1.1003117

84. https://www.alarabiya.net/ar/saudi-today

85. http://www.lahona.com

86. http://elwahabiya.com/1926-حادثة-المحمل-يونيه/
87. https://akhbaar24.argaam.com/article/detail/312776
88. https://al-ain.com/article/ambition-saudi-women
89. https://al-maktaba.org/book/33957/317#p1
90. https://al-maktaba.org/book/33957/336#p1
91. https://al-maktaba.org/book/33957/319#p1
92. https://al-maktaba.org/book/33957/321#p1
93. https://al-maktaba.org/book/33957/322#p1

圖片出處：

1、4、10、13、16、19、32、35、40、44、48：本局繪製

2、3、6、7、8、9、12、14、17、22、23、24、27、29、30、43、47、49、50：Shutterstock

5：Photogir (Wikimedia)

11、15、18、20、21、25、33、34、36、37、38、39、41、45：公有領域

26、28：American Numismatic Society（美國錢幣學會）

31：Paltoday（巴勒斯坦通訊社）

42：Muhammad Al-Alai (Wikimedia)

46：Saasckuwait (Wikimedia)

奧地利史——藍色多瑙國度的興衰與重生
捷克史——波希米亞的傳奇
匈牙利史——一個來自於亞洲的民族
羅馬尼亞史——在列強夾縫中求發展的國家
波蘭史——譜寫悲壯樂章的民族
南斯拉夫史——巴爾幹國家的合與分
瑞士史——民主與族群政治的典範
希臘史——歐洲文明的起源
義大利史——西方文化的智庫
西班牙史——首開殖民美洲的國家
丹麥史——航向新世紀的童話王國
低地國（荷比盧）史——新歐洲的核心
愛爾蘭史——詩人與歌者的國度
俄羅斯史——謎樣的國度
波羅的海三小國史——獨立與自由的交響詩
烏克蘭史——西方的梁山泊
美國史——移民之邦的夢想與現實
墨西哥史——仙人掌王國
阿根廷史——探戈的故鄉
巴西史——森巴王國
智利史——山海環繞的絲帶國
哥倫比亞史——黃金國傳說
巴拉圭史——南美心臟
祕魯史——太陽的子民
委內瑞拉史——美洲革命的搖籃
加勒比海諸國史——海盜與冒險者的天堂
澳大利亞史——古大陸・新國度
紐西蘭史——白雲仙境・世外桃源

國別史叢書

智利史——山海環繞的絲帶國

讓我們在智利的土地上跳舞／……／這片土地有最翠綠的果園／最金黃的麥田／與最紅的葡萄園／踏上去似糖如蜜！——智利詩人米斯特拉

越過大山大海的限制、走出極權統治的陰影，

看智利如何從世界邊緣走向拉美強國。

丹麥史——航向新世紀的童話王國

全球最幸福國家不是一天內打造出來的！

這個童話國度裡有全歐洲最開明的王室、勇敢追求改革的文人、還有積極擁抱創新的人民，讓我們一窺丹麥人如何攜手面對種種時代風潮，建立人人稱羨的幸福王國。

法國史——自由與浪漫的激情演繹

法國，她優雅高貴的身影總是令世人著迷，她從西歐小國逐漸成長茁壯，締造出日後舉足輕重的地位。在瑰麗的羅浮宮、不可一世的拿破崙之外，更擁有足以影響世界的歷史與文化成就。

西班牙史——首開殖民美洲的國家

大航海時代的海上強權——西班牙，締造了傲人的日不落國，也將王國帶入前所未有的輝煌。在時代的轉移下，經歷高潮、低盪、君權和獨裁，今日的西班牙，終於走出一條民主之路。

國別史叢書

尼泊爾史——雪峰之側的古老國度

一聲劃破天際的槍響，改變了尼泊爾的命運。
千年歷史的古國，該如何迎向新生？
本書不僅梳理尼泊爾悠遠的歷史，也從地理環境、氣候、節慶、產業等角度敘寫，期盼帶領讀者揭開這個南亞小國的神祕面紗。

阿富汗史——戰爭與貧困蹂躪的國家

歷經異族入侵、列強覬覦，阿富汗人民建立民族國家，在大國夾縫中求生，展現堅韌的生命力。
然而內戰又使阿富汗陷於貧困與分裂，戰火轟隆下，傷痕累累的阿富汗該如何擺脫陰影，重獲新生？

伊朗史——創造世界局勢的國家

曾是「世界中心」的伊朗，如今卻轉變成負面印象的代名詞，以西方為主體的觀點淹沒了伊朗的聲音。本書嘗試站在伊朗的角度，重新思考那些我們習以為常的觀念與說法，深入介紹伊朗的歷史、文化、政治發展。伊朗的發展史，值得所有關心國際變化的讀者深入閱讀。

土耳其史——歐亞十字路口上的國家

在伊斯蘭色彩的揮灑下，土耳其總有一種東方式的神祕感；強盛的國力創造出充滿活力的燦爛文明，特殊的位置則為她帶來多舛的境遇。且看她如何在內憂外患下，蛻變新生，迎向新時代的來臨。

國別史叢書

約旦史——一脈相承的王國

位處於非、亞交通要道上的約旦，先後經歷多個政權更替，近代更成為以色列及阿拉伯地區衝突的前沿地帶。本書將介紹約旦地區的滄桑巨變，並一窺二十世紀初建立的約旦王國，如何在四代國王的帶領下，在混亂的中東情勢中求生存的傳奇經歷。

埃及史——神祕與驚奇的古國

溫和的尼羅河為埃及帶來豐沛的水源，孕育出埃及璀璨的上古文明。近代以來，埃及為對抗外來勢力的侵略，建立起民族獨立國家，並致力於現代化。本書以通俗易懂的文字描述埃及歷史文明的演進、主流文化與特色，帶你一探埃及的過去和現在。

奈及利亞史——分崩離析的西非古國

奈及利亞，這個被「創造」出來的國家，是歐洲帝國主義影響下的歷史遺緒，自此造成了其難以翻轉的厄運。國內族群多元且紛雜，無法形塑國家認同、凝聚團結意識；加上政治崩壞、經濟利益瓜分不均，使得內戰不斷、瀕臨分崩離析的局面。今日的奈及利亞，如何擺脫泥沼，重展非洲雄鷹之姿，仍需歷經重重難關的考驗。

印尼史——異中求同的海上神鷹

印尼是一個多元、複雜的國家—不論在地理或人文上都是如此。印尼國徽中，神鷹腳下牢牢地抓住“Bhinneka Tunggal Ika”一句古爪哇用語，意為「形體雖異，本質卻一」，也就是「異中求同」的意思。它似乎是這個國家最佳的寫照：掙扎在求同與存異之間，以期鞏固這個民族國家。

國家圖書館出版品預行編目資料

阿拉伯半島史：伊斯蘭的崛起與地緣爭霸／鄭慧慈著.——初版一刷.——臺北市：三民，2023
面；　公分.——（國別史）

ISBN 978-957-14-7554-7（平裝）
1. 阿拉伯史

735.901　　111016915

國別史

阿拉伯半島史——伊斯蘭的崛起與地緣爭霸

作　　者｜鄭慧慈
責任編輯｜王敏安
美術編輯｜李唯綸

發 行 人｜劉振強
出 版 者｜三民書局股份有限公司
地　　址｜臺北市復興北路 386 號 (復北門市)
　　　　　臺北市重慶南路一段 61 號 (重南門市)
電　　話｜(02)25006600
網　　址｜三民網路書店 https://www.sanmin.com.tw

出版日期｜初版一刷 2023 年 1 月
書籍編號｜S740760
I S B N｜978-957-14-7554-7